अनमोल बेटियां

अनमोल बेटियां

पहली पीढ़ी की पेशेवर महिलाएं

एलिस डब्ल्यू. क्लार्क

SAGE | bhasha

Los Angeles | London | New Delhi
Singapore | Washington DC | Melbourne

Originally Published in 2016 in English by
SAGE Publications India Pvt Ltd as *Valued Daughters: First-generation Career Women*

This edition published in 2017 by

SAGE Publications India Pvt Ltd
B1/I-1 Mohan Cooperative Industrial Area
Mathura Road, New Delhi 110 044, India
www.sagepub.in

SAGE Publications Inc
2455 Teller Road
Thousand Oaks, California 91320, USA

SAGE Publications Ltd
1 Oliver's Yard, 55 City Road
London EC1Y 1SP, United Kingdom

SAGE Publications Asia-Pacific Pte Ltd
3 Church Street
#10-04 Samsung Hub
Singapore 049483

Published by Vivek Mehra for SAGE Publications India Pvt Ltd, typeset in 13/15 pt Kokila by Diligent Typesetter India Pvt Ltd, Delhi and printed at Repro India Ltd., Mumbai.

ISBN: 978-93-864-4664-0 (PB)

Translator: Gauri Mirashi (TranslationPanacea, Pune)
SAGE Team: Syed Husain Naqvi, Vinayak Dubey

भारत की अतीत, वर्तमान और
भविष्य की महिलाओं को समर्पित

विषय-वस्तु

तालिकाओं की सूची

आभार

यह कार्य कभी नहीं होता या इसकी कल्पना भी कभी नहीं की जा सकती थी अगर मुंबई में वीणा पूनाचा और विभूति पटेल; बेंगलुरु और मुंबई में टी.वी. शेखर; दिल्ली में तुलसी पटेल; इलाहाबाद में सुमिता परमार और विद्यालय में स्नातक होने के दिनों से लेकर अब तक कई स्थानों पर पामेला प्राइस, इन सबकी लंबी दोस्ती, बौद्धिक वचनबद्धता, और भौतिक समर्थन नहीं होता।

कुछ अन्य लोग भी हैं जिनकी सहायता के लिए मैं उनकी आभारी हूँ: इलाहाबाद में रुचिका वर्मा और सतेन्द्र कुमार; मुंबई में कमला गणेश, मधुश्री शेखर, और अमृता गुप्ता; वडोदरा में अमिता पंड्या, लेंसी लोबो, और हरेन्द्र चोकसी; दिल्ली में शैली तारा, मंजीत भाटिया, रजनी पलरीवाला, प्रीत रुस्तगी, पामेला फिलिपोज़, और सोनलदे देसाई; और बर्कले में राका रे, सिंथिया लॉयड, और लॉरेंस कोहेन। मैं अमेरिकन इंस्टिट्यूट ऑफ़ इंडियन स्टडीज के अनिल इनामदार को अनुसंधान संबंधित औपचारिकताओं के साथ ऊर्जावान सहायता प्रदान करने के लिए धन्यवाद देती हूँ। मैं इंडियन इंस्टिट्यूट फॉर एडवांस्ड स्टडी और दिल्ली विश्वविद्यालय के महिला अध्ययन एवं विकास केंद्र को, मार्च 2014 में शिमला में "नए मध्यम वर्ग में लिंग का स्थापन" इस संगोष्ठी में इस कार्य का कुछ भाग प्रस्तुत करने के लिए मुझे आमंत्रित करने के लिए और एसएनडीटी महिला विश्वविद्यालय द्वारा फरवरी 2015 में मुंबई में हुई संगोष्ठी "नारीवादी इतिहासलेखन" में भाषण देने के लिए आमंत्रित करने के लिए धन्यवाद देती हूँ। विचारशील दिशानिर्देश के लिए, मैं सेज प्रकाशन (SAGE Publications) के दिल्ली कार्यालय के संपादकीय दल की सराहना करती हूँ। और मैं कैलिफोर्निया विश्वविद्यालय के पुस्तकालय को मेरी जानकारी में विश्व में सबसे बेहतरीन अनुसंधान पुस्तकालय होने के लिए सलाम करती हूँ।

मैं अपने परिवार को धन्यवाद देती हूँ—चार्ल्स और हमारी दो बेटियों, उनके पति, और हमारे पहले नाती को—उनके साहचर्य, देखभाल, और पिछले कुछ वर्षों के दौरान उनकी

जीवंत दिलचस्पी के लिए, जिसमें शामिल है 2013–2014 की क्रिसमस की छुट्टियों में भारत की यात्रा ताकि मेरे अनुसंधान कार्य के मध्य में मुझे थोड़ा अवकाश प्राप्त हो सके। मैं अतीत में हमारे परिवार से पहले की दो पीढ़ियों, जिनमें भारत शामिल था, को प्रेमपूर्वक देखती हूं, और भविष्य में दो नई उभरती हुई पीढ़ियों को भी देखती हूँ।

1

पारस्परिक बदलाव

यह पुस्तक एक परिमित पल में एक व्यापक बदलाव का पता लगाने का बीड़ा उठाती है, शहरी भारत में युवा स्नातक महिलाओं के बीच पेशेवर जीवन (करियर) के लिए महत्वाकांक्षा का प्रसार करने का। यह बड़ी-सी प्रक्रिया कई अन्तर्विभाजक परिवर्तनों—जनसांख्यिकीय, शैक्षिक, आर्थिक और सामाजिक—से मिलकर बनी है, जिनमें से हर एक का अपना इतिहास और प्रक्षेपवक्र है। फिर भी, इन सबके भीतर एक और संक्रमण सन्निहित है—युवा महिलाओं में उभरती हुई और बदलती हुई स्व की भावना, जो कि लचीली, विस्तृत, स्वीकार्य, और सहयोगी है, लेकिन स्वतंत्रता पर दृढ़तापूर्वक केंद्रित भी है। परिमित पल, जो कि विभिन्न रूपों में प्रकट होते हैं और इक्कीसवीं सदी की शुरुआत के भारत के शहरी स्थानों में फैले हुए थे, उनकी व्याख्या कहानियों की भीड़ में की गई है, जो कि एक नाज़ुक संतुलन साधने का कार्य और दृढ़ संकल्प के एक आवेश को परिलक्षित करती हैं। यह वे कहानियाँ हैं जो अच्छी तरह से निर्धारित योजनाओं से प्रेरित हैं, जो कि युवा महिलाओं और उनके माता-पिता द्वारा आयोजित हैं, और अतीत के लिंग भेद की अपेक्षाओं में आंशिक लेकिन शक्तिशाली बदलाव लाने के बारे में है। इस प्रकार से यह बदलाव ऐतिहासिक है, जो कि लोगों की दो या तीन पीढ़ियों की जीवन की योजनाओं को एकसाथ लाता है, जिसकी जड़ें पीछे अतीत तक जाती हैं।

मेरी परियोजना महाविद्यालय में जानेवाली महिलाओं की वर्तमान पीढ़ी के एक छोटे उपवर्ग की आकांक्षाओं को समझना है, और यह सीखना है कि क्यों उनकी आकांक्षाएं उनकी पहली पीढ़ी के साथियों से अलग हैं। ऐसा दिखाई देता है कि यह बेटियाँ पहले की बेटियों की तुलना में एक व्यापक विविधता के कारणों के चलते अपने जन्म देनेवाले परिवारों के लिए अनमोल हैं। उसके बाद यह परियोजना एक विकासशील साहित्य में योगदान देती है कि वर्तमान में भारत के सामाजिक परिवर्तन कहाँ और किस हद तक लिंगभेदी हैं।

यह पुस्तक उस अनुसंधान पर आधारित है जो 2013 के आखिर में और 2014 की शुरुआत में किया गया था, जब मैंने भारत के तीन शहरों में 17–25 आयुवर्ग की उन युवा महिलाओं का साक्षात्कार लेकर आंकड़े एकत्रित किये जो महाविद्यालय में पढ़ रही थीं या स्नातकोत्तर कार्यक्रम कर रही थीं और जीवन-भर की आजीविका (करियर) के बारे में योजना बना रहीं थीं, और जिनकी माताओं ने ऐसा कभी नहीं किया था। यह आखिरी योग्यता एक महत्वपूर्ण छन्नी थी, जो कि साक्षात्कार के लिए चुनी गई सभी युवतियों में बरक़रार रखी गई, ताकि शहरी महिलाओं की आकांक्षाओं में आये पीढ़ीजात बदलावों को समझा जा सके। अनुसंधान में जिनका साक्षात्कार लिया गया (विषय) उनका परिचय मुझे उनके प्राध्यापक द्वारा करवाया गया। अनुसंधान के लिए चुने गए विश्वविद्यालय इलाहाबाद, मुंबई और वडोदरा में थे। इन शहरों में एकत्रित किये गए साक्षात्कारों को फिर बेंगलुरु (पहले का बैंगलोर; क्लार्क और शेखर 2007) में पूर्व में की गई एक अनुसंधान परियोजना में दूसरों के संदर्भ में रखा गया जिन्हें कुछ विद्यार्थियों और कुछ युवा कर्मचारियों से एकत्रित किया गया था।

मेरे नमूने का कुल आकार एक शहर में केवल आठ के औसत से है, यह एक अत्यल्प मात्रा है, जो कि मालूम होता है कि बिल्कुल अप्रतिनिधिक उपाख्यान प्रदान कर रहे हैं। यह पूर्ण नृवंशविज्ञान नहीं है; वे केवल एक रूपरेखा शामिल कर सकते हैं। फिर भी यह छोटी, केंद्रित और गैर-यादृच्छिक नमूने की परीक्षा सामाजिक परिवर्तन के अध्ययन के महत्वपूर्ण मुद्दों पर विचार करने के लिए एक उपयोगी दृष्टिकोण प्रदान करेगी। परिवर्तनकाल के विचार जो एक-दूसरे को प्रतिच्छेद करते हैं, वे उन दृष्टिकोणों से थोड़े अलग हैं जो भारतीय सामाजिक घटना के कई अन्य अध्ययनों से लिए गए हैं, यह ऐसा है जिसे सामाजिक इतिहास और सामाजिक ऐतिहासिक जनसांख्यिकी में प्रयोग के तौर पर देखा जा सकता है। जिसे मैं *गुणात्मक सामाजिक जनसांख्यिकी* कहूँगी उसमें यह एक अनुसंधान प्रयास होना चाहिए था। कुछ गौण आंकड़ों के विश्लेषण के द्वारा समर्थित होकर, यह एक अन्वेषण का गठन करता है यह देखने के लिए कि क्या वर्तमान परिस्थितियों का खुलासा करते समय और महिलाओं के इतिहास को समझने की कोशिश करते समय गुणात्मक और मात्रात्मक अनुसंधान विधियों को बेहतर रूप से मिश्रित किया जा सकता है या नहीं। इस प्रकार का प्रयोग विचार करने के लिए महत्वपूर्ण साबित हो सकता है क्योंकि जनसांख्यिकीय अनुसंधान मात्रात्मक है, जबकि महिला अध्ययन का अनुसंधान तीव्रता से गुणात्मक हो जाता है।

एक दृष्टिकोण जो कि सूक्ष्म और व्यापक दोनों ही है उसकी आवश्यकता युवा महिलाओं की बदलती मंशा पर परिप्रेक्ष्य हासिल करने के लिए, उनके करियर के लक्ष्यों पर प्रभाव डालने और उनके वैवाहिक जीवन और प्रजनन की योजनाओं पर महाविद्यालयीन शिक्षण

की भूमिका के लिए और उन तत्वों के लिए जो महिला स्वायत्तता और संस्था को बनाते हैं, उसके लिए पड़ती है। इसके परे जाकर यह पुस्तक जो भी परिपूर्ण करने का प्रयत्न कर सकती है, या सुझाव दे सकती है, वह शिक्षित महिलाओं के सामाजिक और आर्थिक व्यवहार के नृवंशविज्ञान की ज़रूरत है, उनकी विभिन्न और परस्पर मंशाओं के साथ, पड़ोस, जातियां, गाँवों, जनजातियों और धार्मिक समूहों जैसे अत्यधिक अलग-अलग स्तरों पर। महिलाओं के विभिन्न समूह जो कि वर्तमान में शिक्षण ले रहे हैं, उनकी अपने करियर, विवाह या भविष्य के बारे में पसंद के विभिन्न स्तर हो सकते हैं। उनके विकल्प रिश्तों के उस जाल के द्वारा किस प्रकार विवश या आकार किये जाते हैं जिसमें वे सन्निहित हैं? वे ऐतिहासिक बल जिनका अभी भी खुलासा हो रहा है, उनके द्वारा विकल्पों में परिवर्तन को आकार कैसे दिया जाएगा? उनके विकल्पों का सामाजिक प्रजनन की समग्र प्रणाली पर क्या प्रभाव होता है, जो हमें अभी घटित हो रहे जनसांख्यिकीय और सामाजिक परिवर्तन की एक अधिक व्यापक तस्वीर प्रदान कर सकते हैं?

आजीवन करियर की तरफ देखनेवाली महाविद्यालय की युवा महिलाओं का साक्षात्कार करके मैं इन प्रश्नों के समीप आई। कुछ परिवारों में युवा महिलाओं की पेशेवर आकांक्षाओं के बारे में लिंग संबंधों में पीढ़ीगत बदलाव को समझने के प्रयास में, यह परिवार में निवास करनेवाली विभिन्न सामाजिक स्थानों की रोशनी में देखते समय, दो बुनियादी लक्ष्य क्षेत्र उभरकर आये हैं। इस पीढ़ीगत बदलाव को समझकर यह करना चाहिए (1) युवा महिलाओं की महाविद्यालयीन शिक्षण की प्रक्रिया के हिस्से के रूप में नए तरह के विषय और पहचान के निर्माण पर लक्ष्य केंद्रित करना और (2) यह विश्लेषण करना कि किस प्रकार के परिवार अब अपनी बेटियों के आजीवन करियर की महत्वाकांक्षाओं को प्रायोजित कर रहे हैं, और क्यों। पहले की धारणा कुछ ऐसी थी कि पीढ़ीगत बदलाव को अनुसंधान द्वारा नहीं समझा जा सकता क्योंकि युवा महिलाओं की करियर की महत्वाकांक्षाएं मुख्य रूप से उच्च मध्यम वर्ग की वास्तविकता है। वर्ग एक व्यापक वर्गक्रम के साथ एक ढाँचे में प्रवेश करता है, जो कि सापेक्ष विशेषाधिकार के कुछ वर्ग स्थानों से लेकर तत्काल ज़रूरत के कुछ अन्यों तक फैले हुए हैं। इस शोध में इस प्रारंभिक धारणा को भी नष्ट किया गया है कि करियर उन्मुख युवा महिलाओं के बीचऊंची जाति का दर्जा लगभग सार्वभौमिक होता है।

छात्राओं के साथ आमने-सामने लिए गए एक घंटे के साक्षात्कार अक्सर महाविद्यालय की एक कक्षा में लिए गए थे। मैंने उनके साथ उनके शिक्षण, करियर की योजनाएं, माता-पिता की परिस्थिति, परिवार का समर्थन, भविष्य में विवाह की योजनाएं, बच्चों की इच्छाएँ, उनके द्वारा अर्जित पैसे का योजनाबद्ध उपयोग, परिवार-काम संतुलन पर विचार, और व्यावसायिकता (पेशेवर होने) की प्रकृति के बारे में विचारों आदि सवालों की एक सूची का अनुसरण किया। जब भी संभव हुआ, कुछ लड़कियों के मामले में उनके घर की यात्रा भी

की, जिसमें बेटी ने अपने माता-पिता की टिप्पणियों का अनुवाद करने के लिए और/या उसमें कुछ जोड़ने के लिए मदद की। मैं अपनी प्रश्नावली से बंधी हुई नहीं थी और अगर लडकियां बातचीत में अन्य विषयों को साझा करना चाहती थी तो मैं उन्हें बातचीत की तरफ लौटने के लिए बाध्य नहीं करती थी। प्रत्येक मामले में, लडकियां भाग लेने के लिए बहुत उत्सुक थीं। लड़कियों और उनके परिवारों को सूचित कर दिया गया था कि उनकी पहचान छुपाने के लिए उनके नाम बदल दिए जायेंगे और कुछ विवरणों को छिपा दिया जाएगा या बदल दिया जाएगा। साक्षात्कार की सामग्री को इबारतों के खंडों में क्रमबद्ध किया गया था जो कि सही अर्थों में बातचीत के विकसित होने के असमान मार्ग को प्रतिबिंबित नहीं करता था, बल्कि साझा की रही ज़िन्दगी की कहानियों के प्रति सच्चा रहता था।

सैद्धांतिक रूप से, सेन और बौर्द्यू के विचारों का मिश्रण इस परियोजना के लिए विशेष दिलचस्पी रखता है। दोनों विचारक शिक्षा के प्रभाव, लाभ और खामियों से निपटते हैं, ताकि उनका कार्य एक ऐसी परियोजना पर उचित रूप से लागू हो जहाँ उच्च शिक्षा एक केंद्रीय भूमिका निभाती है। अमर्त्य सेन (1999, 2009; साथ ही देखें अग्रवाल 2005) लोगों की स्वतंत्रता को बढ़ाने के व्यक्तिगत और समग्र सामाजिक और आर्थिक प्रभावों पर बल देने और उनकी क्षमताओं और विकल्पों के विकास के लिए विख्यात हैं। इस सिद्धांत को सबसे ज्यादा बढ़ानेवाले संभावित कारकों में से शिक्षा एक है। इसके विपरीत, पिएर्रे बौर्द्यू (1977, 2010; और पस्सेरोन [2000] के साथ), सांस्कृतिक पूँजी के नाम पर सामाजिक सज्जा-सामग्री और बाधाओं के विश्लेषण के लिए जाना जाता है, जो एक व्यक्ति की लाग-लपेट के अंतर्गत आता था जिसे वह एक व्यसन का नाम देता है। यह लगभग बेसुध प्रयोग सतह के नीचे दुबक जाते थे; जिन महत्वाकांक्षाओं और सामाजिक आकांक्षाओं को लोग शिक्षित होने के साथ जोड़ते थे उन्हीं की पूर्ति लंगड़ाकर या मदद लेकर करते थे।

सेन के *डेवलपमेंट एस फ्रीडम* (1999) में, एक अध्याय है, "महिलाओं की संस्था और सामाजिक परिवर्तन," जिसमें वे महिलाओं को "सामाजिक परिवर्तनों की गतिशील प्रवर्तक जो महिलाओं और पुरुषों दोनों का ही जीवन बदल सकती हैं" की तरह देखते हैं। इस अध्ययन में हम जिन प्रमुख मुद्दों को खोज रहे हैं, उनको छूते हुए वे लिखते हैं,

> महिलाओं की भलाई के लिए सापेक्ष सम्मान और ध्यान कुछ इस प्रकार के चरों से बहुत ज्यादा प्रभावित होते हैं जैसे कि स्वतंत्र आय अर्जित करने, घर के बाहर जाकर रोज़गार खोजने, स्वामित्व का अधिकार होने, शिक्षा प्राप्त करने और परिवार के अंदर और बाहर के निर्णयों में शिक्षित भागीदार होने की महिलाओं की क्षमता।

साक्षर और शिक्षित महिलाओं द्वारा अपनी आय स्वयं अर्जित करने के दो महत्वपूर्ण परिणाम हो सकते हैं, उनका मानना है कि—यह "घर और समाज में महिलाओं का सामाजिक

स्थान" ऊपर उठाता है, और "शिक्षा और रोज़गार से प्रभावित महिलाओं की संस्था और आवाज़, सार्वजानिक चर्चा की प्रकृति को भी प्रभावित करता है।" सेन के इस प्रभावशाली कार्य के 15 साल के बाद, आज के वर्तमान अध्ययन में हम इस स्थिति में हैं कि हाल ही के सामाजिक परिवर्तनों का एक प्रभाव बना सकें जो कि उन युवा, शहरी महिलाओं से प्रेरित हैं जो इस आशा में शिक्षा प्राप्त कर रही हैं कि इससे उन्हें एक शिक्षित, पेशेवर दर्जे का रोज़गार प्राप्त होगा। हम विस्तार में यह पूछने में समर्थ हैं कि इन परिवर्तनों ने हाल ही में अपने घरों में महिलाओं के स्थान को किस प्रकार प्रभावित किया है, और फिर इस बारे संक्षेप में विचार करेंगे कि वे बहुत से मुद्दों पर सार्वजनिक चर्चा को किस प्रकार प्रभावित कर सकते हैं।

डिस्टिंक्शन (2010) में, बौर्द्यू उन परिष्कारों का एक चित्र खींचते हैं जिसकी लोगों में कमी पायी जाती है अगर उनका पालन-पोषण उस तरह से नहीं हुआ है तो, जैसे कि शास्त्रीय संगीत में दिलचस्पी की कमी। इस तरह के ज्ञान और उच्च पसंद को पद चाहनेवाले लोगों के बीच भेदभाव करते हुए देखा जा सकता है, चाहे रोज़गार में हो या समाज में या राजनीति में और यह भेदभाव उस हद तक होता है जब तक कि ज्यादा परिष्कृत उम्मीदवार यह प्रतियोगिता जीत नहीं जाये। यह सांस्कृतिक भेद आज के समाज के संबंध में पुरातन माने जा सकते हैं। भारतीय शास्त्रीय संगीत के प्रति रुचि पिछले दशकों में कुलीन भारतीय परिवारों में बड़े पैमाने पर पैदा हुई थी (चौधरी 2009), और उनके बच्चों के सामाजिक और रोज़गार के फ़ायदे शायद इस परिष्कार से आंशिक रूप से जुड़े हुए हैं। लेकिन बौर्द्यू द्वारा बताईगई उच्च संस्कृति बनाम निम्न संस्कृति की भावना इस वर्तमान नवउदारवादी वर्ग में, अपने तत्काल ऑनलाइन वैश्विक अंतः संबधन, विधान और सनक के साथ फीकी पड़ गई है। वर्ग के निर्माण और पुनरोत्पादन में सांस्कृतिक पूँजी के जटिल सिद्धांत के लेखक के रूप में बौर्द्यू की छवि के रूप में जोड़ते हुए, मैं एक अधिक बोलचाल की धारणा की तरफ ध्यान आकर्षित करना चाहूंगी जिसने इन सीमाओं को फोड़ दिया है, बौर्द्यू में अपनी जड़ों को खो दिया या भुला दिया है, और इसे अधिक व्यापक रूप से प्रयोग किया जाता है। जाति और जाति संबंधों से जुड़े लेखन में, विशेष तौर पर किसी उद्धरण के बिना, सांस्कृतिक और सामाजिक धारणाओं को व्यापक रूप से बल्कि शिथिल रूप से बचपन के जन्मजात लक्षण और क्षमताओं का संदर्भ देने के लिए प्रयोग किया जाता है, जो कि लोगों के जन्मजात परिवारों द्वारा रखे और बताये हुए लाभों पर आधारित होते हैं। बौर्द्यू को क़रीब से पढ़ने में या फिर अधिक बोलचाल के प्रयोग में, सांस्कृतिक पूँजी की अवधारणा और इसका गठन बहुत ही महत्वपूर्ण है, और वर्तमान साहित्य की विस्तृत विविधता में बहुत अपरिहार्य है।

एकत्रित की गई कहानियों की तरफ देखते हुए, मुझे "आधुनिकीकरण के सिद्धांत" की भी याद आती है, यह एक ढीला सिद्धांत है जिसे बहुत से दशकों से समय के ढाँचे के आर-पार "आधुनिक" सामग्री का स्थानान्तरण होता है। यह एक ऐसा ढांचा है जिसके बारे में मैं बहुत

ही आलोचनात्मक हूँ, क्योंकि इसे पुस्तक में सर्वत्र सविस्तार किया जाएगा। इसका एक स्थायी लाभ है महिला स्वायत्तता नामक एक धारणा, जिसे दबाना बहुत कठिन है (जैसा कि बासु द्वारा 1996 में स्पष्टतापूर्वक चर्चा की गई है), लेकिन इसे एक वादक चर के रूप में देखा गया है, जो मुख्य रूप से बाहर से आये लक्ष्यों की उपलब्धि के लिए अग्रणी है। इस माध्यम में, यह अजीब तरह से लेकिन उपयुक्त रूप से कई अन्य सैद्धांतिक संभावनाओं में अनुकूल बैठता है। एक महत्वपूर्ण उदाहरण देने के लिए, व्यक्ति को उत्तर औपनिवेशिक नारीवादी सैद्धांतिक निर्माणों को सलाभ इस्तेमाल करना चाहिए ताकि उत्पीड़न और पितृसत्तात्मक वर्चस्व के नए रूपों का खुलासा किया जाए जो कि स्पष्ट रूप से अभी भी उन युवा लड़कियों की स्वतंत्रता पर प्रतिबंध लगा रहे हैं जिनकी कहानियां मैं एकत्रित कर रही हूँ। हालाँकि, इस पुस्तक के विस्तार में, मैं इन कहानियों की स्वतंत्रतापूर्ण क्षमता को स्पष्ट करने में दिलचस्पी रखती हूँ, जो कुछ में बड़े तो कुछ में छोटे पैमाने में मौजूद है। इन कहानियों की सीमाएं और उनके द्वारा व्यक्त की गयीं उम्मीदें, साथ ही भविष्य के उनके लक्षणों की चर्चा भी कहानी के आगे बढ़ने के साथ-साथ की जाएगी।

सेन और नसबाउम की क्षमताओं के दृष्टिकोण के सविस्तार विचारों (नसबाउम 2001, 2011; नसबाउम और सेन 1993; सेन 1999, 2009) ने एक शब्द को जन्म दिया है जिसे मुझे इस काम में इस्तेमाल करना उपयोगी लगा है। उनके ढाँचे को एक मंच के रूप में उपयोग करके, मैं एक मुखर क्षमता की पहचान करती हूँ, जो कि मेरे द्वारा साक्षात्कार ली गयीं, अभी भी महाविद्यालय में पढ़नेवाली युवा महिलाओं द्वारा सजीवतापूर्वक साबित की जाती है, और मैं इसे अपने आप में नैतिक बल और व्यक्तिगत पहचान की सृष्टि के एहसास स्रोत के रूप में देखती हूँ। मैं इस तरह की क्षमता को समाविष्ट करनेवाली सीमाओं पर चर्चा करती हूँ। बौर्द्यू (1977, 2010) का संदर्भ देते हुए, मैं सामाजिक और सांस्कृतिक पूँजी के रूपों को संबोधित करती हूँ जहाँ वे एक चर्चा में लगे हुए हैं कि स्त्री-पुरुष संबंधों को किस प्रकार बदला जा सकता है, और मैं मूल्यांकन करती हूँ कि मेरे अनुसार इनमे से कौनसी प्रवृत्ति सबसे मज़बूत है। इस पुस्तक के अंत में आते-आते, मैं मेरे तरीकों की समझ आरम्भ करना चाहती हूँ जिसमें सामाजिक पुनरोत्पादन की एक लंबे समय से खड़ी प्रणाली अब परिवर्तन के दौर से गुजर रही है और मेरे तरीकों के फ़ैसले को जोड़ने के लिए मैं कहूँगी कि यह प्रक्रिया किसी भी अन्य नारीवादी काम में परिकल्पित की गई प्रक्रिया से ज्यादा बड़ी है।

कथा का नज़रिया वह है जिसने महिलाओं की आजीविका (करियर) की आकांक्षाओं, माता-पिता के समर्थन और भविष्य में परिवार के गठन की रणनीतियों पर ध्यान केंद्रित किया हुआ है जो कि युवा महिलाओं का मानना है कि उनकी आजीविका को बनाए रखने में समर्थन करेगा। जो आकांक्षाएं अब पूरी की जा रही हैं वे उन माता-पिता की हैं जो अपनी बेटियों को शिक्षित और आजीविका (करियर) के लिए तैयार मानते हैं। आगे

की आकांक्षाएं, जिनके पूर्ण होने की भविष्यवाणी अभी नहीं की जा सकती, खुद उन युवा महिलाओं की है जिन्हें जीवनभर की अपनी आजीविका के लक्ष्यों को यथार्थ और पूरा करना है। बेटियों और माता-पिताओं की यह दो प्रकार की आकांक्षाएं भिन्न हैं, लेकिन एक साथ मिलकर वे एक ऐसी संरचना का निर्माण करती है जो एक प्रतिनिधि के रूप में बेटी की बातों को महत्व देने का समर्थन करती हैं। हम यह भी जांच करेंगे कि किस प्रकार वह प्रत्येक मामले में एक सन्निहित प्रतिनिधि बनी हुई है।

यह पुस्तक एक युवा महिलाओं के बारे में है जो (अब तक) बहुत भाग्यशाली रही हैं। उनकी कहानियां उन लड़कियों के बहुत ही विपरीत हैं, जो आवासीय स्थान और परिवार की संवेदनशीलता के बारे में बहुत दुर्भाग्यशाली हैं, जो चाहते हुए भी माध्यमिक स्तर के बाद शिक्षा जारी नहीं रख पायीं (मजूमदार 2011: 212–236)। मेरी अनुसंधान की लड़कियों का सौभाग्य केवल उन्हें ढेर सारी संभावनाएं प्रदान करनेवाले उनके शहरी आवास से, और उनके परिवारों के समर्थन से ही नहीं बना है; यह युवा महिलाएं बहुत ही सफल छात्राएं भी रहीं हैं, और उनके प्राध्यापक और गुरु भी सौभाग्यवश अच्छे मिले। साथ ही में, उन्होंने सभी अच्छे अंग्रेजी माध्यम के महाविद्यालयों में शिक्षा प्राप्त की, और इसी भाषा में इस अनुसंधान को संचालित किया गया।

अन्य सभी प्रकार की छात्राओं के प्रति मेरे अध्ययन में हुए भेदभाव का कारण है वह उत्कृष्टता जिस पर मैंने लक्ष्य केंद्रित किया हुआ है। इसे मैं सामने रखती हूँ ताकि आलोचक यह पूछ सकें कि सामाजिक परिवर्तन का विचार करते हुए इन भाग्यशाली बल्कि असाधारण लड़कियों को क्यों महत्वपूर्ण माना जाए। मेरा उत्तर यह है कि, उनके सभी भाग्य के बावजूद भी, वे उस पीढ़ी का प्रतिनिधित्व करती है जिसकी माताओं ने कभी काम नहीं किया, एक आम शहरी मध्यम-वर्ग के परिवार जो उस वक्त इन शहरों में प्रमुखता से देखे जाते थे। पिछले वर्षों में शहरी मध्यम वर्ग के परिवारों में माताओं का काम नहीं करना विशाल बहुमत का मानक था। 20वीं सदी की मेरी लड़कियों के परिवार उनमें से नहीं थे जिनमें बहुत से उच्च शिक्षित या महानगरीय सदस्यों की प्रधानता थी। कुछ परिवार जिन्हें मैंने जांचा वे जाति, वर्ग, या दोनों में ही कुलीन थे, हालाँकि बाकी के नहीं भी थे, लेकिन किसी ने भी अतीत में महिला व्यावसायिकता के खेमे में नहीं गया था।

यह पुस्तक शहरों में रहनेवाली युवा महिलाओं के लिए स्त्री-पुरुष समानता के मार्ग के कुछ घटकों का पता लगाने और उन्हें सामने पेश करने का प्रयास है, वे महिलाएं जो अपने परिवारों के प्रति निष्ठावान हैं, अपने होनेवाले परिवारों के बीच उपयुक्त रूप से सामंजस्य बैठाने का प्रयास करती हैं, और पेशेवर भी बनना चाहती हैं। मैं उन बहुत से संघर्षों को देख पा रही हूँ जिनका सामना इन युवा महिलाओं को करना है: अपनी पसंद की नौकरी ढूंढना; अपनी मर्ज़ी से विवाह करना या फिर ऐसे परिवारों में विवाह करना जो उसका साथ दें

(या विवाह की आवश्यकता को ही धता बताना); एक प्रेमभरी और मददगार साझेदारी का निर्माण करना; अपने पति के साथ मिलकर सहयोग से अपनी आय पर नियंत्रण रखना; परिवार और नौकरी का प्रबंधन ठीक से करना; घर के लोगों के साथ वार्तालाप बनाए रखना; कार्यक्षेत्र में अपनी नौकरी के विकास के दौरान लोगों से ठीक तरह से निपटना; और घर और काम के बीच के सभी रिक्त स्थानों को ठीक से भरना। इनमें से किसी भी संघर्ष का अनुसंधान पुस्तक में नहीं किया गया है, उन्हें केवल आसन्न माना गया है। इस पुस्तक में केवल यह अनुसंधान किया गया है कि किस प्रकार एक युवा महिला जिसे आमतौर पर अपने माता-पिता के पूर्ण समर्थन के द्वारा अच्छी शिक्षा और नौकरी की योजना मिल रही है, अपनी पहचान का निर्माण करती है; और उसी के साथ आत्म जागरूकता और आत्म प्रतिबिंब की प्रक्रिया की शुरुआत होती है, कैसे वह इस अलग, अनोखे, अपने नए विश्व में योगदान देने की उम्मीद रखती है।

विश्व के साथ-साथ, भारत में भी हो रहे अथक महिला शिक्षा संक्रमण के बारे में कहने के लिए बहुत कुछ है। इसका ज़िक्र अध्याय 3 में किया गया है। लेकिन पहले मैं संक्रमण के बारे में उन वक्तव्यों की अभिस्वीकृति देना चाहूंगी जो हमें भयावह रूप से आधुनिकीकरण के सिद्धांत के टेलिअलोजिकल निहित प्रलोभन के पास लाना चाहते हैं। निश्चित रूप से, हम आज के भारत में महिला शिक्षा और सशक्तिकरण, गरीबी उन्मूलन, प्रत्येक समुदाय के लिए न्याय का प्रसार, महिला के खिलाफ हिंसा का अंत, रोज़गार के अवसरों का विकास, और बच्चों और सभी के पालन-पोषण लिए एक उपयुक्त वातावरण और सामाजिक बुनियादी ढाँचे की वकालत और उम्मीद करेंगे।[1] लेकिन जाहिर तौर पर सभी प्रगतिशील सामाजिक और आर्थिक प्रवृत्तियां यहाँ दिए गए उद्देश्यों के अनुरूप नहीं होतीं। कुछ तो दरअसल, पहली नज़र में हानिकारक और धमकी-भरी होती हैं। हालाँकि, एक टेलिअलोजिकल आधुनिकीकरण ढांचे में, लगभग पूर्णता के अंतिम आगमन की किसी तरह की परियोजना के लिए एक अनुचित प्रलोभन हो सकता है।

जिस नारीवादी दृष्टिकोण का मैं दावा करती हूँ उसे यहाँ रेखांकित किया जाना चाहिए। मैं विश्लेषणात्मक दृष्टिकोण के साथ शुरुआत करती हूँ, मैं अपने द्वारा इस्तेमाल किये गए नारीवाद शब्द के साथ जुड़ी रहूंगी, और फिर विचारधारा की तरफ आगे बढ़ूंगी।

विश्लेषणात्मक रूप में नारीवादी इतिहास लेखन औरनारीवादी सामाजिक इतिहासकुछ हद तक शायद ही कभी सामाजिक जनसांख्यिकी के साथ घुलमिल कर रहते हैं। सामाजिक जनसांख्यिकी, एक ऐसा विश्लेषणात्मक रूप है जो अक्सर भारतीय समाज में नारीवादी

1 इस प्रकार के मुद्दे विश्व के बहुत से देशों में बड़ी संख्या में पाए जाते हैं। ऐसे देशों की सूची बहुत लंबी होगी, लेकिन वे इस पुस्तक का विषय नहीं है।

सामाजिक नृविज्ञान पर केंद्रित नहीं है। एक महत्वपूर्ण अपवाद है भारत भर में अंतर लिंग अनुपात की परीक्षाओं का एक बहुत ही उत्पादक मार्ग (दासगुप्ता 2009; दासगुप्ता और भट 1997; दासगुप्ता और शुजहोऊ 1999; गुइल्मोतो 2009; जेफरी 2014; कौर 2008; मिलर 1981; पटेल 2007; और शेखर और हट्टी 2010, और अन्य)। हालाँकि, मैं इन समान रूपों को एक अलग तरीक़े से प्रशिक्षित कर रही हूँ, और उन्हें व्यक्तिगत महिला जीवन के अध्ययन में मिश्रित करने का प्रयास कर रही हूँ। मेरा सुझाव है कि ऐसा दृष्टिकोण रखना ज़रूरी और महत्वपूर्ण है।

किसी भी वर्तमान नारीवादी विश्लेषणात्मक दृष्टिकोण में जटिल और अतिव्यापी विचारों का एक सुविकसित समूह शामिल होता है। इस अध्ययन की पृष्ठभूमि में सबसे अधिक उपयोगी, जो माध्यमिक आंकड़ों का विश्लेषण और प्राथमिक गुणात्मक कथा परीक्षा का संचालन दोनों ही करने में प्रयासरत है, प्रतिच्छेदित है। इस परिप्रेक्ष्य का दावा है कि, हम उनके जीवन के ऊपर टकरानेवाली कुछ संरचनाओं को समूहों में वर्गीकृत करके, या तो हम लोगों द्वारा सामने लानेवाली बाधाओं का सामना नहीं कर पाते या फिर उनके लाभों का आनंद नहीं उठा पाते। जैसा कि आज व्यापक रूप से नारीवादी अध्ययन में मान्यता प्राप्त किया जाता है, पहले तो सामाजिक वर्ग, आर्थिक स्तर, जाति, धर्म, कामुकता, राष्ट्रीयता, धर्म, और जाति की संरचनाएं, और फिर लिंग के साथ और भी जटिल तरीकों से, कई मायनों में एक-दूसरे को प्रतिच्छेदित करती हैं। नारीवादी अध्ययन जो कि स्त्री-पुरुष प्रणालियों का विश्लेषण करते हैं, अब उन्हें बहुत से चिकित्सकों द्वारा महिलाओं और लैंगिक अध्ययन या केवल लैंगिक अध्ययन का शीर्षक दिया जा रहा है। इस तरह के शीर्षक पुरुषत्व के साथ-साथ स्त्रीत्व के विश्लेषण को भी प्रोत्साहन देते हैं, जिसमें स्त्री-पुरुष के परंपरा विरोधी अस्तित्व और भावनाएं भी शामिल हैं, और सबसे महत्वपूर्ण यह है कि यह हमें स्त्री-पुरुष द्विचर को विखंडित करने की अनुमति देता है। लिंग के विश्लेषण की इस बड़ी प्रगति, जो कि इस समझ पर आधारित है कि यह एक निंदनीय सामाजिक निर्माण है, को मेरे नारीवादी दृष्टिकोण के रूप में पहचाने जाने का ठप्पा लग रहा है। इस अध्ययन में, एक निश्चित सामाजिक क्षेत्र में एक लिंग प्रणाली के कामकाज की खोज करते हुए, मुझे उन विशिष्ट श्रेणियों का अधिकार प्राप्त हुआ जो मेरी लड़कियों में पायीं जाती हैं। इससे दूसरों के पास लिंग का एक अधिक व्यापक आवृत्ति क्षेत्र और समाज के विभिन्न वर्गों के व्यापक समूह में प्रतिच्छेदिता रह जाती है।

नारीवाद का वैचारिक दावा विश्लेषणात्मक दृष्टिकोण की तुलना में बताने में ज्यादा आसान है। "नारीवाद एक कट्टरपंथी धारणा है कि महिलाएं भी मनुष्य हैं।" हालाँकि मुझे यह नहीं पता कि इस आदर्श वाक्य का जन्म कहाँ हुआ, लेकिन मैं इसे पूरे मन से अपनाने के लिए तैयार हूँ। जिसे हम लिंग कहते हैं उस शक्तिशाली सामाजिक निर्माण के पूर्ण विपरीत,

अगर तुलना की बात की जाए तो महिलाएं भी उतनी ही मनुष्य हैं जितने कि पुरुष। यह मानवाधिकार का एक परिप्रेक्ष्य है, जिसे मानवाधिकार के वैश्विक घोषणापत्र में औपचारिक अभिव्यक्ति दी गई है; यह 20वीं सदी का एक उच्च दस्तावेज है जिसे पूरी तरह से अपनाने और लागू करने में 21वीं सदी ने बहुत देर कर दी है। कुछ मायनों में, और कुछ सामाजिक और राजनैतिक स्थानों में भी, ऐसा लग रहा है कि उस घोषणापत्र और उसकी पूर्णता के बीच की दूरी हमारे आज के वर्तमान विश्व की परिस्थितियों में बहुत गहरी हो गई है।

नारीवाद को मानवाधिकार के चश्मे से देखने पर, इस अध्ययन का परिप्रेक्ष्य सेन के कार्य में बहुत ही समृद्ध दिखाई देता है। मनुष्य सबसे ज्यादा तभी फलते-फूलते हैं जब उन्हें उन चीज़ों का चयन करने की आज़ादी दी जाए "जिन चीज़ों को मूल्यवान मानने का उनके पास कारण है", सेन का यह दृष्टिकोण एक ऐसा दृष्टिकोण है जो मानव अधिकारों को हरी झंडी दिखाता है। मानवाधिकार के वैश्विक घोषणापत्र में मौलिक मानव अधिकारों के रूप में शिक्षा और मूल्यवान काम प्राप्त करने की क्षमता दोनों को ही बहुत से अनुच्छेदों में शामिल किया गया है। इनमें से कोई भी अधिकार न तो यह सूचित करता है और न ही उनमें से किसी को घोषणापत्र में पूर्ण व्यक्तिगत स्वायत्तता के बराबरी में परिभाषित किया गया है। हालाँकि जब लोगों को विशेष सहायक रिश्ते और परिस्थितियां प्रदान की जाती हैं, तो इन अधिकारों को एक सन्निहित स्वायत्तता के साथ अनुकूल होने के रूप में देखा जा सकता है। वास्तव में, ज़्यादातर लोगों के पास मूल्यवान मानने का जो कारण है, वह उनकी रिश्तों के भीतर की सन्निहित परिस्थिति से निकलकर आती है। फिर बुनियादी सवाल यह बन जाता है: क्या यह रिश्ते महिलाओं को उन्हें मूल्यवान लगनेवाली चीज़ों को चुनने की आज़ादी देने के लिए समर्थन और प्रेरणा देते हैं या नहीं?

उन वास्तविक सीमाओं का अवलोकन करते हुए जो लोगों की परिस्थितियों ने उन व्यापक हलकों पर लगायीं हैं जो खुद को चारों तरफ से खोलने की कोशिश कर रहे हैं, इस पुस्तक के नारीवादी दृष्टिकोण का बहुत सा श्रेय बौर्द्यू को भी जाता है। उनके लिए यह दोनों स्थितिजन्य सीमाएं और प्रतिरोध के कृत्य, लिंग भूमिकाओं के बारे में हमारे परीक्षण के बारे में सोचने के लिए महत्वपूर्ण हैं। महिलाओं के दिए गए सांस्कृतिक रूप से निर्मित प्रतिमान चेतन या अवचेतन रूप से यह अधिदिष्ट करते हैं कि उनका व्यवहार कैसा होना चाहिए, उसी समय उसे उन सभी विषयों पर रचनात्मक रूप से आकार देने का कार्य करना चाहिए। लोग कभी-कभी उससे ज्यादा सचेत होते हैं जितना बौर्द्यू उन्हें अनुमति देता है, हालाँकि मैं इस औषध-व्यसन को एक शक्तिशाली विचारोत्तेजक अवधारणा मानती हूँ, जो वास्तव में अपरिहार्य हैं। हालाँकि इस पुस्तक में बताई गई कुछ कहानियों में नई सांस्कृतिक राजधानी के निर्माण की प्रक्रिया, जो कि स्पष्ट रूप से अंतर्निहित सामाजिक और आर्थिक ढांचे में बाहरी परिवर्तन के बड़े हिस्से में होने के कारण है, बहुत ही कृत्रिम

है। व्यक्तिगत रूप से एक युवा महिला के लिए स्वीकृत रूपों के साथ पैंतरेबाजी करते हुए उनका अनुसरण करना, ताकि वह स्वयं को और अधिक मुक्त महसूस कर सके, बहुत ही चतुराई और चालाकी भरा है।

बौर्द्यू की शैली में, एक व्यक्ति के भीतर की अदृश्य सामाजिक सीमाओं की विवशता, और सेन की शैली में, सशक्त स्वतंत्रता की भावना के बीच (यह विचार जो मैंने अभी दिया है के तहत, दोनों ही उस व्यक्ति को चिन्हित करते हैं जो उन चीज़ों को खोज रहा है जिसका मूल्य करने का उसके पास कारण है) निकटता से बंधे हुए होने में एक रिक्त स्थान है। इस रिक्त स्थान में, स्वयं की पहचान निर्माण करने का साहस उभरकर आ सकता है। हालाँकि, व्यक्ति वही बनने का प्रयास कर सकता है, जो वह पहले बनने की कल्पना करता है। इसकी भी सीमाएं हैं, इस अर्थ में कि आदर्श लोगों की महत्वाकांक्षा के लिए आवश्यक हैं: लोग उनके जैसा बनने की कल्पना ज्यादा अच्छे से कर सकते हैं जिन्हें वे जानते हो या जिनके बारे में उन्होंने सुना हो, बजाय कि किसी अजनबी के जैसा बनने के। अधिकांश लोग कुछ अनसुना या अनदेखा बनने की कल्पना नहीं कर सकते, इसीलिए दूसरों द्वारा निर्धारित किये गए प्रतिमानों का अनुसरण करना बहुत उपयोगी होता है। युवा लोग कई बार दूसरों को "देवता" मान सकते हैं, उन्हें आदर्श मान सकते हैं, उनके आदर्श कई बार आगे बढ़कर उन्हें संकेत देकर उन प्रतिमानों की ओर बुला भी सकते हैं। इस पुस्तक में, हम महिलाओं के प्रभाव के लिए एक पीढ़ीअंतर्गत वंशावली पर चर्चा करेंगे। साथ ही, हम आज के माता-पिता की आशावादी उम्मीदों को भी देखेंगे जब वे अपनी बेटियों की क्षमताओं को प्रकट होते हुए देखेंगे, और उनके गुरुओं और प्राध्यापकों के गर्मजोशी से दिए गए प्रायोजन और मार्गदर्शन पर भी विचार करेंगे। यह प्रतिमानों के नवीन समूह हैं, जिसमें कुछ युवा महिलाएं, महिलाओं के प्रथागत प्रतिमानों से संघर्ष करते हुए अब खुद को जोड़ पा रही हैं। इसी संदर्भ में हम उन बातों की चर्चा करेंगे जिसे मैं वर्तमान की पेशेवर काल्पनिकता कहती हूँ।

साक्षात्कारों की मेरी व्याख्या आभारी है वर्षों तक पढ़ाए गए आधुनिक विश्व इतिहास को, और ख़ाली समय में 19वीं और 20वीं सदी के उत्कृष्ट उपन्यासों को पढ़ने और बार-बार पढ़ने को। उन पुस्तकों के महिला पात्र उनके हालात को समझने के लिए अवसरों को तलाश रहे थे; शायद ही कभी वे उन्हें बाधा पहुँचानेवाले भारी-भरकम संदर्भों में आंशिक अंतर्दृष्टि के बिना हैं। वे एक ध्रुवतारे का अनुसरण करती हैं, जिससे उन्हें मार्ग ढूँढने में उपयोगी मदद मिलती है, और सीमाओं के प्रति उनका प्रतिरोध अक्सर बहुत ही आंतरिक मार्ग में पंजीकृत किया जाता है, ऐसे वक्तव्यों के रूप में जो वे खुद से करती हैं, साथ ही दूसरों से भी यदि उनके साथ साझा करती हैं तो। इन सभी पात्रों में सबसे सामरिक खुद के साथ एक प्रकार की बातचीत करती हैं जिसे मैं "चीज़ों के माध्यम से सोचना" कहूँगी। प्रथम विश्व युद्ध से पहले प्रकाशित उपन्यास पहले की विश्व व्यवस्था और उसके लिंग परिणामों से प्रबुद्ध थे

(देखें होब्सबॉन की इतिहास त्रयी, 1962, 1975, 1987, जो ऐतिहासिक परिवर्तन के लिंग प्रभावों को कभी नहीं छोड़ता था): यह एक सामाजिक-राजनीतिक वैश्विक व्यवस्था थी जिसे मैं हाल ही के दशकों में भारत के साथ ही साथ अन्य क्षेत्रों की महिलाओं के जीवन में प्रासंगिक होता हुआ देख रही हूँ।

हाल के साहित्य में, भारतीय महिलाओं के जीवन के विचारों और परिस्थितियों के बीच की कठिन निहाई को महाश्वेता देवी की कहानियों में शानदार ढंग से अंकित किया गया है (बर्धन 1990)। हमारी वर्तमान अवधि में गहरे लोकतांत्रिकरण और अपमानजनक अन्याय के बीच का संघर्ष, भीतर और बाहर दोनों से ही चीज़ों के माध्यम से सोचने के लिए, पहले से कहीं अधिक पृष्ठभूमियों के लोगों को बुला रहा है। चीज़ों के माध्यम से सोचना आज के जितना प्रासंगिक पहले कभी नहीं था।

बाकी का परिचय एक प्रत्येक अध्याय के बारे में संक्षिप्त विवरण प्रदान करता है। अध्याय 2 में, हम अतीत में बहुत पीछे जाकर उन तरीकों को देखेंगे जिनमें महिलाओं की आजीविका की महत्वाकांक्षाओं की बहुत लंबी वंशावली है। हम ऐसी कई शिक्षित महिलाओं की उत्तरोत्तर पीढ़ियों की कुछ सतानेवाली कहानियां सुनेंगे, जिनकी अतीत में अपनी आशाएं और संघर्ष थे और कुछ सफलताएँ भीं थीं। और विविध प्रकार के आंकड़ों का उपयोग करते हुए हम यह भी जांचेगे कि महिला शिक्षा पर लगातार बढ़ते हुए दबाव के बावजूद भी क्यों महिलाओं की आजीविका (करियर) की महत्वाकांक्षा हाल ही के वर्षों में बहुत ही कम प्रगति कर पाई है।

अध्याय 3 यह देखता है कि किस प्रकार जनसांख्यिकीय परिवर्तनों ने अतीत में लिंग संबंधों को आकार देने में एक प्रमुख भूमिका निभाई है और अभी भी ऐसा ही कर रहे हैं। यह व्यक्तिगत कहानियां हैं जो खासतौर पर परिवारों की संरचना को बिगाड़ने में और महिलाओं की प्रतिभा को पूर्ण रूप से चुनौती देने में मृत्यु-दर की बड़ी और दर्दनाक भूमिका को उजागर करती है। उसके बाद हम लिंग अनुपात द्वारा प्रतिनिधित्व किये जा रहे लंबे समय से चले आ रहे विरोधाभास को प्रभावित करनेवाले ऐतिहासिक परिवर्तनों को देखते हैं। फिर उच्च शिक्षा में महिलाओं की तेजी से बढ़ती हिस्सेदारी के विषय को स्पष्ट किया जाता है और उसकी समस्याएँ बताई जाती हैं।

अध्याय 4 में, हम चार अद्वितीय शहरों में पढ़नेवाली युवा महिलाओं के अनुभवों के संबंध में उनकी शैक्षिक संस्कृतियों की जांच करते हैं: इलाहाबाद, मुंबई, वडोदरा, और बंगलुरु। शहर का परिवेश, उन विशिष्ट विश्वविद्यालयों की पुरानी परंपराओं और आदर्शों के साथ, उस वातावरण के माध्यम से छनकर प्रत्येक विद्यार्थी पर छा जाता है। जिन छात्राओं से मैं मिली, उन्होंने इन प्रभावों को अवशोषित करते हुए अपने भविष्य के बारे में आशाओं और कभी-कभी भ्रम का भी अनुभव लिया हुआ था। उनके परिवारों, चाहे वे पास हों या

दूर, को भी कई बार नई उम्मीद और नए भ्रम के मिश्रित अनुभव हुए थे। इस अध्याय में, हम इस गतिक की जांच करेंगे।

अध्याय 5 में, इस अनुसंधान में साक्षात्कार की प्रक्रिया के दौरान हुई कुछ खोजों का पता लगाया जाएगा। कुछ श्रेणियां हैं जो कि साक्षात्कार के नमूने में किसी पूर्वाकांक्षित की तरह इस्तेमाल नहीं हुई लेकिन अधिकांश मामलों में बहुत महत्वपूर्ण साबित हुई हैं। सबसे पहले, यह तो स्पष्ट है कि बेटियों की आजीविका की आशाओं और उम्मीदों को सकारात्मक रूप से प्रभावित करने में पिता बहुत महत्वपूर्ण भूमिका निभाते हैं। कुछ मामलों में, बेटी को उसके अच्छे शैक्षिक इतिहास को देखते हुए माता-पिता प्रार्थित करते हैं कि वह आगे पढ़े और आजीविका (करियर) की योजना बनाए, ताकि वह अपने परिवार की उम्मीदों को पूरा कर सके। लगभग सभी मामलों में, पिता का समर्थन सबसे महत्वपूर्ण होता है। दूसरे, हम परिवार रचना के अन्य महत्वपूर्ण पहलुओं के साथ-साथ विशेष रूप से जन्म क्रम की मुख्य भूमिका की भी जांच करते हैं, ताकि आजीविका की जो उम्मीदें इन परिवारों को अपनी बेटियों से है उन पर प्रभाव डाला जा सके।

अध्याय 6 में, हम श्रमिक बाज़ार के सुस्त प्रदर्शन की रोशनी में, आजीविका तक पहुंचनेवाली युवा शिक्षित शहरी महिलाओं की बढ़ती संख्या की पहेली का विश्लेषण करने का प्रयास कर रहे हैं। हम उस विशेषाधिकार प्राप्त हिस्से की जांच करते हैं जिसमें कुलीन वर्ग से संबंधित महिलाएं, महिलाओं के लिए एक बदलते अवसर की संरचना में कार्य करना जारी रखती हैं। और प्रत्येक युवा महिला की आशाओं के विपरीत, हम लिंग भूमिकाओं के आसपास के मुद्दों का आकलन करते हैं जिसकी आशा उनसे अभी भी है, चाहे महिला व्यावसायिकता अधिक व्यापक रूप से पकड़ ले।

अध्याय 7 में, हम महिलाओं की महत्वाकांक्षा के लिए उनकी नव कल्पना क्षितिज में भाग लेने के लाभ, हानि और यहाँ तक कि कमियों के बारे में भी पूछते हैं। हम परिवार की प्रतिबद्धता में महिला संस्था की निर्बाध सन्निहितता की तरफ देखते हैं, जो इस तरीक़े से निर्मित एक नमूने में पाया जाता है। इस पुस्तक को एक तुलनात्मक संदर्भ में देखते हुए, हम उन अलग-अलग तरीकों की जांच करते हैं जिनमें विद्वान इस परिवार की सन्निहितता का शोध लगा रहे थे।

अध्याय 8 में, हम एक बार फिर से उन महिलाओं की तरफ देखते हैं जिनकी कहानियों पर विचार किया गया था, लेकिन इस बार हम उन्हें विशेष रूप से उस रोशनी में देखते हैं जिनमें वे एक नई पेशेवर काल्पनिकता में जकड़ी गई हैं। यह दृष्टि पुराने और नए दोनों मध्यम वर्ग को चिन्हित करने के लिए मिली है, ताकि हम इन वर्गों के विकास के कुछ विचारों की जांच कर सकें। इसके बाद प्रणालीगत परिवर्तन से गुजरने के लिए यह अध्याय सामाजिक पुनरोत्पादन के सिद्धांत को आगे रखता है। अंत में, यह आत्म-पहचान के उस उभरते हुए

रूप की तस्वीर बनाने का, जिसे युवा शहरी महिलाओं द्वारा ढाला और आकार दिया जा रहा है, और यह उनके भविष्य और परिवारों और समाज के भविष्य के विकास के निहितार्थ पेश करने का दायित्व लेता है।

अध्याय 9 एक बार फिर पीछे मुड़कर इतिहास में और आगे जाकर भविष्य में देखता है, ताकि लैंगिक न्याय की तरफ एक तरह के मोर्चे का विचार किया जा सके जो समय के साथ चलते हुए रास्ता बना सके। हमें आश्वस्त नहीं किया जा सकता कि इस प्रकार का वांछित राज्य अस्तित्व में आ सकता है, लेकिन यह अंतिम अध्याय उस मार्ग की एक झलक दिखाता है जो उसका नेतृत्व कर सके।

2

पुरुषों के बीच महिलाओं का इतिहास

वे कौन-सी आत्म-पहचानें हैं जिनका दावा शिक्षित भारतीय महिलाओं ने समय के साथ किया है? मैं यहाँ एक कठिन समय के ढाँचे के भीतर उन पहचानों को खोजने की कोशिश कर रही हूँ जिनका दावा शिक्षित महिलाएं खुद के लिए करना चाहती हैं, उन्हें आवंटित परिवार, समूह, धर्म, जाति और जातीय संबंधों के क्षेत्रों से परे जाकर। बेशक, ऐसा करने के लिए एक भारी परियोजना है: लोग सामाजिक संदर्भ के भीतर पहचानों का दावा करते हैं और आत्मीयता तथा पृथक व चेतन अस्तित्व की भावना का विकास करते हैं, और यही सब पुरुषों की तरह ही महिलाओं के बारे में भी सत्य है। वह भी भारत में, स्वयं की अवधारणा बहुत ही भव्य है जो सार्वभौमिक सिद्धांतों में सजी होती है। कौन क्या है और क्या करता है के बारे में छोटी से छोटी और मामूली बात से लेकर विश्व की सबसे बड़ी संज्ञानात्मक संभावना तक, स्वयं की अवधारणा बड़े पैमाने पर वर्णित होती है। फिर भी, विषय के नजरिये से आत्मवाद तक पहुंचना और आत्म-पहचान का इंतज़ार करना मेरा लक्ष्य है।

नई महिला पहचानों के प्रकारों पर ध्यान केंद्रित करने के लिए, आगे आनेवाले अध्यायों में दिए गए साक्षात्कारों की सहूलियत के बिंदु से, युवा शिक्षित महिलाओं की पेशेवर बनने की समकालीन लालसा को विशेष रूप से संबंधित किया गया है। ऐसे परिवारों की संख्या बढ़ रही है जो बेटियों को न केवल महाविद्यालयीन स्नातक बनने के लिए बल्कि अगर उनकी इच्छा और योग्यता प्राप्त करना हो तो, आजीवन कोई पेशा अपनाने के लिए भी प्रेरित कर रहे हैं। परिवार की भूमिका क्या है, और बेटी का कर्तृत्व क्या है? इस संदर्भ में एक उभरती हुई युवा वयस्क खुद को किस प्रकार पहचानेगी? वह किस प्रकार की पहचान, या पहचानों के मिश्रण की उम्मीद कर सकती है? इस प्रक्रिया का कौनसा हिस्सा उसकी

खुद की वास्तविक आकांक्षाओं का प्रतीक है? इस पुस्तक के ज़रिये हम इन प्रश्नों को जांच रहे हैं ताकि हमें महाविद्यालय में शिक्षित शहरी युवा महिलाओं की व्यक्तिपरकता की बेहतर समझ हो सके, विशेष तौर पर उनकी व्यक्तिपरकता के उन भावों की जो आजीविका (करियर) की नई नीतियों के रूप में मूर्त रूप में प्रकट हो गए हैं और सामाजिक रूप से प्रत्यक्ष हो गए हैं।

आजीविका (करियर) के लिए इस महत्वाकांक्षा का इतिहास क्या है, और किस प्रकार से महिलाओं की लालसा उन सामाजिक स्थानों के साथ अंतराफलक होती हैं जिन्हें महिलाओं ने एक पितृसत्तात्मक सामाजिक संरचना में हासिल किया है? चटर्जी (1989) भारत की आज़ादी के संघर्ष के दौरान महिलाओं की आजमाई हुई प्रगति के दर्दनाक विरोधाभास के एक तत्काल विश्वासप्रद संकुल में फंस गया था, जहाँ पुरुष प्रधान राष्ट्रवाद द्वारा संचालित अक्षम सीमाओं को एक शक्तिशाली ढांचे के भीतर विवश किया जा रहा था। और सिन्हा (सरकार और सरकार 2007 में) ने हमें एक या अन्य प्रतीक में बंधी हुई "उस" भारतीय महिला के काल्पनिक व्यक्ति में छुपी हुई ख्यात "आवाज़" को स्थापित करने के असतत मामले दिखाने शुरू किये। तथापि, मैं तर्क देती हूँ कि हम अपने महिलाओं की ऐतिहासिक रूप से बदलती हुई पहचानों के अध्ययन को इन संरचनात्मक और वैचारिक बाधाओं में बंधा हुआ नहीं छोड़ेंगे। भारत की स्वतंत्रता के लिए संघर्ष के दौरान और उसके बाद की अवधि के साथ शुरू करते हुए, हमें महिलाओं द्वारा विचार किये जानेवाली वैकल्पिक पहचानों के संदर्भ में, प्रभाव और सुझाव की एक उभरती हुई बहु पीढ़ीगत प्रक्रिया की भी झलक मिलती है। उन युगों में, पेशेवर कर्मचारियों की भागीदारी के मामले में कुछ महिलाओं के लिए नए तरह का जीवन संभव हो पाया। तथ्य यह था कि उनकी संख्या बहुत कम थी और इसको आगे जाकर विस्तार में प्रगणित किया जाएगा और दोहराया जाएगा। और फिर भी, उनके जीवन में, तरंगों का प्रभाव पड़ा। मैं यहाँ इस बयान के अर्थ के तात्पर्य के प्रवाह पर विचार करना चाहूंगी।

20वीं सदी की शुरुआत और मध्य में महिलाओं के जीवन में आनेवाला यह नयापन देखने लायक होगा, ताकि उनका महिलाओं की आकांक्षाओं पर होनेवाले दूरगामी परिणामों को पहचाना जा सके। यह हमें विभिन्न पीढ़ियों में और सबसे हाल ही की पीढ़ी में लेकर जाता है। हम स्वतंत्रता संघर्ष की पीढ़ी से शुरुआत करते हैं, स्वतंत्र पीढ़ी की बेटियों तक जाते हैं (जैसा कि लिडल और जोशी 1986 में), और फिर उन महिलाओं को खोजते हैं जो 1980 और 1990 के दशक में युवा थीं। आगे आनेवाले अध्यायों में, हम आज के चार विशिष्ट भारतीय शहरों में रहनेवाली कुछ युवा महिलाओं के विचारों के बारे में विस्तार

[1] इलाहाबाद, मुंबई, वडोदरा और बेंगलुरु।

से विचार करेंगे।[1] आज की महिलाओं की आकांक्षाओं पर बारीकी से ध्यान केंद्रित करने के लिए, पहले यह अध्याय यह पड़ताल करता है कि हम आत्म-पहचान के लिए शिक्षित महिलाओं की आकांक्षाओं के अतीत के इतिहास के बारे में क्या बटोर सकते हैं। इस संबंध में शिक्षित महिलाओं की खोज की प्रकृति समय के साथ-साथ बदल गई है।

बहुत से कुलीन परिवारों—यानि कि, ऊँची जाति या उच्च वर्ग के परिवार, जिनमें कुछ पुरुष उच्च शिक्षित थे—ने उन्नीसवीं सदी और बीसवीं सदी कि शुरुआत में अपनी बेटियों को शिक्षित किया। कुछ परिवारों में, तब, पत्नियाँ और माएं भी शिक्षित थीं, और यह विशेष रूप से उन परिवारों में था जिन्होंने समाज सुधार का समर्थन किया था (देखें सरकार और सरकार 2007: परिचय)। हालाँकि, ज़्यादातर कुलीन महिलाएं, शिक्षित होने के बावजूद भी, घर पर ही अकेली रहती थीं, जब तक कि वह समय नहीं आ गया जब स्वतंत्रता आंदोलन ने उन्हें बड़ी संख्या में बाहर नहीं बुलाया। उस आंदोलन के दौरान, "कुलीन परिवार की महिलायें स्वीकृत भूमिका से असंतुष्ट थीं क्योंकि सामाजिक बदलाव के इस काल में महिलायें उन मौकों का फायदा उठा रहीं थीं जो उस समय उपलब्ध थे" (अग्न्यू 1979: ix)। इनमें से बहुत सी महिलायें जितना हो रहा था उससे अधिक सामाजिक बदलाव की उम्मीद कर रही थीं।

स्वतंत्रता संघर्ष के दौरान की महिलाओं की आत्म-पहचान गौरवशाली हो सकती थीं। एक स्त्री कार्यवाही, एकजुटता और अक्सर ही त्याग का संकल्प बना सकती है, चाहे घर के भीतर या फिर घर की प्राचीर पर, और उस आदर्शवाद में ओत-प्रोत हो सकती है जो उसकी स्वयं की भावना और उसके और उसके परिवार के भविष्य का निर्माण करने में मदद कर सकता है। हालाँकि महिलाओं ने "राजकीय आंदोलन में अपने परिवारों की रजामंदी से भाग लिया था, न कि प्रबल लिंग विचारधारा के खिलाफ विद्रोह के एक तरीक़े की तरह" (फोर्ब्स 1996: 134), वे अपनी सक्रियता में आक्रामक हो सकती थीं। लीलावती मुंशी ने एक उदाहरण प्रस्तुत किया (फोर्ब्स 135: 151, कतज़ेन्स्तें 1978)। 1899 में पैदा हुई लीलावती पूर्ण वयस्क होने से पहले ही विधवा और एक छोटे बच्चे की माँ बन चुकी थीं। उसके बाद निस्संदेह रूप से अपने माता-पिता की पूर्ण रजामंदी और अनिवार्य समर्थन से वे पंचगनी के एक आवासीय विद्यालय में अपनी शिक्षा जारी रखने में सक्षम हो गयीं। 1926 में उन्होंने के.एम. मुंशी से विवाह किया जो एक विधुर थे। दोनों के ही अपने पूर्व विवाहों से बच्चे थे। इन कार्यों ने स्पष्ट रूप से उनपर, उनके नए पति पर, और साथ ही उन्हें जन्म देनेवाले परिवार पर भी सुधारवादी विचारों के कुलीन होने का ठप्पा लगा दिया। 1930 के नमक सत्याग्रह के दौरान वे गाँधी की महिला अधिकारियों में सरोजिनी नायडू के साथ की नेता थीं, उन्होंने आगे जाकर बहुत सी कांग्रेस समितियों और बंबई में बहुत से महत्वपूर्ण सरकारी और गैर-सरकारी पदों का नेतृत्व किया। वे महिला

अधिकारों के कार्य की एक निर्भय वक्ता थीं। वे एक शिक्षित महिला थीं, जिनके प्रसिद्ध ब्राह्मण पति एक सुधारक, विधवा पुनर्विवाह के प्रस्तावक, शिक्षाविशरद और लेखक थे।[2] विवाह और पृष्ठभूमि के ज़रिये बने यह उच्च-स्तरीय संबंध, साथ ही साथ उनकी स्वयं की प्रतिभा और उपलब्धियों ने उन्हें वह महत्वपूर्ण कार्यकर्ता सुरक्षा प्रदान की जो आगे जाकर सार्वजानिक सेवा की साख बन गई।

इस प्रकार की महिला द्वारा दूसरों को प्रदान की जा रही प्रेरणा की गूँज तब भी जारी रही जब संघर्ष लगातार हो रहा था और महिलाओं से घर लौटने की उम्मीद की जा रही थी। घर से बाहर समाज में जाना, सराहनीय काम करना, आदि इच्छाएँ युवा महिलाओं के मन में जीवित थीं, ख़ासतौर पर वे जिनके परिवार शिक्षित कुलीनों का एक भाग थे, और जिनके पास अपने पूर्वजों की उपलब्धियों के बारे में पता करने के कारण थे।

हालाँकि, आज़ादी के बाद की सफल महिलाएं जितनी हो सकती थीं उसकी तुलना में बहुत ज्यादा असाधारण थीं, अगर दूसरों की संभावित उम्मीदों को प्रभावित करनेवाली ज़बरदस्त कमियाँ न होती तो। सरकारी प्रशासन में जाने की और चिकित्सा और शिक्षण जैसे पेशे अपनाने की अनुमति देनेवाली योग्यताओं के साथ कुछ महिलाओं को अपनी पूर्वजों के कुछ वादों को निभाने का समतोल साधना था, जो संघर्ष के दौरान की प्रसिद्द व्यक्ति थीं जो स्वतंत्रता आंदोलन के दौरान विकास के चरम पर थीं। लेकिन स्वतंत्रता के ठीक पहले जन्मी और सुधार आंदोलन की प्रकृति में शिक्षित महिलाओं में से बहुत ही कम थीं जो सही में इन उम्मीदों की तरफ पहुंची, और उनमें से भी बहुत ही कम थीं जिन्होंने उन्हें पूरा किया। फिर भी, स्वतंत्रता संघर्ष की प्रतिध्वनि उन महिलाओं के बीच भी पहुंची जो राजनैतिक आंदोलन का भाग बनने के लिए बहुत ही छोटी थीं। इस गूँज ने, कुलीन परिवारों की कुछ युवा महिलाओं के मन में शिक्षित होने की इच्छा का रूप लिया ताकि सार्वजानिक क्षेत्र में उपयोगी कार्य करने के लिए वे सुसज्ज हो सकें। मैं यहाँ पर उनकी आशाओं के संबंध में उल्लेख करती हूँ, क्योंकि मैं उन्हें समझती हूँ, वे केवल राजनैतिक या सामाजिक सक्रियता में लिप्त होने के लिए नहीं, न ही निजी बनाम सार्वजनिक रोज़गार तलाशने के लिए, बल्कि

[2] वे स्वतंत्रता के बाद की भारत सरकार में कांग्रेस के मुख्य रूढ़िवादी बने, सोमनाथ मंदिर के पुनर्निर्माण की बहाली के लिए पटेल और अन्य लोगों के साथ एक सहयोगी बने, एक ऐसी घटना जो धर्मनिरपेक्षता से विपरीत थी। मैं नहीं समझती कि उनकी पत्नी द्वारा दर्शायी जा रही सक्रियता और नारीवादी विचारधारा उनकी विचारधारा पर आधारित है। स्वतंत्रता के बाद के उनके विचारों को चिह्नित करने के लिए जानकारी कम है, हालांकि महिला अधिकारों के बारे में उनकी स्थितियों ने उन्हें अपने समय की अगुआ के रूप में स्थापित कर दिया था। यह एक विशेष सामाजिक उदाहरण है जो मैंने इस खंड में शामिल किया है।

व्यापक रूप से, कई क्षेत्रों में अपनी आदर्शवादी पेशेवर उम्मीदें पूरी करना चाहती थीं। उनकी यह इच्छाएँ केवल नौकरी या आजीविका के लिए नहीं थीं, बल्कि सेवा, कार्य और आत्म-अभिव्यक्ति की पूर्णता के लिए थीं जो केवल घर बैठकर नहीं मिल सकती, ऐसी पूर्णता जिसके लिए केवल उच्च शिक्षा की आवश्यकता नहीं थी, बल्कि उस शिक्षा को घर के दायरे से बाहर निकालकर अच्छे उपयोग में भी लाना था।

बड़ी उम्मीदों और बहुत से संघर्षों वाली महिलाओं की कहानियां विशाल संख्या में हैं (कुमार 1993, लिडल और जोशी 1986, वालड्रॉप 2012)। लिडल और जोशी 1928 में पैदा हुई रीता की कहानी सुनाते हैं, जिसे कान्वेंट स्कूल कि शिक्षा समाप्त करने के बाद घर पर ही रखा गया था। उसके उच्च शिक्षित पिता स्पष्ट रूप से अपनी बेटी को उच्च शिक्षा दिलाने के विरोध में थे। लेकिन अपनी मौसी से प्रेरित होकर, जिन्होंने घर पर ही शिक्षा प्राप्त की थी, और "जाति से बाहर विवाह किया था, गाँधी के साथ कार्य किया था, जेल में गयीं थीं, आश्रम में रहीं थीं, . . . मैंने अपनी मौसी के मूल्यों पर चलना स्वीकार किया, और मैं जानती थी कि मुझे शिक्षा प्राप्त करनी ही है" (1986: 76)। स्वतंत्रता आंदोलन में महिलाओं के आदर्श इस तरीक़े से एक विरासत के रूप में जारी रहे, जो कि कुछ परिवारों में एक पीढ़ी से दूसरी पीढ़ी तक सौंपे जाते रहे। रीता ने अपने पिता के विरुद्ध संघर्ष किया, और अपनी माँ के थोड़े से समर्थन से विश्वविद्यालय में दाखिला लिया, जहाँ वह अपनी कक्षा में प्रथम आई। फिर उसका विवाह एक महाविद्यालय में शिक्षित पुरुष से कर दिया गया जो पत्नी के रूप में एक स्नातक चाहता था लेकिन उससे घर पर ही रहने की उम्मीद करता था। रीता उससे अलग हो गई, पीएच.डी किया, तलाक लिया और अध्यापन शुरू किया। "उसकी आर्थिक स्वतंत्रता ने . . . उसे एक स्थाई रिश्ता तोड़ने की अनुमति दी" (1986: 103), और वह खुद को और अपने दो बेटों को सँभालने में समर्थ हो सकी। उसका संघर्ष दोतरफ़ा था, पिता और पति के विरुद्ध, और निस्संदेह मार्ग में अन्य पेशेवर बाधाएं भी आई होंगी। लेकिन हमें उसकी कहानी सुनने का मौका इसीलिए मिला क्योंकि वह असाधारण थी—क्योंकि वह सफल हुई।

मेरी सहेलियां उन प्रारंभिक वर्षों को याद करती हैं जो स्वतंत्रता संघर्ष के बाद के प्रभावों से प्रतिध्वनित हुए, जिन्होंने उनके बाकी के जीवन पर, सकारात्मक और नकारात्मक दोनों ही प्रकार की पहचान के प्रभाव छोड़े। एक जिसे मैं हेमा के नाम से पुकारूंगी, उसका जन्म 1938 में हुआ था। मैं उससे पहली बार 1966 में मिली जब वह एक युवा माँ थी जिसका एक साल का बेटा था। हम उससे पुराने बड़ोदा (अब वडोदरा) शहर के मध्य में स्थित उसके संकरे घर में मिले जो एक शाही दरवाज़े के पास स्थित था। हम एक छोटे कमरे में बैठे जहाँ वह परिवार रोज़ रात को सोता था, रोज़ सुबह उठकर वे बिस्तर समेटकर उसे अलमारी में रख देते थे। उस खंड के घर इतने ही चौड़े थे जितना कि एक पेड़ काटकर गिराई हुई जगह होती है। वह और उसका पति अब एक आवासीय संस्था में बने एक विशाल घर में रहते हैं जो शहर के मध्य में स्थित एक मोहल्ले में है।

हेमा सूरत में पली-बढ़ी और वहीं महाविद्यालय में पढ़ीं। वर्ष 1959 में वाणिज्य में स्नातक की उपाधि प्राप्त करने के बाद, उसे गुजरात विद्युत् मंडल में नौकरी मिल गई। अगले ही साल, उसकी माँ की मृत्यु हो गई और उनका परिवार अपने गृहनगर बड़ोदा लौट गया। उसके पिता ने समय-पूर्व निवृत्ति ले ली, और हेमा को गुजरात विद्युत् मंडल के बड़ोदा कार्यालय में तबादला मिल गया। उसका विवाह 26 साल की आयु में हुआ: "माँ के न होने के कारण मेरा विवाह देर से हुआ," उन्होंने कहा। उसके पति के पास विश्वविद्यालय की योग्यता थी और 31 वर्ष की आयु में उनके पास अच्छी नौकरी थी। हेमा ने विवाह के बाद भी नौकरी करना जारी रखा और पहले बच्चे के जन्म के बाद ही अपनी नौकरी छोड़ी। उन्होंने उसके और उसके छोटे भाई के पालन-पोषण के लिए घर पर ही रहना स्वीकार किया। जब दोनों बच्चे स्कूल जाने लगे, तो उन्होंने एक बीमा कंपनी की एजेंसी का काम हाथ में लिया, जो वे घर पर रहकर आंशिक रूप से कर सकती थीं। उन्हें नागरिक क्लब हलकों के माध्यम से संभावित ग्राहक मिले, और वे उन्हें बीमा पॉलिसियों के बारे में चर्चा करने और अंतिम रूप देने के लिए घर पर आमंत्रित करती थीं।

स्वतंत्रता आंदोलन का इस परिवार की शिक्षण योग्यताओं पर असर पड़ा था। हेमा के पिता का जन्म 1902 में बड़ोदा के एक परिवार में हुआ था। बड़ोदा की रियासत बहुत से सुधारकों और कार्यकर्ताओं का घर थी, जिनमें से कुछ औरोबिंदो घोष से प्रेरित थे जो कि वहां के शाही दरबार में एक प्रशासक थे, और पांडिचेरी (अब पुदुच्चेरी) जाकर सूफी बनने से पहले उनका झुकाव उग्र राष्ट्रवाद की तरफ था। हेमा के पिता ने तब एसएससी की परीक्षा उत्तीर्ण करके महाराजा सयाजीराव विश्वविद्यालय में महाविद्यालयीन अभ्यास के लिए प्रवेश लिया ही था, तभी वे अपना प्रथम वर्ष बीच में ही छोड़कर गाँधी के सत्याग्रह में शामिल हो गए। यह वह समय था जब क्रूर अंग्रेजों ने 1919 में अमृतसर में शांतिपूर्ण प्रदर्शन कर रहे भारतीयों का नरसंहार किया था, जिसके बाद गाँधी द्वारा अनुमोदित और कांग्रेस नेतृत्व द्वारा स्वीकृत राष्ट्रव्यापी हड़ताल हुई थी। 1920 में, गाँधी ने अधिक दूरगामी असहयोग आंदोलन की पहल की जिसके एक भाग के तहत विद्यार्थियों को विरोध प्रदर्शन में महाविद्यालय छोड़ने के लिए कहा गया। इस आंदोलन के जोश में बहुत से विद्यार्थी पकड़े गए, और विद्यालयों और महाविद्यालयों का बहिष्कार करने की गाँधी की पुकार में पुरुषों के साथ-साथ महिलायें भी शामिल थीं।

हेमा के पिता ने आगे जाकर अभियांत्रिकी में एक प्रमाणपत्र हासिल किया और सूरत में एक कंपनी में काम शुरू किया। 1923 में जब उनका विवाह हुआ तब उनकी आयु 21 वर्ष और हेमा की माँ की आयु 18 वर्ष थी। हेमा की माँ ने 14 वर्ष की आयु में विद्यालय छोड़ दिया हालाँकि वे आगे पढ़ना चाहती थीं। हेमा ने बताया, "मेरे माता-पिता दोनों को ही पढ़ाई छोड़नी पड़ी," हालाँकि उसने मुझे अपनी माँ के पढ़ाई छोड़ने का कारण नहीं बताया।

तथापि, उसकी माँ का जन्म 1905 में हुआ था, और जब वे 14 वर्ष की हुई तो वह साल वही उथल-पुथल भरा 1919 का साल था।

1920 और 1930 के दशक के दरमियान, युवा लोगों का राजनैतिक कार्यों के चलते विद्यालय और महाविद्यालय छोड़ना जारी रहा। लेकिन इस परिवार के सदस्य 1920 के दशक में शिक्षा प्राप्त करने के लिए बस गए। हेमा की माँ की छोटी बहन ने उच्च-माध्यमिक विद्यालय की शिक्षा पूरी की जबकि सबसे छोटी बहन 1929 में उनकी बनिया जाति में पहली महिला स्नातक बनी। हेमा ने अपनी इस मौसी की उपलब्धि की प्रशंसा की। हालाँकि उसके माता-पिता 1919–1920 की उथल-पुथल के दौरान पढ़ाई में पीछे छूट गए, लेकिन हेमा को इस कार्य के लिए अपने पिता (और इसी निहितार्थ में, अपनी माँ) द्वारा किये गए त्याग पर बहुत गर्व है। उसके माता-पिता ने बाद में शिक्षा की अपनी कमी को अपने बच्चों के द्वारा पूरा किया। उनके चार जीवित बच्चे थे (पहले पांच बच्चों की नवजात अवस्था में ही मृत्यु हो गई थी)। एक बेटी का जन्म 1936 में हुआ था, हेमा दूसरे स्थान पर थी, और उसके बाद दो बेटे। सबसे बड़ी बेटी डॉक्टर बनी, और दोनों बेटे इंजिनियर बने।

अपने दोनों बच्चों के जन्म के समय लिए गए कुछ वर्षों के अवकाश को छोड़ दें तो हेमा स्नातक से लेकर सेवानिवृत्ति की आयु तक आर्थिक रूप से सक्रिय रहीं। पहले उन्होंने सरकारी मंडल के साथ क्षेत्र में जाने का कार्यालयीन कार्य बिजली के बिक्री कर का भुगतान सुनिश्चित करने के लिए किया, यह एक ऐसी नौकरी थी जिसमें उन्हें पूरे राज्यभर में हमेशा यात्रा करनी पड़ती थी, और बाद में उन्होंने एक लाइसेंस प्राप्त बीमा एजेंट के रूप में मुख्य रूप से घर से कार्य किया। उनका आर्थिक योगदान देकर अपने परिवार को संभालना आत्म-निर्देशित और प्रभावी दोनों ही था। एक उपलब्धि यह थी कि उन्होंने दोनों बेटों को शहर के मध्य से एक ज्यादा समृद्ध मोहल्ले के एक निजी उच्च विद्यालय में पढ़ने के लिए भेजा। "हमारे मोहल्ले का वातावरण अच्छा नहीं था। मैंने उन दोनों का दाखिला वहां करवाया क्योंकि मैं अनुशासन चाहती थी।" उनकी आय ने बेटों की निजी शिक्षा संभव बनाने में मदद की। "मैंने अपना समय आवंटित किया और ज्यादा काम प्राप्त किया। मैंने जीवन बीमा निगम से ऋण लिया और एक घर बनाया। एक सहकारी समिति में एक भूखंड पाने के लिए सालों लग गए।" उस घर के दरवाजे पर आज उनके नाम की पट्टी है।

पारिवारिक सदस्यों ने कभी भी यह सुझाव नहीं दिया कि हेमा की पीढ़ी की उनकी महिला रिश्तेदारों की शैक्षिक और आजीविका की उपलब्धियां उनके बड़ों को नापसंद थीं। परिवार एक बहुत ही मामूली आर्थिक स्तर पर होने के बावजूद भी, कुलीन वर्ग के बहुत से आयाम प्राप्त था, और एक प्रगतिशील रियासत से ताल्लुक रखता था। वे ऊँची जाति के, शहरी लोग थे। हालाँकि हेमा के पिता ने महाविद्यालय की शिक्षा पूर्ण नहीं की थी, परंतु महाविद्यालय में दाखिला लेने का मतलब था कि उसके पिता शिक्षित कुलीनों

के अंतर्गत आते थे, एक ऐसा स्तर जो कि विशेष रूप से ऊँची जाति वालों का था। फिर भी, इन कुलीन स्तर के वर्गों के बीच, और बड़ोदा रियासत के प्रगतिशील राज्य व्यवस्था के ढांचे के भीतर भी, हेमा और उनकी बहन जैसी महिलाएं उनकी पीढ़ी के हिसाब से असाधारण थीं। स्वतंत्रता के बाद पैदा हुई महिलाएं जो उसके बाद जाकर बड़ी हुई, उनमें से कुछ महाविद्यालय में गयीं, लेकिन उनमें से बहुत ही कम आजीविका कमानेवाली महिलाएं बनीं। अन्य जिन्होंने ऐसा करना चाहा उन्हें वैसा नहीं करने दिया गया।

1961 के जनगणना के आंकड़ों को देखने से हमें हेमा जैसी महिला, जो 1959 में महाविद्यालय से स्नातक हुई और उसके बाद पेशेवर भूमिकाएं निभाई, और साथ ही अपने बच्चों के प्रारंभिक वर्षों में एक विराम लिया, की उपलब्धियों को जानने में मदद मिलती है। 1961 की जनगणना के अनुसार, भारत की आज़ादी के चौदह वर्षों के बाद, शहरी महिलाओं का केवल 2.9 प्रतिशत या दस लाख से केवल कुछ ज्यादा महिलाएं ही, उच्च-माध्यमिक विद्यालय पूर्ण करने के स्तर तक शिक्षित थीं। राष्ट्रव्यापी स्तर पर, केवल 223,000 शहरी महिलायें ही डिप्लोमा या डिग्री (पदवी) के स्तर तक शिक्षित थीं। इन्हीं महिलाओं की काम में भागीदारी का दर तो और भी मामूली है। उच्च विद्यालय की शिक्षा पूर्ण करी हुई कुछ 21.5 प्रतिशत महिलाएं, या लगभग 220,000 महिलाएं ही काम कर रही थीं; इनमें से 85 प्रतिशत सेवा क्षेत्र में नौकरी कर रही थीं। 1961 के अनुसार, पूरे देश में केवल 36,350 शहरी महिलाएं ऐसी थीं जिनके पास विश्वविद्यालय की पदवी थी और वे नौकरी भी कर रही थीं।[3] सरकारी मंडल में अपनी कार्यालयीन और दौरे की नौकरी के दौरान, हेमा को इनमें से एक के रूप में गिना जा सकता है। उनके द्वारा बाद में किया गया बीमा कंपनी का काम हालाँकि समान रूप से पेशेवर था, लेकिन क्योंकि वह घर से काम किया करती थीं इसलिए इसे भिन्न श्रेणी में लिया जाएगा।

दिल्ली की पंजाबी महिलाओं पर चानना के 1996 के खिजानेवाले अध्ययन जिसके लिए क्षेत्र कार्य 1986 में किया गया था, उसमें एक ही परिवार से ताल्लुक रखनेवाली दो

---

3 नाथ 1965 से: 1961 की जनगणना के अनुसार, शहरी महिलाओं का केवल 2.9 प्रतिशत ही मैट्रिक स्तर या उससे ऊपर तक शिक्षित था, इस श्रेणी में कुल 10,20,000 महिलाएं आती थीं। इस श्रेणी की शहरी महिलाओं में 49,000 डिप्लोमा धारक थीं, 1,28,000 पदवी धारक थीं, 39,000 को शिक्षण की पदवी प्राप्त थीं और 7,300 के पास चिकित्सा का प्रशिक्षण था। शिक्षण स्तर के हिसाब से शहरी महिलाओं में कार्य की भागीदारी गैर-तकनीकी डिप्लोमा के साथ 24.4 प्रतिशत, विश्वविद्यालय की पदवी के साथ 28.4 प्रतिशत, और तकनीकी डिप्लोमा के साथ 62.5 प्रतिशत, और तकनीकी पदवी के साथ 17 प्रतिशत थी। मैट्रिक और उससे ऊपर वालों के लिए, मिश्रित दर 21.5 प्रतिशत थी। शहरी महिला कर्मी जो मैट्रिक और उससे ऊपर थी और सेवा क्षेत्र में कार्य कर रही थी उनका प्रतिशत 85.44 था।

पीढ़ियों की महिलाओं के बीच महाविद्यालयीन शिक्षण के संदर्भ में महत्व और प्राप्ति में बदलाव दर्शाए गए हैं। तीसरी पीढ़ी को थोड़ा बहुत ध्यान में रखा गया है। पहली पीढ़ी, जिसे अध्ययन में "माँ" समूह कहा गया है, का जन्म 1900 और 1928 के बीच हुआ था, और दूसरी, जिसे "बेटी" समूह कहा गया है, का जन्म 1929 और 1955 के बीच हुआ था। उनकी शैक्षणिक रूपरेखा भिन्न थी। वे सभी शहरी उच्च जाति के पंजाबी परिवार थे जिनमें कम से कम कुछ पुरुष सदस्य शिक्षित थे। पहली पीढ़ी में, बहुत कम महिलाएं शिक्षित थीं, और "मांओं का अपनी बेटियों की शिक्षा के प्रति सकारात्मक रुख मददगार तो था लेकिन इस कदर पर्याप्त नहीं था कि अगर पुरुष शिक्षा के विरोध में हैं तो भी उन्हें विद्यालय भेजा जा सके" (चानना 1996: 124)। हालाँकि, कुछ मांओं के प्रोत्साहन, और स्पष्ट रूप से कुछ पिताओं द्वारा दी गयीं अनुमति के द्वारा, दूसरी पीढ़ी की महिलाएं औसतन अपनी माताओं से अधिक और अपने पतियों के बराबर शिक्षित थीं। तीसरी पीढ़ी, जिसका जन्म 1956 और 1983 के बीच हुआ था, जो कि पहले समूह की नातिनें थीं, वे चानना के अध्ययन के समय बड़ी हो रही थीं। उनकी माताओं के हिसाब से उनके लिए महाविद्यालय की पदवी तो अनिवार्य ही थी। "बेटी" पीढ़ी वाला समूह जब खुद माता बना, तो उन्हें यह लगा कि उनकी खुद की बेटियों के लिए महाविद्यालय की पदवी प्राप्त करना विवाह के लिए एक बीमा पालिसी की तरह है। पुरुषों की शिक्षा में बढ़ोतरी का भी प्रभाव पड़ा क्योंकि शिक्षित पुरुष शिक्षित महिला से ही विवाह करने की उम्मीद रखते थे।

हम यह अंदाज़ा लगा सकते हैं कि तीसरा समूह, जो कि (2014 में) 31 से 58 की आयु के बीच का होगा, औसतन अपनी माताओं से अधिक शिक्षित होगा; और हम निश्चित रूप से यह अनुमान लगा सकते हैं कि उनके पिताओं की इसमें रजामंदी होगी। चानना के अध्ययन में आजीविका की कोई जानकारी नहीं है, लेकिन एक महत्वपूर्ण ऐतिहासिक संदर्भ में, लिंग की भूमिकाओं के बारे में बदलती हुई पीढ़ीगत सोच को दर्शाया गया है। ऐतिहासिक अनुभव का बहुत ही महत्वपूर्ण प्रभाव पड़ा था, क्योंकि दूसरे समूह ने 1947 में भारत के विभाजन के समय परिवार के बंटवारे के प्रलय का अनुभव लिया है। उस दूसरे समूह की महिलाओं ने अपने सामने प्रत्येक परिवार का समर्थन समूह खोते हुए देखा था, और उन्होंने देखा था कि महिलाओं को आपातकाल की स्थिति में खुद को और अपने परिवार को सँभालने की ज़रुरत पड़ती है, अपने इसी अनुभव के चलते वे अपनी बेटियों के लिए "बीमा" चाहती थीं। इसीलिए चानना के अध्ययन में विभाजन और परिवार के बंटवारे का मुद्दा बहुत ही महत्वपूर्ण है। इसी प्रकार से, वालड्रॉप (2012) भी कुछ अधिक विस्तार से एक तीन-पीढ़ियों के परिवार का किस्सा सुनाते हैं जिन्हें विभाजन के दौरान भयानक परिस्थितियों का सामना करना पड़ा। दिल्ली का या परिवार, जिसे वालड्रॉप कपूर परिवार कहते हैं, उसमें बुजुर्ग महिला का जन्म 1908 में हुआ था। इस महिला ने अपने परिवार का नेतृत्व किया क्योंकि उसका पति इस काल में घटी घटनाओं के प्रभाव से लगभग बर्बाद हो गया था।

जो साक्षात्कार वालड्रॉप ने लिए उसमें यह भयानक कहानी सामने आई कि कैसे नए बने पाकिस्तान में इस बुजुर्ग महिला के ससुर की हत्या हो गई थी, और उसके बाद उसके पति ने अपने अन्य रिश्तेदारों के लिए पाकिस्तान से उड़ान की व्यवस्था की थी। यह सभी लोग धनी और बड़ी उपलब्धियों वाले थे; पति स्वयं भी एक प्रसिद्ध चिकित्सक था। लेकिन जब ज़रूरत पड़ी तो परिवार के सभी प्रमुख फैसलों की ज़िम्मेदारी इस महिला पर आ पड़ी। अपनी महिला वंशजों की तरह ही वे एक महाविद्यालय में पढ़ी हुई थीं; लेकिन शिक्षित होने का अर्थ समय के साथ बदल गया, जब एक पीढ़ी की महिलाओं की जगह दूसरी पीढ़ी ने और दूसरी की जगह तीसरी पीढ़ी ने ले ली। इस अध्ययन में वालड्रॉप का लक्ष्य है बड़े ऐतिहासिक संदर्भों में उनके जीवन के कारकों का पता लगाना जो उनके लिए कम या ज्यादा रूप से महत्वपूर्ण होते हैं। वेपाते हैं कि जहाँ बंटवारे का प्रभाव अपना काम कर रहा था, वहीं संकटों ने बुजुर्ग महिला के कर्तृत्व को बढ़ाने में महत्वपूर्ण भूमिका निभाई। इस परिवार की दूसरी पीढ़ी की महिला का कर्तृत्व पहली की तुलना में बहुत कम था, जबकि तीसरी पीढ़ी की महिला (जो कि अब 40वें वर्ष में प्रवेश कर रही हैं) के पास एक बड़ा सौदा है।

मेरी सहेली हेमा के कर्तृत्व की कहानी, जिसमें 1970 में बड़ोदा में अपने परिवार के लिए एक घर खरीदने और वित्तपोषण में भूमिका निभाना शामिल है, इस कपूर बुजुर्ग महिला (जिसका जन्म 30 वर्ष पहले हुआ था) की भी 1954 में दिल्ली में घर बनाने की भूमिका की कहानी ऐसी ही है।

> घर के निर्माण के दौरान, मैं हर सुबह 8 बजे खाना और बोतल लेकर यहाँ आ जाती थी और कार में बैठकर काम पर नज़र रखती थी... हालाँकि, हमने निर्णय लिया था कि पूरे घर को किराये पर उठा देंगे... मुझे अपने बच्चों की पढ़ाई के लिए पैसे की आवश्यकता थी, इसीलिए घर किराये पर देना पड़ा। (वालड्रॉप 2012: 619)

दोनों ही मामलों में, इन कुलीन महिलाओं ने अपने परिवारों को आर्थिक रूप से सँभालने में (और घर बनाने में) प्रभावी भूमिका निभाने के लिए घर से बाहर कदम रखा, न कि घर की सीमाओं में रहकर तन्हाई की गरिमा को सँभालते हुए केवल उनकी देखभाल करती रहीं। दोनों ही मामलों में, परिवार के प्रबंधन के कुछ मामलों को संभालने की प्रभावशीलता और कर्तृत्व के पीछे व्यापक वातावरण में ऐतिहासिक उथल-पुथल का नाम था, जिसके कारणवश इन महिलाओं को आंशिक रक्षाकर्ताओं और/या प्रदाताओं की स्थिति के लिए प्रेरित किया गया। प्रत्येक मामले में, एक विशिष्ट हानि या संकट ने महिला को एक परिस्थिति में डाल दिया जिसमें शायद वह सामान्य परिस्थिति में नहीं होती। श्रीमती कपूर के मामले में, उनके पति द्वारा अनुभव किये गए आघात यह प्रभाव डाला; हेमा के मामले में, उनकी माँ की मृत्यु, और राजनैतिक उथल-पुथल से बाधित हुए उनके परिवार के व्यावसायिक

अवसरों को फिर से बहाल करने का पिता के उस दृढ़ निश्चय ने, उसकी परिस्थिति बदल दी और उसे एक अधिक स्वतंत्र स्थिति में लाकर खड़ा कर दिया। यह बात ध्यान रखनेवाली है कि किसी भी मामले में, महिला किसी भी तरीक़े से अपने परिवार की ज़रुरत के दायरे से बाहर जाकर काम नहीं कर रही थी।

कपूर बुज़ुर्ग महिला की बहू, जिसका जन्म 1946 में हुआ था, की सत्ता परिवार में बहुत कम थी, हालाँकि उसने अपने विवाह के शुरुआती वर्षों में नौकरी की थी। लेकिन जैसा कि उसने लेखक को बताया (वालड्रॉप 2012: 623), "मैंने अपने बच्चों को स्वतंत्रता और आज़ादी दी है, क्योंकि मुझे कभी स्वतंत्रता और आज़ादी नहीं दी गई।" ऐसा करने के उनके संकल्प का गठन आंतरिक था, क्योंकि उन्होंने देखा कि इस प्रकार के मौके नहीं मिलने से जीवन से उन्हें मिलनेवाली संतुष्टि कम हो गई थी। वालड्रॉप का मानना है कि यह महिला "अपनी उपलब्धियों की कमी को महिला आन्दोलनों के लिंग मानदंडों के नजरिये से देखती है," जो 1970 के उत्तरार्ध में, उनके विवाह के एक दशक के बाद समाप्त हो गया (वालड्रॉप 2012: 627)। हेमा, जो कि उनसे आठ वर्ष बड़ी हैं, ऐसा नहीं कह सकतीं क्योंकि उन्होंने महिला आंदोलनों का संदर्भ दिए बिना अपना समय पूरा करने में कामयाब हो गयीं; पूर्णता की ओर के उनके अभियान का लेना-देना मुख्य रूप से उनके परिवार पर स्वतंत्रता आंदोलन के कारण आए दबाव के कारण था, और उसकी शुरुआत भी उसे प्रदान कर दी गई।

चानना ने अपने तीन पीढ़ियों के अध्ययन में, शिक्षा और स्वायत्तता के बीच सीधा संपर्क मानते हुए चुनौती दी। उन्होंने लिखा (चानना 1996: 109), "शिक्षा को दरअसल हैसियत के उत्पादन के एक साधन के रूप में ज्यादा अच्छे से समझा जा सकता है।" उन्होंने यह निरीक्षण किया कि उच्च शिक्षित महिलाओं का विवाह बाद में होता है, और उनके पास दूसरों की तुलना में रोज़गार की संभावित अवसर ज्यादा होते हैं; लेकिन यह कारक उनके जीवन को ज्यादा प्रभावित नहीं करते, क्योंकि उनके संभावित अवसर नज़रअंदाज़ कर दिए जाते हैं, और इसीलिए उन्हें रोज़गार नहीं मिलता। महिलाओं की शिक्षा ने बेटी समूह में लिंग संबंधों में बहुत ही कम बदलाव लाये, और स्वतंत्रता का स्वायत्तता का अधिक उत्पादन नहीं किया। हालाँकि इससे उनकी विवाह के समय की आयु बढ़ गई, इससे उन्हें शिक्षित पति पाने में मदद मिली, और इसने उनके दृष्टिकोण को भी प्रभावित किया, लेकिन इनमें से किसी भी बदलाव ने परिवार में उनकी स्थिति में कोई बड़ी तबदीली नहीं लाई, या फिर उन्हें अपनी नौकरी में आगे बढ़ने की अनुमति नहीं दी। यह अध्ययन दिल्ली में किया गया था, और इसीलिए इसे 1980 के दशक में कुलीन महिलाओं द्वारा तुलनात्मक रूप जो अपेक्षित था, उससे भी काफी रूढ़िवादी माना गया। इस सीमा में तबदीली हो सकती थी अगर किसी भी परिवार की तत्काल भलाई को प्रभावित करनेवाला कोई गंभीर संकट आ

जाता। आख़िरकार, ऊँची जाति की महिलाओं को उच्च शिक्षा संकट से बचाव के लिए ही प्रदान की जाती थी।

कुछ दशक बाद, दिल्ली उसी प्रकार की, उसी वर्ग की, कुलीन, शिक्षित महिलाओं को बहुत से विकल्प प्रदान कर रहा है, जिन्होंने 1980 के दशक के दौरान, बड़ी संख्या में काम नहीं किया था। कपूर परिवार की कहानी की पोती, जिसका जन्म 1974 में हुआ और विवाह 2000 में, उसने मॉडलिंग की शुरुआत की और तब से उसका लाभ उठाकर एक स्वतंत्र और सफल फैशन व्यवसाय में दाखिल हुई। उसके पास आर्थिक स्वतंत्रता है, आजीविका का साधन है, और परिवार में निर्णय लेने की शक्ति है। उसके पति का भी स्वयं का व्यवसाय है। उनके दो बच्चे हैं और वे दादी द्वारा बनाए गए पारिवारिक घर के पास ही स्वतंत्र रूप से रहते हैं। इस विशेषाधिकृत और अत्यधिक सुविधा प्राप्त महिला को अपनी स्वतंत्रता, आय, और प्रभाव से संतुष्टि प्राप्त होती है। परिवार की बुनियादी ज़रूरतों से ऊपर जाकर अपना खुद का पैसा कमाने से उसकी माँ की तुलना में उसकी आत्म-पहचान में एक बड़ा फर्क लाते हैं।

मानवशास्त्र के बहुत से अध्ययनों में यह देखा गया है कि किस प्रकार रक्त-संबंधों ने महिलाओं को सीमित कर दिया है और इसके बावजूद भी उन्हें कुछ इस प्रकार से सहायक माना जाता है कि आप उसपर प्रश्न-चिह्न उठा ही नहीं सकते। 1988 में राजस्थान में किये गए एक अध्ययन में, उदाहरण के तौर पर, पलरीवाला (1996) ने यह निरीक्षण किया कि महिलाएं अपने द्वारा चुने गए विकल्पों के मामले में बहुत ही रूढ़िवादी थीं, पितृसत्तात्मक अधिकार का सम्मान करते हुए, वे परिवार की संपत्ति पर अपने सीमित अधिकार पर भी स्वामित्व नहीं रखती थीं। उनका सहानुभूतिपूर्वक विश्लेषण यह था कि यह पद्धति इसीलिए अपनाई गई क्योंकि रिश्ते मज़बूत करने की उनकी तत्काल आवश्यकता की भावना ने उन्हें विवश कर दिया और साथ ही उनका समर्थन भी किया। रिश्तेदारी की संरचनाओं और स्त्री-पुरुष समानता के संबंधों पर प्रचुर साहित्य जो कि उस नारीवादी अनुसंधान का विवरण देता है जो महिलाओं की लाचार वास्तविकताओं को बड़ी सहानुभूति के साथ देखता है (दुबे 2001; गणेश 2001, 2005; कृष्णराज, सुदर्शन, और शरीफ़ 1998; पलरीवाला 1994, 1996; पटेल 2006) के कारण दिमाग में सेन का वक्तव्य आता है "लोगों के पास मूल्य आंकने का क्या कारण है" जो उनके द्वारा किये गए निर्धारणों का मार्गदर्शन करता है। लोगों के पास अपनी समर्थन संरचनाओं का मूल्य आंकने का अच्छा कारण है। किसी व्यक्ति द्वारा दूसरों के द्वारा की गई व्यवस्था का अनुपालन किया जाता है, और यह माना जाता है कि यह उस व्यक्ति की सुरक्षा और आराम को सुनिश्चित करेगा, चाहे बाद में ऐसा हो या नहीं। दुर्भाग्यवश, ऐसा अक्सर नहीं होता है।

स्त्री-पुरुष संबंधों की मजबूती से आयोजित संरचनाएं परिवार और समूह की अस्तित्व की रणनीतियों के शस्त्रागार का एक भाग है। भारत में लिंग, सगोत्र विवाह, जाति के अंदर

विवाह की व्यवस्था से कसकर बंधे होते हैं और जाति के नियमों द्वारा आयोजित और पवित्र परंपराओं द्वारा समर्थित होते हैं। गाँव और वंश समूह में विजातीय विवाह और जाति में सगोत्र विवाह उत्तर भारतीय पुरुष-प्रधान नातेदारी प्रणालियों में मानक हैं, साथ ही यह दक्षिण के अन्य हिस्सों और जातियों में भी फैली हुई है। वैकल्पिक प्रणाली जो कि कम पुरुष-प्रधान है दक्षिण के कुछ भागों में और कुछ विशिष्ट जातियों, जनजातियों, और समुदायों में और अन्य जगहों पर भी काम करती है, लेकिन अभी भी उनकी वंशावली और/या परिवार के प्रमुख पुरुष ही होते हैं। अनिवार्य विवाह, जाति और सगोत्र विवाह का एक तार्किक परिणाम है (चक्रवर्ती 2003)।

परिवार जो अपनी जाति की पहचान को बारीकी से तराशते हैं, वे अपने बच्चों को अविवाहित रहने की, या जाति से बाहर विवाह करने की अनुमति नहीं दे सकते। वंशावली के मुखिया समूह के लिए प्रबंधकों का काम करते हैं, वे किसी भी व्यक्ति से विशेष संबंध के बिना, सभी की भलाई के लिए समूह के अंदर मानव संसाधनों की तैनाती करते हैं। परिवार के मुखियाओं को दूसरों की तुलना में अधिक अधिकार और अधिक आज़ादी होती है और उनके शब्द को भी अधिक मान दिया जाता है। उनके अधिकार को स्वीकार किया जाता है क्योंकि समूह के अस्तित्व की रणनीतियां लाभ प्रदान करना जारी रखती हैं, न केवल पूरे ग्रामीण इलाकों में बल्कि शहरी तबके के बहुमत में भी। यह प्रजनन क्षमता में तेज़ी से गिरावट की अवधि में सही रहता है, क्योंकि परिवार अपने पूर्ण आकार के लक्ष्य को दो बच्चों के स्तर तक कम कर लेते हैं। प्रजनन एक पारिवारिक मामला होता है, जिसकी विषय-वस्तु समूह के नियम और ज़रूरतें होती हैं; इसका उद्देश्य होता है नए लोगों को जन्म देना जो समूह को विभिन्न तरीकों से बरक़रार रख सकें। परिवारों को जितने बच्चों की आवश्यकता होती है, वह संख्या सिमटकर बहुत कम हो गई है। न तो बहुत से बेटों की ज़रुरत है, और कुछ इलाकों में तो, बेटियों की बिल्कुल भी ज़रूरत नहीं है; जो चाहिए वह है प्रजनन के प्रयोजन के लिए अन्य लोगों की बेटियां (कौर 2008)।

आधुनिकीकरण का सिद्धांत एक अत्यंत ही सरल तरीका है यह देखने का कि इन प्रणालियों के लिए उभरते विकल्प कैसे हैं। अमीन द्वारा किया गया संक्षिप्तीकरण कहता है,

> आधुनिकीकरण के सिद्धांत यह सुझाव देते हैं कि नए नियम, जैसे कि परिवार द्वारा तय किये गए विवाहों के विरोध में विवाह के लिए ज्यादा विकल्प मिलना, और संयुक्त परिवार में रहने की बजाय अलग रहने की व्यवस्था को प्राथमिकता देना, आदि विवाह में बदलाव लाने के लिए संरचनात्मक परिवर्तन के बाद उठते हैं। (अमीन 2006)

यह विवाह के बारे में निर्णय लेने की प्रक्रियाओं को कैसे बदला जाए इस संबंध में योजनाबद्ध निर्माण विनिर्देश की एक गंभीर कमी को प्रदर्शित करता है।

अगर युवा महिलाएं कुछ नए नियम बनाने लगे, और कुछ मामलों में स्वयं निर्णय लेने की आंशिक भावना रखने लगें, तो एक निश्चित स्तर का अधिकार हस्तांतरण पहले से ही ऐसा होने की अनुमति देने के लिए उत्पन्न हो गया होगा। अगर बेटियों को एक सख्त वैवाहिक विनिमय प्रणाली में प्यादा बनने की बजाय अपने जन्मदाता परिवारों में बहुमूल्य बनना है, तो उनके माता-पिता को उन्हें अपने कुछ व्यक्तिगत आजीविका के लक्ष्यों को पूरा करने की अनुमति देनी चाहिए। बहुत से माता-पिता ने अपनी बेटियों को उनके शुरुआती दिनों से ही ऐसा करने के लिए सक्रिय रूप से आग्रह किया है। आज की बहुत सी आज़ाद-ख्याल युवा महिलाएं ऐसे माता-पिता की संतानें हैं जिन्होंने कई बार आर्थिक और सामाजिक ज़रूरत के तीव्र दबावों के चलते एक पीढ़ी पहले ही अपने परिवार के लक्ष्यों को बदल दिया। हाल ही के दशकों में प्रजनन क्षमता में आई तेज़ी से गिरावट ऐसे दबावों की एक प्रतिक्रिया है। हालाँकि लिंग चयन बढ़ाने के घातक नतीज़ों को व्यापक रूप से प्रचारित किया गया है, पर कुछ मामलों में छोटे परिवारों के लक्ष्य ने बेटियों को लाभ ही पहुँचाया है।

लिंग परिवर्तन के प्रभावों को देखते हुए हम भारतीय महिला आंदोलनों के पहले और दूसरे चरण के इतिहास का परीक्षण करने की तरफ आ जाते हैं। 20वीं सदी के पूर्वार्ध से आज़ादी तक (कुमार 1993) महिलाओं का आंदोलन पहले धीरे से ही विकसित हुआ, जब तक कि 1974 में एक ज़ोरदार घटना से नारीवादी विरोध और सक्रियता का एक नया उछाल सामने आया। *टुवर्ड्स इक्वलिटी*[4] नामक अभूतपूर्व विवरण के प्रकाशन से जो महिलाएं प्रेरित हुई, वे विभिन्न आयु समूहों की थीं और उन्होंने कम से कम दो पृथक पीढ़ियों का प्रतिनिधित्व किया। बहुत सी सरकारी और शिक्षा के क्षेत्र में काम करनेवाले उच्च शिक्षित पेशेवरों के छोटे, चुनिंदा समूह की सदस्य थीं। यहाँ, शिक्षित महिलाओं के आत्मवाद पर प्रभावों का प्रवाह और अधिक जटिल हो जाता है। यह दर्शाना कि नए-नए मज़बूत हुए महिलाओं के आंदोलन के सदस्य महिलाओं के साथ पुरुषों की समानता के संदर्भ में कार्यकर्ता हैं, पुनरावृत्ति होगी। फिर भी महिला आंदोलनों की इस दूसरी लहर के कुछ नेताओं ने खुद को नारीवादी कहलाने से मना कर दिया, यह देखते हुए कि यह शब्द पश्चिमीकरण के समान है, क्योंकि अगर चटर्जी की आलोचना (1989) में देखा जाए तो, राष्ट्रवाद ने एक व्यंग्योक्ति के रूप में उनके संदेश में महत्वपूर्ण भूमिका निभाई थी। फिर भी, राष्ट्रवादी मानदंडों के भीतर सख्ती से रहना (उनके विशिष्ट परिवारों के भीतर उन मानदंडों की विभिन्न परिभाषाओं को देखते हुए) और साथ ही पेशेवर महिला भी बने रहना, बहुत सी युवा महिलाओं के अस्तित्व-निर्माण में तनाव भरी चुनौतियाँ निर्माण करता है।

[4] 1974 में, शिक्षा मंत्रालय और समाज कल्याण, भारत सरकार द्वारा प्रकाशित भारत की महिलाओं की स्थिति पर समिति द्वारा बनाए गए विवरण का शीर्षक।

ग्रामीण लोगों के मुकाबले शहरी लोग इन आंदोलनों से अधिक अवगत होने के बावजूद भी, हाल ही के दशक तक, सबसे मामूली शहरी व्यक्ति महिलाओं के आंदोलन से दूर ही था।[5] इसके विपरीत, बहुत सी शहरी महिलाएं शहरों में श्रमिक आंदोलनों में फंसी हुई थीं और शिक्षित शहरी महिलाएं उनमें से कुछ की प्रमुख के रूप में काम कर रहीं थीं (एवेरेट और सवारा 1993)। 1981 में शुरू होने के बाद, महिलाओं और स्त्री-पुरुष समानता के अध्ययन का विकास तेजी से कई शिक्षित महिलाओं के लिए उपलब्ध प्रभाव का एक सतत प्रवाह बन गया (बनर्जी 2011: 44)। रे (1999), ने 1990 के पूर्व में, उन आंदोलनों को पहचानने में जिन्होंने दो शहरों (कोलकाता और मुंबई) की महिलाओं पर प्रभाव डाला था, यह विवरण दिया कि दरअसल, मुंबई के बहुत से नारीवादी कार्यकर्ताओं ने महिला अध्ययन विभागों में काम किया है।

पीढ़ीगत उत्तराधिकार की एक लड़खड़ाती हुई और असमान प्रक्रिया ने महिलाओं की आजीविका के संबंध में की उम्मीदों को प्रबल किया है। हेमा जैसी शिक्षित महिलाएं, जिनका जन्म 1935 से 1940 के बीच हुआ था, जो 1960 और उसके बाद से आर्थिक रूप से सक्रिय थीं, लगभग 2010 में आकर सेवानिवृत्त हो गयीं। वे अब वर्तमान की युवा महिलाओं की दादियों और परदादियों की पीढ़ी का एक हिस्सा हैं। उन महिलाओं के साथ क्या हुआ जो 1980 के दशक में युवा थीं, उस पुरानी पीढ़ी की बेटियां? 1988 से 1996 के बीच में जन्मीं लड़कियों का साक्षात्कार लेते समय, मैं उनमें से कुछ की माताओं से मिली। यह माताएं, जो 1980 के दशक में स्वयं युवा थीं, मेरे अनुसंधान चित्र के प्रत्यक्ष संबंधानुसार आर्थिक रूप से सक्रिय महिलाएं नहीं थीं। हालाँकि, उसी पीढ़ी में से बेहतरीन पेशेवर महिलाएं और महिला आंदोलनों की नेताएं भी सामने आयीं। इस कालखंड की शिक्षित महिलाओं के बीच एक तीव्र बेमेलपन है। महिला आंदोलनों की व्यक्ति स्वयं भी 1980 और 1990 के दशक की कुछ बहुत ही प्रभावी पेशेवर महिलाएं रह चुकी थीं, और बहुत सी ने तो आज भी अपनी गतिविधियों को जारी किया हुआ है, जबकि उसी पीढ़ी की ज़्यादातर शहरी, शिक्षित महिलाएं घर पर शांत और आज्ञाकारी रहती हुई पायी गयीं हैं।

जिनका मैंने साक्षात्कार लिया उनकी माताएं, जिनका जन्म 1960 से 1980 के लगभग हुआ था, वे 1978 से 1998 के बीच 18 वर्ष की आयु प्राप्त कर रहीं थीं। उन वर्षों के दौरान, हालाँकि शिक्षित महिलाओं के रोजगार में कुछ उन्नति थी, लेकिन उसका परिमाण कम था। बहुत सी माताएं जिनसे मैं मिली, वे महाविद्यालय में पढ़ी हुई थीं और स्पष्टवादी थीं,

[5] 19वीं और 20वीं सदी के गाँवों में, ऊँची और सवर्ण जाति की महिलाओं ने महिला आंदोलनों का नाम मुश्किल से ही सुना था, हालाँकि प्रचारकों और समुदाय के नेताओं के ज़रिये यह समाज सुधार आंदोलन उन तक पहुँच ही गए। देखें शाह 2002।

और मुझे समझाना चाहती थीं कि क्यों उन्होंने ऐसी आजीविका नहीं अपनाई जो उनकी योग्यताओं के हिसाब से संभव थीं। एक शहर में, मुझे 20 वर्ष की आयु की पीएच.डी की विद्यार्थिनी तानिका[6] के बारे में पता चला। जब मैं उसके घर गई, तो मैं उसकी 48 वर्षीय माँ से मिली (उनका जन्म 1965 का था)। उनका विवाह 21 वर्ष की आयु में हो गया जब उनके माता-पिता ने उन्हें बताया कि उनके लिए एक साथी का चुनाव किया गया है, जबकि वे उस वक्त महाविद्यालय में पढ़ रहीं थीं। उसके बाद उन्होंने अपने पति के प्रोत्साहन से राजनीतिशास्त्र में स्नातकोत्तर उपाधि (एम.ए) प्राप्त की।

हमारी मुलाकात के दौरान, तानिका की माँ बहिर्मुखी थीं, ज़रा भी शर्मीली नहीं थीं, लेकिन उन्होंने कहा कि वे अकेली बाहर नहीं जातीं; ऐसा करने के बारे में उनकी सुरक्षा और हिफ़ाजत की चिंताएं थीं। उनके पति ने उनके सुर में सुर मिलाते हुए कहा कि अपनी शिक्षा के द्वारा वे या तो पढ़ा सकती हैं या परिवार के व्यवसाय में काम कर सकती हैं, जिसके बारे में वे उन्हें प्रशिक्षण दे रहे हैं, ताकि भविष्य में उनके खुद के स्वास्थ्य में गिरावट आने पर परिवार की ज़रूरतों को पूरा किया जा सके। वे इस विचार से ख़ुशी-ख़ुशी सहमत हो गयीं, लेकिन वे संयुक्त परिवार के घर में एकत्र रहनेवाले छोटे बच्चों की देखभाल में मदद करती हैं, और अपने दोनों बच्चों, जो कि दोनों ही विश्वविद्यालय में हैं घर पर ही रहते हैं, को खाना खिलाना और प्रोत्साहन देना पसंद करती हैं। उनके पति ने उन्हें विवाह की शुरुआत में अपनी शिक्षा जारी रखने के लिए प्रोत्साहित किया, और ज़रूरत के वक्त में परिवार के लिए एक बीमे के रूप में वर्तमान में उन्हें व्यवसाय से संबंधित प्रशिक्षण लेने के लिए कह रहे हैं। उनके दृष्टिकोण से आज भी अगर वे कोई नौकरी करती हैं तो यह एक अच्छी बात होगी। लेकिन पहले यह नहीं की होने के कारण, जब तक परिस्थितियों की मांग न हो, वे ऐसा करने के लिए तैयार नहीं हैं।

तानिका की माँ एक उदाहरण है उन मध्यम आयु-वर्ग की महिलाओं का जिनसे मैं इस अनुसंधान के दौरान मिली, साथ ही विभिन्न आयु-वर्ग की महिलाओं का भी जिनको मैं पहले से जानती हूँ, जिनकी एक मां, साहचर्य की प्रदाता, और अपने परिवार के लिए मददगार और गृहिणी के रूप में उनकी आत्म-पहचान, बाकी सब चीज़ों से ज्यादा उनके लिए महत्वपूर्ण है। हाल ही के वर्षों में, जहाँ यह पहचान प्रबल होने लग गई, शिक्षित माताएं अपनी बेटियों के लिए यह नहीं चाहती थीं। उन्होंने उम्मीद करी कि स्थानीय और राष्ट्रीय परिस्थितियां, और उनकी रिश्तेदारी की मानसिकता बदले ताकि उनकी बेटियों को विश्व में जहाँ भी वे जाना चाहती हैं, वहां जाने की अनुमति मिले। इसी उम्मीद में अब उनके साथ कम शिक्षित माताएं भी जुड़ गई हैं।

[6] यह एक छद्म नाम है। मेरे अनुसंधान की सभी महिलाओं के नाम बदले हुए हैं।

जहाँ माताओं की इस पीढ़ी की महिलाएं केवल युवा वयस्क बन रही थीं, 1990 के दशक में वैश्वीकरण और नव-उदारीकरण का आक्रमण हुआ जिसका पूर्वाभास 1980 के दशक में ही हो गया था, लेकिन वह इतना मज़बूत नहीं बना था जितना कि बाद में बना। हालाँकि, 1990 में भारत पर टकरानेवाले महत्वपूर्ण वैश्विक प्रभावों के बावजूद भी, अधिकांश शिक्षित शहरी महिलाओं के लिए विवाह के बाद घर पर रहने के पारंपरिक मानदंड काफी हद तक प्रबल रहे। हालाँकि, 1990 का दशक भारत के लिए आर्थिक तेज़ी की शुरुआत का माना जाता है, लेकिन रोज़गार के विकल्प बहुत ही सीमित थे। और जैसे-जैसे अर्थव्यवस्था वैश्विक बाज़ार के लिए खुलती गई, कुछ नए रोज़गार महिलाओं के लिए उपलब्ध होने लगे, लेकिन वे संभावित शिक्षित महिला कर्मचारियों की संख्या के हिसाब से बहुत कम थे।

शहरी महिलाओं की काम में भागीदारी उल्लेखनीय रूप से कम बनी रही। 1971 में, अखिल-भारतीय शहरी महिला कार्य भागीदारी 6.68 प्रतिशत थी, जो दो दशक बाद 1991 में बढ़कर केवल 9.19 प्रतिशत हुई। 2001 में 12 प्रतिशत से कम रही (भारत सरकार 2011)। हालाँकि महिला भागीदारी में कुछ वृद्धि यहाँ दिखाई देती है, लेकिन इसका अनुपात बहुत ही कम है। तेज़ी का विचार गुमराह करनेवाला है। 1990 के दौरान भारत में शहरी महिला रोज़गार को न तो अंतर्राष्ट्रीय मानकों से और न ही भारत की जनसंख्या के हिसाब से महिला रोज़गार में "तेज़ी" माना जा सकता है।

लेकिन एक विरोधाभासी प्रवृत्ति में, महिलाओं की साक्षरता (जो कि शिक्षा के स्तर या शहरी/ग्रामीण निवास से नहीं टूटी) 1971 में 22.94 प्रतिशत से 1991 में 39.42 प्रतिशत तक बढ़ी। विकास के यह दशकीय दर अभी भी धीमे दिखाई देते हैं, और 1991 के एक अध्ययन से यह अनुमान लगाया जाता है कि इस दर से, महिला साक्षरता 2054 में 100 प्रतिशत तक पहुंचेगी (जेजीभोय 1991)। हालाँकि, 2001 तक महिला साक्षरता 54.2 प्रतिशत तक पहुँच गई और 2011 तक, यह 65.5 प्रतिशत तक पहुँच गई। सुधार की इस दर से, 2034 तक यह 100 प्रतिशत तक पहुँच जाएगी, 1991 में अनुमान लगाए जाने से 20 वर्ष पहले ही—या शायद उससे भी जल्दी, अगर लैंगिक अंतर हर दशक में तेज़ी से कम होता जाए तो, जैसा कि हो रहा है। महिलाओं की शिक्षा प्राप्ति में वृद्धि को हम अगले अध्याय में अधिक विस्तार से जांचेंगे, और उस विरोधाभास की चर्चा करेंगे जो महिलाओं की आजीविका के विकास की संभावनाओं में खड़ा है। शिक्षा के स्तर में सुधार के बावजूद, महिलाओं की रोज़गार में वृद्धि बहुत ही पिछड़ गई है।

अगर महिलाओं की आबादी के आकार के संबंध में देखा जाए तो, शिक्षित शहरी महिलाओं के रोज़गार में सरासर संख्यात्मक निरर्थकताहाल के दशकों में बहुत सामने आई है। (हालाँकि ज़्यादातर महिला श्रमिक ग्रामीण भागों में पायीं जाती हैं, जहाँ शिक्षित रोज़गार

कम होने के कारण भागीदारी का दर शहरी से अधिक है।) वर्ष 2001 को इस बात को लेकर चिन्हित किया जा सकता है कि 1990 के बाद शिक्षित रोज़गार को प्राप्त करने के मामले में शहरी महिलाओं ने क्या प्राप्त किया या क्या नहीं प्राप्त किया, उसी प्रकार जैसे हम 1961 की जनगणना को उसके पूर्ववर्ती जनगणना वर्ष की अवधि में महिलाओं की स्थिति की प्रवृत्तियों को इंगित करने के लिए प्रयोग कर रहे हैं।

संगठित क्षेत्र में रोजगार का पता सांख्यिकी मंत्रालय लगाता है (तालिका 2.1) "संगठित क्षेत्र" का ठप्पा नियमित नौकरी को संदर्भित करता है, जिसे अनौपचारिक क्षेत्र के विरोध में औपचारिक लोगों के रूप में भी जाना जाता है। (हालांकि भारत का अनौपचारिक क्षेत्र विशाल है, जो आकार में औपचारिक पर भारी पड़ता है, पर हम यहाँ इस पर विचार नहीं कर रहे हैं।) जब महिलाओं की तुलना पुरुषों के साथ की जाती है तो, संगठित क्षेत्र की बनावट, 1991 और 2001 के बीच रोज़गार में एक दिलचस्प लेकिन चिंतित प्रवृत्ति को प्रदर्शित करती है। महिलाओं की संख्या और दर बढ़ी है, जबकि पुरुषों की स्थिर रही है और यहाँ तक कि थोड़ी गिरावट भी आई है। महिलाओं की तरफ देखते हुए, हालाँकि हमें उनकी संख्या में कुछ वृद्धि दिखाई देती है, लेकिन उनका निरपेक्ष परिमाण बहुत कम रहता है। 2001 तक संगठित क्षेत्र में पचास लाख से कुछ कम महिलाएं काम करती हुई दिखाई देती हैं: जो कि पुरुषों की संख्या का पांचवा हिस्सा है।

जिसे "तृतीयक" क्षेत्र कहा जाता है, उसमें हमें बहुत से श्रमिक ऐसी मिलेंगे जो शिक्षित पेशेवर हैं (देखें तालिका 2.2)। तृतीयक क्षेत्र में शामिल हैं शिक्षा, सेवा, व्यापार, वाणिज्य, यातायात, भंडारण, और संचार। यह साबित हो चुका है कि महिलाओं ने इस क्षेत्र में अपनी भागीदारी बढाई है। 2001 की जनगणना में, 2,491,211 शहरी, महाविद्यालयीन शिक्षित महिलाएं थीं जो "मुख्य कर्मी" की श्रेणी में थीं। 1961 से चालीस वर्षों तक तृतीयक क्षेत्र में रोज़गार में महिलाओं की भागीदारी धीरे-धीरे बढ़ी है।

तालिका 2.1

संगठित क्षेत्र में रोज़गार, भारत

	लाखों में कार्यरत	*पुरुषों का प्रतिशत*	*महिलाओं का प्रतिशत*	*पुरुषों की संख्या लाखों में*	*महिलाओं की संख्या लाखों में*	*महिला से पुरुष का अनुपात*
1991	26,730	85.9	14.1	22,961	3,769	0.1641
2001	27,789	82.2	17.8	22,843	4,946	0.2165
बदलाव	1,059	–4	4	–119	1,178	0.0524

स्रोत: भारत सरकार, सांख्यिकी और कार्यक्रम मंत्रालय कार्यान्वयन, 2011

तालिका 2.2

कार्य में भागीदारी, भारत की शहरी महिला आबादी (आयु 7+), कुल और तृतीयक

	कुल में से कर्मियों का हिस्सा	*कर्मियों में से तृतीयक कर्मियों का हिस्सा*	*कुल में से तृतीयक कर्मियों का हिस्सा*
	A	B	A × B
1971	6.68%	9.40%	0.63%
1981	8.31%	9.40%	0.78%
1991	9.19%	10.80%	0.99%
2001	11.88%	15.20%	1.81%

स्रोत: भारत सरकार, श्रम और रोजगार मंत्रालय, 2011; प्रेमी 2006: 249।

तालिका 2.3 शहरी पदवीधरों की श्रम शक्ति की भागीदारी दरों (एलएफपीआर) की एक सामयिक श्रृंखला दर्शाती है, जिसे 1983 से 2008 सालों के लिए राष्ट्रीय नमूना सर्वेक्षण कार्यालय द्वारा संकलित किया गया है। यह आंकड़े 1999–2000 में महिला और पुरुष दोनों के लिए उतार दर्शाते हैं, जिससे यह सुझाव मिलता है कि सदी का अंत किसी के लिए भी रोज़गार में तेज़ी का क्षण नहीं था। समय के साथ, पुरुषों और महिलाओं के बीच भागीदारी के सापेक्ष दर बहुत ही कम बदले हैं। इसका महिला उच्च शिक्षा का और अधिक तेजी से फैलने, जिसको अगले अध्याय में बारीकी से जांचा गया है, के साथ बहुत ख़राब संबंध बनता है।

जैसा कि हमने पहले देखा, 1961 में, केवल कुछ हज़ार महिला कर्मी हीं थीं जो पेशेवर रूप से शिक्षित थीं; 2001 तक यह संख्या 25 लाख तक पहुँच गई थी। फिर भी 40 वर्षों में

तालिका 2.3

भारत में शहरी स्नातकों और उनसे अधिक के लिए एलएफपीआर, लिंग के अनुसार

वर्ष	*पुरुष*	*महिला*
1983	87.37	35.29
1987–1988	86.40	37.70
1993–1994	86.20	35.50
1999–2000	85.40	30.20
2005–2006	85.90	37.75
2007–2008	85.70	35.40

स्रोत: भारत सरकार, सांख्यिकी और कार्यक्रम मंत्रालय कार्यान्वयन, 2011: 54।

शिक्षित महिलाओं के लिए रोज़गार के अवसरों को देखा जाए तो यह संख्या समुद्र में एक छोटी सी बूँद के समान ही है। 1961 में भारत की 43 करोड़ 90 लाख की कुल जनसंख्या की तुलना में केवल कुछ 36,350 ही शहरी शिक्षित कामकाजी महिलाएं थीं, जो कि प्रतिशत के सौंवे हिस्से से भी कम थीं। 2001 में ऐसी महिलाएं 25 लाख थीं, जो कि भारत की 1 अरब 2 करोड़ 90 लाख की कुल जनसँख्या के हिसाब से, प्रतिशत का दो-दहाई हिस्सा थीं, जो कि चालीस वर्ष में इस छोटे से अनुपात में थोड़ी सी वृद्धि दर्शाती है। लेकिन उन दशकों में, भारत की आबादी 43 प्रतिशत से बढ़ी, जबकि उसी कालखंड के दौरान, शहरी, शिक्षित, कामकाजी महिलाओं की आबादी केवल 1.5 प्रतिशत से बढ़ी।

20वीं सदी करीब आने पर, कितनी शिक्षित शहरी महिलाएं हैं, जिनमें से यह शहरी शिक्षित महिला कार्यबल निकलकर आता है? 2001 की जनगणना बताती है कि 9,491,760 शहरी महिलाएं थीं जो कि स्नातक और उससे ऊपर थीं, जब पुरुषों की संख्या 16,017,880 थी। इसीलिए महिलाएं शहरी स्नातकों की कुल संख्या का 37 प्रतिशत थीं, बचे हुए 63 प्रतिशत पुरुष थे। इस प्रकार से, पेशेवर नौकरियों में शहरी महिला स्नातक का हिस्सा 37 प्रतिशत से भी कम था। जैसा कि हम पहले भी दिखा चुके हैं, तृतीयक क्षेत्र में कार्यबल की साझेदारी, पुरुषों के पक्ष में पांच के अनुपात में एक थी।

आज़ादी के पश्चात् की सबसे पहली पीढ़ी का पेशेवर अवसरों में बहुत कम हिस्सा था, लेकिन यह उम्मीद की जा रही थी कि अगली या उससे अगली पीढ़ी आनुपातिक रूप में यह हिस्सा बढ़ाएगी। विभिन्न ऐतिहासिक और सामाजिक संदर्भों में जिनमें महिलाओं की आजीविका की उम्मीदें बंधी हुई थीं, के प्रकाश में देखा जाए तो, यह उचित माना जाता है कि महिलाओं के काम की भागीदारी में बाधा पहुँचाने और उनकी पहचानों को मजबूर करनेवाली सामान्यतः प्रवृत्ति पर टिप्पणी करके मुख्य रूप से संस्कृति, राष्ट्रवाद, रिश्तेदारी, और सामाजिक संरचना को उजागर करना सार्थक है। मैं यह तर्क दूंगी कि बहुत सी बाधाएं विशेष रूप से महिला शिक्षा के समग्र निम्न स्तर की वजह से उत्पन्न की गयीं हैं (हालाँकि उनमें सुधार हो रहा है), और उनके साथ ही शहरी स्थानों में शिक्षित रोजगार विकास का लड़खड़ाता हुआ स्तर, खासतौर पर महिलाओं के लिए न्यायसम्य की भर्ती के मामले में, मिला हुआ है।

लेकिन इसके लिए, हमें सुरक्षा की एक गंभीर कमी को एक कारक के रूप में उन महिलाओं के लिए जोड़ना होगा जो बाहर जाकर काम करने का प्रयास करती हैं। महिलाओं के खिलाफ हिंसा के व्यापक खतरे ने—जिसे दरअसल, महिलाओं के प्रति हिंसा की एक संस्कृति कहा जाएगा—उनके लिए डर और खतरे का वातावरण बरक़रार रखा है जो सार्वजानिक स्थान में जाते हैं। रोज़गार की खतरनाक प्रवृत्ति ने उन महिलाओं को बिल्कुल भी विचलित नहीं किया है जिनके परिवारों को घर से बाहर काम करके प्राप्त हुई उनकी आय

की बहुत ज़रूरत है। हालाँकि अभी हाल ही तक, इस धमकी के माहौल ने बहुत से मध्यम-वर्ग के परिवारों को ऐसा प्रोत्साहन देने से रोका था, जब तक कि बेशक, संकट की स्थिति में महिलाओं की आवश्यकता न पड़े, या जब तक कि परिवार उच्च शिक्षित कुलीनों की बहुत सी सीमित परत से ताल्लुक न रखता हो। इस प्रकार से, परिवारों को दो प्रमुख कारणों से विवश किया जाता है: रोज़गार के कम अवसर जिनमें शिक्षित महिलाओं को काम पर रखा जा सके, और हिंसा और शोषण की संभावनाओं से सुरक्षा की कमी।

20वीं सदी के दौरान शिक्षित महिलाओं के लिए, अत्यधिक विवश रोज़गार के अवसरों, हालाँकि यह अवसर टुकड़ों-टुकड़ों में विकसित हो रहे हैं, पर एक संक्षिप्त नज़र डालने से हमें वर्तमान सदी की शुरुआत के दौरान शिक्षित महिलाओं की रोजगार प्रवृत्तियों की जांच करने के लिए अनुमतिमिलती है। हम उस प्रकार के आजीविका के प्रकारों की जांच करेंगे जिनकी समकालीन महाविद्यालयीन छात्राएं उम्मीद कर रही हैं और उनपर काम भी कर रही हैं, और समझाने की कोशिश करेंगे कि क्यों उनकी आकांक्षाओं में अब इस कदर उछाल हो रहा है।

जैसे कि अब शिक्षित मध्यम वर्ग बढ़ रहा है, और कुछ महिलाओं की भूमिका बढ़ रही है, यह बात ध्यान देनेवाली होगी कि बहुत सी शिक्षित आजीविका-प्राप्त महिलाएं अपने व्यवहार में बहुत ही पारंपरिक रूप से सही होने पर अडिग रहती हैं (राधाकृष्णन 2011)। मैंने भी अनुसंधान की जा रही लड़कियों के बीच एक प्रकार की सांस्कृतिक शुद्धता देखी है, जिसमें वे अपने परिवारों को खुश रखने के लिए बहुत से पारंपरिक दायित्वों का प्रदर्शन करती हैं जबकि इसके लिए उन्हें कुछ नई भूमिकाओं को भी गले लगाना पड़ता है। लेकिन जैसा कि मेरा अनुभव है, उनके सर झुके हुए नहीं हैं, और उनके दिल और दिमाग स्वतंत्र हैं। युवा महिलाएं नई आत्म-पहचान खोज रही हैं, और उम्मीद कर रहीं हैं कि काम और परिवार का ऐसा मिश्रण कर सके जो उन्हें योगदानकर्ता बनाए, और वे खुद को अर्थपूर्ण, दिलचस्प और कई बार कुछ बहुत ही नए आजीविका के साधनों के लिए तैयार कर रही हैं। वे कई बार अपनी आशाएं और काम करने की योजनाओं के बारे में व्यावसायिकता के उदात्त और आदर्शवादी विचारों को पकड़कर रखती हैं। इस प्रकार से वे अपनी पूर्ववर्ती पीढ़ी की ज़्यादातर महिला स्नातकों से अलग हैं, जबकि वे अपनी (बहुत ही कम) पूर्वज महिलाओं के बहुत समान हैं जिन्होंने आजीविका के लिए अपना मार्ग बनाया।

तो फिर, समय के साथ महिलाओं की आजीविका की आकांक्षाओं और उम्मीदों के इतिहास के बारे में हम क्या कह सकते हैं? कुछ तीन, चार, या पांच पीढ़ियों पहले भी शिक्षित महिलाएं थीं जिन्होंने पेशेवर उम्मीदें पालीं और उन्हें पूरा भी किया। और ऐसा करते हुए, उन्होंने अपने बाद आनेवालों और दूसरों के लिए भी जो उन्हें नहीं जानते थे, संभावनाओं का एक मार्ग तैयार किया। बहुत सी ऐसी भी थीं जिन्हें उतनी आज़ादी और स्वयं-संतुष्टि नहीं मिली जितनी एक शिक्षित महिला ने चाही होगी, लेकिन उन्होंने युवा

लोगों के लिए आजीविका के विचार को पकड़कर रखा। यह एक प्रकार से महत्वाकांक्षा की वंशावली का पता लगाने जैसा है।

इतने वर्षों में मैंने शहरी शिक्षित महिलाओं की जितनी भी पीढ़ियों को जाना है उन सबने उन बदलावों पर उम्मीद लगाई है जो महिलाओं को फायदा पहुंचा सकते हैं, अपनी बेटियों और पोतियों के लिए अधिक शिक्षा की वकालत करी है और युवा पीढ़ी के लिए और अधिक अवसरों, अधिक सुरक्षा, और अधिक आत्म-पूर्ति और आर्थिक आज़ादी की कामना की है। यह अभूतपूर्व रूप से उन लोगों के लिए सत्य है जो महिला आंदोलनों का नेतृत्व करते हैं, एक ऐसा आंदोलन जो कभी ख़त्म नहीं हुआ चाहे इसके नेता कभी निराश हो गए हों, और जिसने महिलाओं के खिलाफ हिंसा से घिरे सभी मुद्दों पर अपना लड़ाकापन बढ़ाया ही है।

3

लिंग और जनसांख्यिकी: विरोधाभासी प्रभाव

युवा शहरी महिलाओं के शिक्षा के स्तर और बढ़ती हुई आजीविका की आकांक्षाओं में आज जो हम वृद्धि देख रहे हैं उसका जनसांख्यिकीय संक्रमण से बहुत लेना-देना है, यह एक ऐसी प्रक्रिया है जो लगातार पूरे विश्व में हो रही है। भारत में, 1971 से 2011 के बीच के केवल चार दशकों में, कुल प्रजनन दर प्रति महिला चार बच्चों के तकरीबन गिर गई थी, 6.5 से 2.6 हो गई थी। इसी छोटे कालखंड के दौरान, जन्म के समय महिलाओं की जीवन संभावना ने 15 साल और हासिल किये, और पुरुषों ने 12 साल हासिल किये। 1970 के दशक ने, पुरुषों और महिलाओं की जन्म के समय जीवन संभावना क्रमशः 44 और 43 थी, जो थोड़ी सी पुरुष अस्तित्व के पक्ष में थी। 2011 तक, जन्म के समय जीवन संभावना पुरुषों के लिए लगभग 66 तक बढ़ गई थी, और महिलाओं के लिए उससे भी ऊपर छलांग लगाकर 68 तक पहुँच गई थी।

जन्म के समय जीवन संभावनाएं शिशु और बाल मृत्यु दर के स्तर के प्रतिनिधि हैं। कम आयु मृत्यु दर में बड़ी कमी आने से समग्र रूप से एक ऐसी परिस्थिति का निर्माण हुआ है जहाँ पर अब कई महिलाओं को पहले की तुलना में कम बच्चों को जन्म देना पड़ेगा, जो मुख्य रूप से बच्चों के बचने की संभावनाओं की वजह से उनके परिवार के बढे हुए आत्मविश्वास की वजह से होगा। हालाँकि, वयस्कों के अस्तित्व में भी उल्लेखनीय रूप से सुधार हुआ है, विशेषतौर पर तब जब हम उन बुजुर्ग लोगों की यादों और जीवन के अनुभवों की कल्पना करने में या उन्हें साझा करने में समर्थ होते हैं, जो लोग जीवित होते हैं।

कुल जनसँख्या के अभिलेखों—महिला और पुरुष दोनों ही—का अवलोकन महिलाओं के इतिहास पर तीक्ष्ण ध्यान देने के लिए उपयोगी हो सकते हैं। 1872 में भारत की जनगणना की शुरुआत होने से समय से लेकर 1950 के दशक तक, ऐतिहासिक अभिलेख मृत्यु दर के भयावह स्तरों में से एक है। भारत की मृत्यु दर बहुत ही ज्यादा थी हालाँकि 20वीं सदी

में इसमें धीरे-धीरे सुधार होने लग गया। फिर, उस सदी के उत्तरार्ध में, इसमें अतुलनीय गति और प्रभाव से सुधार हुआ। समय के साथ, मृत्यु दर और प्रजनन क्षमता को विशाल पैमाने पर देखने के लिए, एक संक्षिप्त सिंहावलोकन पर्याप्त होगा (तालिका 3.1)। इतनी मृत्यु और इस तरह की उच्च प्रतिकारी उर्वरता मनन करने में मर्यादित है।[1]

अतीत की महिलाओं के जीवन में जो बात स्पष्ट थी वह यह थी कि वे अपने शरीर और अपने स्वास्थ्य पर बहुत भारी बोझ डालती थीं, और बहुत ही डरावने ढंग से खुद को

तालिका 3.1

भारत के लिए ऐतिहासिक महत्वपूर्ण दरें

	जन्म के समय जीवन की संभावनाएं		*प्रति महिला*	*वार्षिक*
दशक	*पुरुष*	*महिला*	*कुल प्रजनन दर*	*विकास %*
1891–1901	21.9	22.9	5.78	0.11
1901–1911	25.0	25.0	5.77	0.56
1911–1921	21.5	21.5	5.75	–0.03
1921–1931	29.4	30.0	5.86	1.04
1931–1941	30.1	29.9	5.98	1.33
1941–1951	31.0	31.4	5.96	1.25
1951–1961	37.4	36.7	6.11	1.96
1961–1971	44.0	43.0	6.50	2.20
1971–1981	50.0	49.0	5.40	2.20
1981–1991	55.5	56.0	4.60	2.14
1991–2001	60.8	62.3	3.50	1.93
2001–2011	65.6	68.2	2.60	1.76

स्रोत: मैरी भट 1989: 93, 100; डायसन 2010: 21; प्रेमी 2006: 39–40; भारत की जनगणना 2011।

टिप्पणी: सबसे विशाल और तेजी से परिवर्तन की अवधि पर जोर देने के लिए कोष्ठक लगाया जाता है।

[1] कई भारतीय क्षेत्रों पर किये गए मेरे पहले के अनुसंधान ने जनगणना लिंग अनुपात द्वारा दर्शाई गई अतिरिक्त जन्म के समय महिला मृत्यु दर की भी गणना कर अनुमानित प्रजनन क्षमता की दर को और भी बढ़ा दिया। जन्म के आंकड़ों में उन अवांछित शिशुओं को भी शामिल किया जाना चाहिए जिनकी तुरंत हत्या कर दी गई थी और जिनका पैदा होना कभी सूचित ही नहीं किया गया था, लेकिन जिनके निशान लिंग अनुपात में दिख गए थे। मेरा अनुमान है कि (क्लार्क 1989, 1993 में) बंबई प्रेसीडेंसी में 1881 से 1931 के बीच, कुल प्रजनन दर शायद 7.1 तक होती। यह निहित है कि कुल मृत्यु दर भी अधिक थी, किसी भी मानक जीवन तालिका में अधिकृत करने से भी अधिक।

वक्त से पहले ही मृत्यु के अधीन कर देती थीं। वे अपने जीवन के शिखर के वर्षों के दौरान वांछित, अवांछित, जीवित, मृत बच्चों को जन्म देती थीं और दुर्भाग्यवश इस बोझ को खुद ही उठाती थीं। उनकी अतिसंवेदनशीलता अकाल और महामारी के संकट वर्षों के दौरान तीव्र हो जाती थी। जनगणना के शुरुआती दशकों के दौरान, जनसँख्या ज्यादा नहीं बढ़ी; एक विशिष्ट भयावह दशक में तो इसमें गिरावट भी दर्ज़ की गई थी। जैविक प्रजनन में महिलाओं की अतिसंवेदनशील भूमिका उनके परिवारों और समुदायों की आबादी को बनाए रखने के संघर्ष के लिए ज़रूरी थी, और ऐसा करते समय, मानव संसाधन आधार को बनाए रखने के लिए उनके परिवारों को भविष्य में जारी रखने की अनुमति देना आवश्यक था।

1950 के दशक के बाद, जैसे ही मृत्यु दर घटी और जीवन संभावना बढ़ी, महिलाओं ने वास्तव में अपनी प्रजनन क्षमता अधिकाधिक रूप से पूरा किया। जैसे ही महिला मृत्यु दर घटी, माताओं का जीवन बढ़ने लग गया। परिणामस्वरूप, प्रति महिला कुल प्रजनन बढ़ा; 1961–1971 के दशक ने किसी भी अवधि में पूरी प्रजनन क्षमता का उच्चतम देखा। फिर, 1971 के बाद, लोग बढ़ते अनुपात में कम बच्चे पैदा करने लगे। 1971 से 2011 के बीच, महिलाओं की जीवन संभावना लगभग 50 प्रतिशत से बढ़ गई और कुल प्रजनन में आधे से अधिक कटौती हो गई।

यह दो विशाल प्रवृत्तियां एक उल्लेखनीय तरीक़े से एक साथ मिली हुई हैं, क्योंकि अब परिवार अपने बच्चों के जीवित रहने की अधिक उम्मीद कर सकते हैं। 1990 के दशक तक, वार्षिक जनसंख्या वृद्धि का दर वास्तव में धीमा होने लगा था। अगर मृत्यु दर के पहले के इतिहास से तुलना करें तो आज इसमें बहुत सुधार आया है, हालाँकि आज हम मृत्यु दर के उन घटकों के बारे में चिंतित हैं जो महिलाओं से संबंधित हैं। भ्रूण हत्या या घातक उपेक्षा करके बेटियों को नकारना, बहुत लंबे समय से अतिरिक्त महिला बाल मृत्यु दर का कारक रहा है (क्लार्क 1993)। 1980 से दशक से, कन्या भ्रूण हत्या का एक बहुत ही कुशल तरीका उपलब्ध है जिससे अनचाही बेटियों से जन्म के पहले ही छुटकारा पाया जा सकता है। भारत में मातृ मृत्यु दर भी बहुत ज्यादा है; 1990 में प्रति 1,00,000 जन्मों में से 560, 2013 में यह अभी भी 190 थी। ग्रामीण भागों और गरीबों में अभी भी शिशु और बाल मृत्यु में बहुत सुधार की आवश्यकता है।

इन घटनाओं पर विचार करने के अलावा, एक बड़ा मुद्दा यह भी है कि दोनों लिंगों की मृत्यु दरों के स्तरों का बहुत बड़ा प्रभाव लिंग संबंधों की प्रणाली पर पड़ा था और अभी भी पड़ रहा है। इस व्यापक विचार में, इन दशकों के जटिल इतिहास को सरल करके मृत्यु दर और लिंग को सबसे बुनियादी तरह से जुड़ा होना देखा जा सकता है। सबसे बड़े संभव पैमाने पर, अतीत में महिलाओं को पत्नियों और माताओं के रूप में उनकी सबसे जैविक रूप से मौलिक भूमिका निभाना आवश्यक था, और जितना उनका स्वास्थ्य अनुमति दे सके उतने अनुकूल ढंग से प्रजनन करना आवश्यक था। हम इसे इस तरह सोचते हैं कि यह

हमारी संस्कृति में इतने गहरे तक पैठा हुआ है कि हम उन जनसांख्यिकीय व्यवस्थाओं के तहत जो लोग रहते थे, उसे नज़रअंदाज़ कर देते हैं। तीव्रता से मौजूदा उच्च मृत्यु दर के दौर ने एक उच्च-उर्वरता के दौर को प्रतिपादित किया था।

यह दोनों "दौर", जैसा कि जनसांख्यिकी में कहा गया है, इस भाषण के दिलचस्प रूप का कारण बनता है। उनके आधार पर, 1891 से 1961 तक के कालखंड को—40 से नीचे की जीवन संभावनाओं के साथ—मृत्यु का दौर कहा जा सकता है। मृत्यु का यह दौर देर से आये उपनिवेशवाद, उससे और उसके परिणामों से उभरने का संघर्ष, उथल-पुथल, युद्ध, अकाल, और महामारियां, और 1950 के दशक के बाद तक भी कई आधुनिक चिकित्सा खोजों की कमी में निहित था। जो लोग अपने परिवार के सदस्यों के जीवन की अनिश्चितता का सामना कर रहे थे, उनके लिए 20वीं सदी के शुरुआत से लेकर बीच के साल बार-बार आनेवाली त्रासदियों से भरा हुआ था। जब परिवार के अन्य समर्थकों की मौत हो गई तो महिलाओं ने परिवार के रखरखाव का अवशिष्ट बोझ उठाया।

मृत्यु दर गिरावट और प्रजनन क्षमता में गिरावट के बीच के प्रसिद्ध अंतराल के पीछे की मानवीय कहानी का विस्तार करते हुए, खासतौर पर भारत जैसी जगह के कठोर और उल्लेखनीय आंकड़ों के साथ, हमें समय के साथ लोगों की बदलती चिंताओं को समझने के लिए और अधिक सहानुभूतिपूर्वक मदद मिलती है।

एक स्त्री जो पिछले कुछ वर्षों में मुझे पसंद थी, जिसे मैं अंजना के नाम से पुकारूंगी, उसने अपने पति को विवाह के कुछ वर्षों बाद ही खो दिया। इस स्त्री का जन्म 1935 साल के आस-पास हुआ था, और अब वह जीवित नहीं है। अपने पति की मृत्यु के बाद, वह अपनी विधवा सास के जीवनकाल तक उनके साथ रही; और उसी वक्त मेरी उससे मुलाकात हुई। मैं अपने वर्तमान अनुसंधान के लिए जिस एक शहर में लौटी, उसी शहर में बहुत कठिन परिस्थितियों में रहनेवाला यह एक समय का प्रख्यात परिवार था।

अंजना के कोई संतान नहीं थी, लेकिन बहुत से भांजे-भांजियां थे, जिनमें से कुछ उसे इस तथ्य के कारण अधिक प्रिय थे क्योंकि उनमें से प्रत्येक ने अपने माता-पिता में से किसी एक को खो दिया था। उनके जीवन की शुरुआत में, अंजना और उसके पति के उसकी तीनों बहनों और उनके पतियों और बच्चों के साथ बहुत अच्छे संबंध थे, जो उनके विस्तृत परिवार का एक हिस्सा थे, और अलग-अलग शहरों में रहते थे। फिर, मेरे उससे मिलने से पहले, मेरी सहेली के पति की मृत्यु हो गई; उसकी एक बहन के पति की मृत्यु हो गई; एक अन्य बहन अपने पति और बच्चों को पीछे छोड़कर स्वर्ग सिधार गई; और तीसरी बहन ने अपना सबसे छोटा बेटा खो दिया। सभी बहनों के परिवारों के बच्चों के जीवन में एक ऐसा खालीपन आ गया जिसे कभी भी पूरी तरह से नहीं भरा जा सकता था, जिसमें उनके आमोद और दयालुता से भरे हुए प्यारे मामा का निधन भी शामिल था। यह सभी मृत्युएँ 1960 से लेकर 1970 के बीच में हुई। पीछे रह गए बच्चे 1940 और 1950 के बीच में जन्मे थे।

इस परिवार की कहानी मुख्य रूप से बचपन में मृत्यु दर की नहीं है, यह तो बस एक उदाहरण है। बल्कि, यह तो एक प्रमुख वयस्क के चले जाने से कई अन्य इकाइयों की कमी की कहानी है। बुजुर्ग महिला (अंजना की सास) ने स्वयं भी अपने चार में से दो वयस्क बच्चों, जिनमें से एक उनका इकलौता बेटा था और एक बेटी, और साथ ही एक अन्य बेटी के पति की मृत्यु, के चले जाने से अपनी संतानों के संदर्भ में गंभीर चुनौतीपूर्ण और सुरक्षा को खतरे में डालनेवाले अनुभव लिए। दो घरों के बच्चों का पालन-पोषण शेष बचे हुए माता/पिता ने किया, साथ ही मामी और नानी ने भी इसमें बहुत साथ दिया, और उनकी यात्राओं में, उनकी विद्यालय की प्रगति में, और एक बड़े समूह में साथ समय बिताने में उन्होंने बहुत रुचि दिखाई। अपने बाद के वर्षों में अंजना एक स्नातकोत्तर-शिक्षित पेशेवर बनी और अपने दो लोगों के परिवार को सहारा दिया, जिस पर उसकी सास को बहुत गर्व था, जो उसकी पीठ थपथपाकर कहती थीं, "यह मेरा बेटा है!" वह एक प्रतिनिधि बेटा और एक प्रतिनिधि माता/पिता थी, हानि और कठिनाई की परिस्थितियों में महान चरित्र की एक व्यक्ति थी।

उसके परिवार के हालात कुछ हद तक अन्य पुराने मित्रों, मित्रों के परिवारों और परिचितों के समान ही थे, हालाँकि यहाँ उनका ज्यादा विस्तार से वर्णन किया गया है। इस पुस्तक को पढ़नेवाले कई लोग यह महसूस करेंगे कि उन्होंने भी गुज़रे हुए वर्षों में अपने खुद के परिवारों और अपने दोस्तों और रिश्तेदारों के परिवारों की संरचना को प्रभावित करनेवाली मृत्यु और उसके बाद उन परिवारों की आवश्यक रणनीतियों को आकार देनेवाली भूमिकाओं के बारे में कहानियां सुनी होंगी। तत्काल और विस्तारित दोनों ही परिवारों के सदस्यों के लिए महत्वपूर्ण कमियों को पूरा करना पड़ता है, और 1980 के दशक में बहुत से मामलों में ऐसे परिवार धनी नहीं थे। आज के परिवारों में भी मृत्यु बड़ी भूमिका निभाती है, खासकर बड़ी संख्या में गरीबों के परिवारों में। लेकिन जब समग्र आबादी को देखा जाए, तो मृत्यु कम परिवारों को प्रभावित करती है और बहुतों को अपनी मुसीबतों से भागने की अनुमति प्रदान करती है।

वे लोग जिनकी आयु 70 वर्ष के आस-पास है, उन्होंने अपने जीवन की शुरुआत में और बाद के कालखंड में भी, अपने द्वारा जाने पूरी जिंदगीभर जाने गए लोगों के जाने का दुःख उठाया होगा। 1940 के दशक के जन्मे बहुत से लोग, 1970 का दशक आने पर 30 वर्ष की आयु के लगभग होंगे, उन्होंने भी अपने परिवार और वृहद् मंडली में बाल मृत्यु दर का सामना किया होगा। उसी समय प्रसवकाल अपने शिखर पर पहुँच गया था, और पुरुष और महिलाओं, दोनों का ही झुकाव बच्चे पैदा करने के प्रति होने लगा, और परिणामस्वरूप असंख्य जीवित बच्चों का जन्म शुरू हो गया। 1970 के दशक ने आज़ादी के बाद के सभी दशकों से ज्यादा उच्चतम कुल प्रजनन दर देखी। जन्म के समय जीवन संभावना 40 वर्ष, और 6.5 बच्चों की कुल प्रजनन दर के साथ, 1970 के दशक की महत्वपूर्ण दरें मृत्यु और हानि के सच्चे अनुभवों में हुबहू उपयुक्त बैठती थी, जिसके बारे में बहुत से लोगों को मालूम

भी नहीं था। आजादी के बाद से जीवन संभावनाएं औसतन धीरे-धीरे बढ़ रही थी, लेकिन इतनी ज्यादा नहीं थी कि लोग इस बारे में आश्वस्त हो जाएँ कि उनके खुद के बच्चों के बड़े होने और जीवित बचने की उम्मीदों की रक्षा हो सके।

भारत सरकार ने छोटे परिवार के विचार का प्रचार लोगों के समझ में आने से पहले ही कुछ जल्दी ही शुरू कर दिया। परिवार नियोजन कार्यक्रम की शुरुआत 1951 में हुई थी, किसी भी अन्य देश से पहले; लेकिन 1951 से लेकर 1961 तक, परिवार नियोजन की व्याप्ति नगण्य थी। अगले कुछ वर्षों तक, कार्यक्रम का कार्यान्वयन मामूली रूप से थोड़ा और प्रभावी हुआ, गर्भनिरोधकों के तरीकों के ज्ञान के प्रसार और कम से कम कुछ क्षेत्रों में आपूर्ति उपलब्ध कराने का प्रयास किया गया। हालाँकि, प्रजनन क्षमता में कमी के संदर्भ में देखा जाए तो इसका प्रभाव बहुत ही कम पड़ा था, यह उस स्तर पर तो बिल्कुल भी नहीं था जितना सरकारी और अंतरराष्ट्रीय गैरसरकारी प्रायोजकों ने आशा की थी। इसके साथ ही, परिवार नियोजन श्रमिकों के लिए कोटा की स्थापना करने में इस कार्यक्रम का पहलू प्रहस्तनीय था। कुलीन वर्ग और विभिन्न अंतरराष्ट्रीय सलाहकारों के बीच तेज़ी से बढ़ती हुई आबादी को कम करने की एक तात्कालिक भावना थी, जिसे गरीबों के मानव अधिकारों के प्रति असम्मान की भावना से युग्मित किया गया था। इस संयोजन ने दुर्भाग्य से इंदिरा गाँधी की निगरानी में प्रजनन क्षमता पर एक निरंकुश कार्यवाही के खिलाफ नेतृत्व किया था।

1970 के मध्य में उनके आपातकालीन शासनकाल के दौरान ज़बरदस्ती किये गए वंध्यीकरण की क्रूरता ने अतीत में 1940 के दौरान विश्व युद्ध, अकाल, देश के विभाजन, और उस दौरान हुए खून-खराबे के भयावह नुकसान की याद दिला दी। 1970 का दशक एक बार फिर उथल-पुथल का था, जिसने गरीबी, युद्ध के द्वारा देश का बंटवारा, शरणार्थियों के जत्थे, एक संक्षिप्त तानाशाही, और फिर मतदाताओं द्वारा उसे उखाड़ फेंकना आदि देखा।

इसके बाद ही प्रजनन दर में गिरावट शुरू हुई। पहले मृत्यु दर में गिरावट शुरू हुई, और फिर एक अंतराल के बाद प्रजनन क्षमता में, यह जनसांख्यिकीय बदलाव का एक ठेठ (हालांकि सार्वभौमिक नहीं) अनुभव था। भारत में, यह जो अंतराल का समय था वह खतरों और अराजकता और विघटन और अप्राकृतिक मौत की यादों का सबब बन गया था। यह सभी खतरे 1970 के उत्तरार्ध में कुछ प्रशंसनीय हद तक कम होने शुरू हो गए थे।[2] 1981 की जनगणना ने सबसे पहले प्रजनन क्षमता में गिरावट का संकेत दिया था। मृत्यु दर में गिरावट

---

[2] बेशक, यह बयान अपने व्यापक प्रभावक्षेत्र को छोड़ देता है, सेना और भीड़ की हिंसा, विस्थापन, प्राकृतिक आपदाओं, फसल अच्छी न होना, और आत्महत्या की वजह से क्रूर हानियां होती ही थीं।

का प्रमुख श्रेय उन सभी आविष्कारों को जाता है जिनकी वजह से मलेरिया (हालाँकि हाल के वर्षों में इसके नियंत्रण का पुनःपतन हो गया), तपेदिक, और चेचक (जिसका 1970 के दशक में पूर्ण रूप से नाश हो गया) जैसे संक्रामक और परजीवी रोगों में कटौती हुई। बच्चों का टीकाकरण, पीने योग्य पानी के उपयोग में वृद्धि, और हैजा के प्रकोप में कमी, इन सब कारणों ने भी मृत्यु दर की गिरावट में अपना योगदान दिया था (डायसन 2010), हालाँकि स्वच्छता की कमी ने ग्रामीण और गरीब शहरी क्षेत्रों ने बाल मृत्यु दर के उच्च दर में अपना योगदान दिया था। मातृ मृत्यु दर में गिरावट ने वयस्क महिलाओं की जीवन अवधि लंबी करने में एक बड़ी भूमिका निभाई है, हालाँकि इस पहलू में निरंतर कटौती की अभी भी तत्काल ज़रूरत है। अभी भी इस पुस्तक की कुछ कहानियों में मृत्यु परेशान करती है।

कोई यह मान सकता है कि महिला शिक्षा में बढ़ोतरी हुई है जो पिछले 40 से भी अधिक वर्षों से प्रजनन क्षमता में देखी जा रही कीर्तिमान तोड़नेवाली कटौती के बड़े हिस्से को समझाता है। शैक्षिक प्रगति के कारण महिलाओं की विवाह-योग्य आयु और लंबे समय तक अकेले रहने के अनुपात में वृद्धि होती है। हालाँकि महिलाओं की शिक्षा प्राप्ति में लाभ हुआ है, लेकिन भारत की प्रजनन क्षमता में संक्रमण मुख्य रूप से गर्भनिरोधकों के कारण, और विशेष रूप से महिला नसबंदी के कारण हुआ है। विवाह की आयु में बदलाव का प्रभाव बहुत कम पड़ा है। आश्चर्यजनक रूप से, प्रजनन क्षमता में गिरावट का बड़ा हिस्सा पूर्णतया अनपढ़ महिलाओं को जाता है, जैसे कि "भारत में 1981 से 1991 के बीच हुई प्रजनन क्षमता में गिरावट का 65 फीसदी हिस्सा उन महिलाओं का है जिन्होंने कोई शिक्षा प्राप्त नहीं की है" (विसारिया 2006: 69)। इसके अलावा, गुजरात सहित उत्तर-पश्चिमी राज्यों से मिले सबूतों से पता चलता है कि "बेटे को वरीयता देने के अपेक्षाकृत उच्च स्तर के बावजूद भी प्रजनन में गिरावट आ सकती है" (2006: 71)। लेकिन जैसे-जैसे महिलाओं की प्रजनन क्षमता के स्तर में गिरावट जारी रहती है, उससे संबंधित और उसके परिणामस्वरूप आनेवाली प्रवृत्तियां उनके जीवन को प्रभावित करना शुरू कर देती हैं, विसारिया के अनुसार:

> महिला शिक्षा और अन्य सामाजिक-आर्थिक विकासों के बढ़ते स्तर से, कुछ महिलाओं को विवाह और बच्चे पैदा करने के घरेलू जीवन का दूसरा विकल्प बहुत आकर्षित करता है। वे महिलाएं जिनका विवाह 25 वर्ष की आयु तक नहीं हुआ है, उनका अनुपात बढ़ने की उम्मीद है। यह संभव है कि एक ऐसा जीवन जो विवाह और बच्चों के इर्दगिर्द नहीं घूमे, खासतौर पर शहरी क्षेत्रों और देश के दक्षिण भागों के बीच धीरे-धीरे सामाजिक रूप से स्वीकार्य होने लगे। इसके अलावा, विशाल बहुमत वाली उन महिलाओं के लिए भी जीवन का प्रसव चरण पहले की तुलना में बहुत कम होनेवाला है, जो अभी भी विवाह कर रही हैं और बच्चे पैदा कर रही हैं। (2006: 73)

लेकिन अभी भी यह सत्य है कि "प्रजनन क्षमता में कमी अन्य निर्माण की गई परिस्थितियों को सक्षम किये बिना भी हो सकती है जिनसे कि लिंग संबंधों में वास्तविक बदलाव लाया जाता है" (कृष्णराज, सुदर्शन, और शरीफ 1998: 34)।

अब जबकि 1971 की जनगणना के बाद, प्रजनन क्षमता के दीर्घ ज्वार को उतरे चालीस साल बीत चुके हैं, तो छोटे परिवारों का विचार एक वास्तविकता बन गया है। लोगों को छोटे परिवार चाहिए, वे लंबा जीवन जीते हैं, ज्यादा बच्चे जीवित रहते हैं, और अब ज़्यादातर माताएं अपने कमज़ोर और नश्वर शरीर में जैविक प्रजनन का बड़ा और चुनौतीपूर्ण बोझ लेकर नहीं घूमतीं (क्लार्क 1993)। महिलाओं के पास उनके जीवन में परिवारों को देखभाल उपलब्ध कराने के साथ-साथ अन्य मार्गों का विचार करने का विकल्प भी उपलब्ध है। यह एक आम धारणा है कि छोटे परिवारों के साथ बेहतर जीवन जिया जा सकता है, इसी के साथ महिलाओं के बारे में विचारों में भी तदनुसार परिवर्तन होना शुरू हो गया है। इसको इस संदर्भ में सोचें कि किस प्रकार परिवारों ने अपनी बेटियों के बारे में विकल्पों पर विचार करना शुरू कर दिया है।

भारत के जनसांख्यिकीय संक्रमणका अंधकारमय पहलू आबादी में महिलाओं और पुरुषों के अनुपात से परिलक्षित होता है। सभी आयु-वर्ग की आबादी का महिला-पुरुष लिंग अनुपात में, 20वीं सदी के मध्य से गिरावट दर्ज की गई है, यह 1951 में 946 था जो 1971 में 930 तक गिर गया। इस समग्र सूचक में 1991 के बाद से थोड़ा सुधार देखा गया है। लेकिन भारत के बच्चों की आबादी में लिंग अनुपात बहुत ही बिगड़ा हुआ है। 2001 की जनगणना 0–6 आयु वर्ग में 927 का लिंग अनुपात दिखाता है (लड़कियां प्रति 1000 लड़के); 2005–2006 का राष्ट्रीय परिवार स्वास्थ्य सर्वेक्षण (नेशनल फॅमिली हेल्थ सर्वे – एनएफएचएस) दिखाता है कि यह अनुपात 921 तक गिर गया है (एनएफएचएस-3: 22; साथ ही देखें पटेल 2007, शेखर और हट्टी 2009)। 2011 की जनगणना में, बाल लिंग अनुपात 914 तक कम हो गया था।

समग्र अनुपात बेटियों द्वारा सामना की जा रही अस्तित्व की समस्या को स्पष्ट रूप से सूचित नहीं करता। बेटी के प्रति भेदभाव के एक घातक रूप के बारे में जागरूकता 1980 के दशक में व्यापक रूप से समझी जाने लगी (मिलर 1981)। उसके बाद से सात वर्ष से कम आयु के बच्चों का लिंग अनुपात नियमित रूप से मापा जाने लगा, जिसने बेटियों के खिलाफ पूर्वाग्रह को स्पष्ट रूप से दर्शाना शुरू किया। यह आंकड़े बताते हैं कि यह भेदभावपूर्ण प्रभाव अभी तक भी मजबूती से बढ़ रहे हैं (तालिका 3.2)। यह व्यापक रूप से स्पष्ट है कि कुछ उच्च शिक्षित महिलाएं भी अब अल्ट्रासाउंड और कन्या भ्रूण हत्या का उपयोग गर्भ में पल रही अवांछित बेटियों से छुटकारा पाने के लिए करती हैं। इसने विशेष रूप से सबसे रूढ़िवादी उत्तरी राज्यों में, बाल लिंग अनुपात को कम कर दिया है। जहाँ एक तरफ 1991 से सभी आयु

तालिका 3.2

समग्र और बाल लिंग अनुपात, भारत, 1981–2011

	समग्र लिंग अनुपात	*बाल लिंग अनुपात*
1981	934	962
1991	927	945
2001	933	927
2011	940	914

स्रोत: भारत की जनगणना 2011

वर्ग की महिलाएं पुरुषों की तुलना में अपना अस्तित्व बचाए रख रही थीं, वहीं उसी अवधि के दौरान सात वर्ष से कम आयु की लड़कियों का अस्तित्व लड़कों की तुलना में कम ही होता जा रहा था। लिंग-चयनात्मक गर्भपात को संभव बनानेवाली प्रौद्योगिकी 1980 के दशक में व्यापक रूप से उपलब्ध होने लग गई, और अवांछित बेटियों से छुटकारा पाने के लिए लिंग-चयनात्मक गर्भपात ने कन्या-भ्रूण हत्या की पुरानी प्रथा को प्रतिस्थापित कर दिया है। यह अनुपात अब न केवल लड़कों की तुलना में लड़कियों के कम होते जा रहे अस्तित्व को दर्शाते हैं बल्कि जन्म से पहले मादा भ्रूण के उन्मूलन को भी प्रदर्शित करते हैं। चाहे गर्भपात हो, कन्या-भ्रूण हत्या हो, या कुछ विशेष मामलों में बेटियों की उपेक्षा हो, बाल लिंग अनुपात एक सामान्य कन्या के अस्तित्व की दर में हस्तक्षेप के साथ-साथ लड़कों का पक्ष लेनेवाला तोड़-मरोड़कर दिखानेवाला असंतुलन भी दर्शाता है।

समग्र प्रजनन क्षमता में गिरावट की अवधि के दौरान, बेटियों का यूँ अनादर करना बेटों की उस महत्ता से संबंधित है जिसमें उन्हें माता-पिता की लंबी अवधि तक सुरक्षा की देखरेख करनेवाला माना जाता है। परिवार अभी तक इतने सुरक्षित नहीं हुए कि उन्हें आगे जाकर बच्चों की ज़रूरत नहीं पड़ती। राज्य द्वारा बुढ़ापे के दौरान कोई सामाजिक प्रावधान नहीं दिया जाता; पारंपरिक रूप से बेटों से ही यह उम्मीद की जाती है कि वे उस समय अपने माता-पिता की देखभाल करें। यह उन जटिल कारणों में से एक है कि क्यों बेटों को प्राथमिकता दी जाती है, और क्यों बेटियां को, खासकर उच्च्च अनुरूपता में उपभोजित माना जाता है। यहाँ वृद्धावस्था सुरक्षा चिंता का विषय है क्योंकि, अन्य कारकों से ऊपर, यह एक ऐसा कारक है जो इस बारे में लचीलापन दिखाने में सक्षम है कि क्या बेटियां इस बारे में योगदान दे सकती हैं। हम इस बारे में और विस्तार से अगले अध्यायों में देखेंगे। तब हम यह ज्यादा अच्छे से समझ पाएंगे कि बहुत सी युवा महिलाएं अपने जन्मदाता परिवारों के लिए उत्साहपूर्वक कौन से योगदान करना चाहेंगी, खासतौर पर तब जब वे सबसे बड़ी हों, या फिर परिवार गरीब हो, और/या जब कोई बेटा नहीं हो।

बेटियों के अवमूल्यन के खिलाफ के सबूत जुटाना एक ऐसी विपरीत प्रवृत्ति है जो उनके पक्ष में है, और ऐसा पिछले तीन दशकों से तेज़ी से हो रहा है। यह शिक्षा के क्षेत्र में तेज़ी से होती वृद्धि से देखा जा सकता है, जो कि आज शहरी भागों में अधिकतर युवा महिलाओं को लाभान्वित कर रहा है। 1981 से 2001 के बीच में, जहाँ शहरी पुरुष साक्षरता 12.4 प्रतिशत से बढ़ी, वहीं शहरी भागों की महिला साक्षरता 29.3 प्रतिशत से बढ़ी।[3] पुरुष और महिला साक्षरता के बीच की खाई हर जनगणना के समय, और जनगणनाओं के बीच के सर्वेक्षण के समय कम होती चली गई। 2011 की जनगणना के आंकड़े अखिल भारतीय साक्षरता (शहरी और ग्रामीण दोनों एक साथ) पुरुषों के लिए 82 प्रतिशत और महिलाओं के लिए 65 प्रतिशत दिखाता है, जिसमें 17 अंकों का लैंगिक अंतर है। पिछले कम से कम दो दशकों से यह अंतर कम होता जा रहा है: 1991 में यह अंतर 25 अंकों का था। समग्र साक्षरता वृद्धि दर, शहरी और ग्रामीण दोनों ही, पुरुषों के मुकाबले महिलाओं के लिए ज्यादा तेज़ है। 1991 से 2011 तक, जहाँ पुरुष साक्षरता 28 प्रतिशत से बढ़ी, वहीं महिला साक्षरता 67 प्रतिशत से बढ़ी।

युवा महिलाओं के लिए यह शिक्षित आगे बढनेवाला मोर्चा पिछले दो या तीन दशकों की सबसे उल्लेखनीय घटनाओं में से एक है। हालाँकि इस प्रवृत्ति को अंतर्राष्ट्रीय स्तर पर दर्जा दिया गया है (ग्रांट और बहरमन 2010), लेकिन किसी वजह से भारत में यह उपेक्षित है, जबकि यहाँ पर स्त्री-पुरुष समानता पर इतना ध्यान केंद्रित नहीं किया गया है और जितनी प्रगति होनी चाहिए थी उतनी नहीं हो रही है।

उदाहरण के लिए, 1970 के दशक के बाद से, महिलाओं की उच्च शिक्षा में संख्या और अनुपात की वृद्धि पर विचार करें। मानव संसाधन विकास मंत्रालय के आंकड़े बताते हैं कि 2010–2011 में उच्च शिक्षा के क्षेत्र में राष्ट्रीय नामांकन 2.75 करोड़ था। जिसमें से, लड़कों का प्रतिशत 56 और लड़कियों का 44 प्रतिशत था। उस साल भारत में 1.2 करोड़ लड़कियां महाविद्यालय में पढ़ रही थीं (अमेरिका के दोनों लिंगों के महाविद्यालयीन विद्यार्थियों की कुल संख्या का लगभग दो-तिहाई)। पिछले दस सालों में लड़कियों की संख्या बहुत ही तेज़ी से बढ़ रही थी। 1971 से अब तक 40 वर्षों में, महिलाओं का अनुपात दोगुने से भी ज्यादा था। 1971 से 2011 के बीच पुरुषों की संख्या छह गुना बढ़ी; महिलाओं ने अपनी कुल संख्या सत्रह गुना बढ़ाई।

विशेष रूप से शहरी क्षेत्रों में सभी शैक्षिक स्तरों का लैंगिक अंतर तेज़ी से कम हो रहा है। उन साक्षर शहरी लोगों का प्रतिशत, जिनका शिक्षण उच्च माध्यमिक विद्यालय तक हुआ

[3] 2011 का विश्लेषण तब उपलब्ध होगा जब 2011 की जनगणना की सामाजिक और सांस्कृतिक तालिकाएँ जारी कर दी जाएँगी, जो इस पुस्तक के पूर्ण होने तक नहीं हुआ था। इस खंड को जारी होने में अक्सर कई साल की देरी हो जाती है।

है, उल्लेखनीय रूप से बढ़ा है। 2001 में, 45 प्रतिशत शहरी पुरुष साक्षर और 38 प्रतिशत शहरी महिला साक्षर या तो 12वीं उत्तीर्ण के मानदंड तक पहुँच गए थे या फिर उससे आगे निकल गए थे (प्रेमी, 2006)। 2008 तक, 20–29 आयु वर्ग के दोनों लिंगों के लगभग आधे शहरी शिक्षितों ने 11 या उससे ज्यादा साल विद्यालय में बिता लिए थे—48 प्रतिशत पुरुष और 46 प्रतिशत महिलाएं (अंतरराष्ट्रीय जनसंख्या विज्ञान संस्थान, डीएलएचएस-3, 2008)। विद्यालयीन शिक्षा में लैंगिक समानता लगभग बराबर है।

लड़कियों की शिक्षा का क्या उद्देश्य है? अतीत में, महिला आबादी की बड़ी संख्या 12वीं उत्तीर्ण करके, स्नातक या स्नातकोत्तर पदवियां प्राप्त करके, विवाह कर लेती हैं और गृहिणी बन जाती हैं, और अपनी योग्यताओं का उपयोग करके कोई नौकरी नहीं करतीं। एक लड़की के लिए शिक्षा का उद्देश्य केवल वह योग्यता प्राप्त करना था कि उसे विवाह के लिए एक अच्छा पति मिल जाए, जो उच्च शिक्षित हो, स्थापित हो, और अच्छा कमाता हो, ताकि वह उसको और अपने परिवार को संभाल सके। पति का समर्थन बहुत ही व्यापक रूप से ज़रूरी है; क्योंकि जैसा कि हम अध्याय 2 में देख चुके हैं, महिलाओं के लिए रोज़गार और आर्थिक अवसर दशकों तक जनसांख्यिकीय और आर्थिक दोनों ही कारणों की वजह से मजबूर बने रहे, और ऐसे सामाजिक रिवाजों को सुदृढ़ बनाते रहे जिन्होंने अधिकांश परिवारों में महिलाओं के जीवन के तरीक़े को घरेलू बना दिया था।

बहुत से परिवार, खासतौर पर शहरी परिवार, अब अपनी बेटियों को इस दृष्टिकोण के साथ पढ़ा रहे हैं कि वे जीवनभर अपनी आजीविका का ख्याल रख सकें। विशेष रूप से, अंग्रेज़ी भाषा में शिक्षित समूहों ने एक लंबे समय तक मध्यम वर्ग की पहचान को आगे बढ़ाने के लिए बेटियों की शिक्षा के फ़ैसले को बरक़रार रखा है, लेकिन कई लोगों को पहले यह विश्वास ही नहीं था कि बेटियां परिवार के हालातों से मजबूर हहुए बिना भी आजीविका कमाना चाहती थीं। हालाँकि, पिछले दो दशकों में, वैश्विक नवउदारवादी आर्थिक विश्व व्यवस्था के तहत भारत के तीव्र आर्थिक विकास ने, वर्ग और व्यावसायिकता की मांग दोनों को बदल दिया है। नए सामाजिक समूह मध्यम वर्ग में शामिल होने का प्रयास कर रहे हैं, और मध्यम वर्ग की पहचान को सुरक्षित रखने के लिए कोई भी कदम उठाने के लिए इच्छुक हैं। हालाँकि, शहरी मध्यम-वर्ग के परिवारों की पहचान विभिन्न संस्करणों में खंडित हो गई है, जिनमें से कुछ दूसरों की तुलना में महिलाओं की आजीविका की तरफ झुकाव के उत्कर्ष को बढ़ावा दे रहे हैं। कुछ परिवार अधिक धन और उच्च स्तर की चाह में बेटों के महत्व पर जोर देते हैं। वे अपनी बेटियों को सीमित कर सकते हैं, लेकिन वे ऐसी बहुएं खोजते हैं जिनके पास योग्यता हो, लेकिन ज्यादा महत्वाकांक्षा न हो। अन्य परिवार अपनी बेटियों को ही अपने और उनके लिए एक बड़े संसाधन के रूप में देखते हैं।

इस कहानी के बहुत से भाग हैं, जिनमें आर्थिक, सामाजिक, और सांस्कृतिक परिवर्तनों का सघन मिश्रण है। जिन लड़कियों का मैंने साक्षात्कार लिया उन सभी का जन्म 1988 से

1996 के बीच हुआ था, यानि प्रति स्त्री कम बच्चों के प्रजनन संक्रमण के सबसे तीव्र चरण के बीच। मैं उन चार भिन्न शहरों की तरफ गंभीरता से विचार करती हूँ जो भारत के शहरीकरण की रूपरेखा के विभिन्न तरीकों में उपयुक्त रूप से बैठते हैं। उन दो छोटे शहरों की तुलना करना संभव है, जिनमें सम्मानित और स्थापित पुराने विश्वविद्यालय हैं (इलाहाबाद और वडोदरा), और उन दो बड़े शहरों के बीच की तुलना भी संभव है जिनमें गुणवत्ता और प्रतिष्ठा की विस्तृत विविधता के असंख्य महाविद्यालय और विश्वविद्यालय हैं (मुंबई और बंगलुरु)। इन तुलनाओं में, कुछ महत्वपूर्ण अंतर्दृष्टियां हैं कि आजीविका के लिए शिक्षित होने में युवा महिलाओं के अवसरों में विकास का इतना प्रवेग क्यों है। यह वे शहर हैं जिनमें मैंने अतीत में समय बिताया है और परिवर्तन का एक खुलता हुआ मार्ग देखा है, और जहाँ मेरे बहुत पुराने परिचित थे जिनके अनुभव आज के युवाओं के बिल्कुल विपरीत हैं। यहाँ चुने गए शहर और राज्य भारत के सभी क्षेत्रों का प्रतिनिधित्व करने के लिए नहीं बने हैं। इसमें निहित पश्चिमी, उत्तरी और दक्षिणी क्षेत्रों के बीच किसी न किसी प्रकार का विरोधाभास है, लेकिन यह भारत की क्षेत्रीय विविधता पर सबूत प्रदान करने के लिए पर्याप्त नहीं है। यह युवा महिलाएं, मध्यम-वर्ग या होने वाले मध्यम-वर्ग पृष्ठभूमि की सभी महाविद्यालयीन छात्राओं की प्रतिनिधि होने के लिए नहीं बनी हैं। हालाँकि, साक्षात्कार के कारण कुछ श्रेणियां जांच की सतह पर आती हैं जिनकी रूपरेखा को पूर्व में जांच-पड़ताल के लिए प्रस्तुत नहीं किया गया था।

भारत के शहरीकरण की एक सामान्य रूपरेखा में, यह चार राज्य विभिन्न स्तरों का प्रतिनिधित्व करते हैं। भारत की शहरी आबादी का अनुपात 1961 में 18 प्रतिशत था जो पचास साल बाद 2011 में 31.2 प्रतिशत हो गया। विचाराधीन चार राज्यों में, 2011 में गुजरात की शहरी आबादी 42.6 प्रतिशत थी, कर्नाटक की 38.6 प्रतिशत, महाराष्ट्र की 45.2 प्रतिशत और उत्तर प्रदेश की 22.3 प्रतिशत थी। इनमें से तीन राज्य राष्ट्रीय प्रतिशत से बहुत ज्यादा शहरी थे, जबकि एक बहुत कम था। गुजरात, कर्नाटक, और महाराष्ट्र: इन तीन राज्यों में हुआ शहरी विकास इस बात का गवाह है कि वहां कितना ज़ोरदार विकास हुआ है; उत्तर प्रदेश में हुए शहरी विकास की कमी उत्तरी क्षेत्र के कम विकसित राज्यों के भीतर विकास की कमी की व्यापक स्थिति को दर्शाता है। हालाँकि, इन मानदंडों के भीतर भी हम यह देखते हैं कि इन राज्यों के विश्वविद्यालय की वे युवा महिलाएं जो अपनी आजीविका के लिए पढ़ रही हैं, उनमें बहुत सी आम बातें हैं जिनकी भविष्यवाणी हम केवल इन राज्यों के विकास के स्तर पर आधारित होकर ही कर सकते हैं।

शहरीकरण का पर्याप्त स्तर बतानेवाले इन आंकड़ों के बावजूद भी, भारत का शहरीकरण वास्तव में एक अंतरराष्ट्रीय स्तर के तुलनात्मक संदर्भ में केवल मध्यम गति से ही हो रहा है। अन्य विकासशील देश सीधे तौर पर काफी कुछ कर रहे हैं। ग्रामीण क्षेत्रों से अचानक बड़े पैमाने पर आनेवाले पूंजी प्रवाह से भारत का शहरीकरण नहीं हुआ है; इन बड़े अनुपातों के निर्माण के पीछे दशकों की अभिवृद्धि है। शहरों के बाहर रहनेवाले वे बहुत से लोग जिनकी

शहरी मजदूरी इस लायक है, वे अब शहरों में जाकर रहने की बजाय काम के लिए वहां की यात्रा करते हैं, इसका कारण है अच्छी सड़कें और सार्वजनिक और निजी परिवहन साधनों की उन्नति। वडोदरा से बाहर लगभग 10 कि.मी. की दूरी पर स्थित एक छोटे अनुसंधान संस्थान के एक सहूलियत भरे बिंदु से मैंने देखा कि रोज़ काफी लोग सड़क मार्ग से गाँव से शहर की यात्रा करते थे। पहले की तरह साइकिल और बस से यात्रा करने के साथ ही, अब हमारे पास मोटर स्कूटर भी है, यह गाड़ियाँ गाँवों में बहुत ही व्यापक रूप से फैली हुई हैं, जिसमें प्रत्येक पर दो या तीन व्यक्ति सवार हो सकते हैं, साथ ही बड़े टैक्सी-रिक्शा भी हैं जो प्रति व्यक्ति 10 रु. लेकर आठ से बारह लोगों को शहर तक ले जाते हैं।

शहरी जनसँख्या में वृद्धि प्राकृतिक बढ़ोतरी के कारण भी है, और विवाह के चलते (डायसन 2010) महिलाओं के स्थिर आगमन के कारण भी हो सकती है (यह एक लंबे समय से ज्ञात प्रवासी धारा है)। लेकिन यह शहरी जीवन का बदलता चरित्र है जो कि लेकिन लिंग संबंधों में परिवर्तनों के विचार से तेज़ी से प्रासंगिक है। युवा महिलाएं जो शहरों में ही पली-बढ़ी हैं, या जो शहरों में स्थाई हो गई हैं, वे ग्रामीण लड़कियों या एक पीढ़ी पहले की शहरी महिलाओं से अलग हैं। उनकी शैक्षणिक बनावट के साथ ही उनकी व्यावसायिक बनावट भी भिन्न है। यह भिन्नताएँ हमेशा इतने चरम पर नहीं रहतीं—लेकिन अभी के लिए, वे बहुत ही उल्लेखनीय हैं।

हमने पहले ही भारत में लिंग के आधार पर शिक्षा की भिन्नताओं का अवलोकन किया है। अब हम विशिष्ट स्थानों के संदर्भ में शिक्षा की स्थिति को करीब से देखेंगे। चार शहरों में आमने-सामने पूछताछ की जांच की पृष्ठभूमि के रूप में, मैं राष्ट्रीय और इन विशिष्ट राज्यों के स्तर पर महिलाओं की शिक्षा और देखरेख के कुछ हाल ही के संकेतकों का विचार करती हूँ। साक्षात्कार की गई लड़कियां जिन चार शहरों में रहती थीं, उनके आस-पास के शहरी जिलों पर ध्यान केंद्रित करते हुए, हम महिला साक्षरता और उसकी वृद्धि को पहले तो पुरुष साक्षरता के संदर्भ में और फिर लिंग अनुपात के साथ उसकी विरोधाभासी विरोधता के संबंध में देखते हैं (देखें तालिका 3.3)। हमें साक्षरता में एक लैंगिक अंतर दिखता है जिसमें प्रत्येक मामले में पुरुषों का पक्ष लिया गया है। हालाँकि, पिछली जनगणना के बाद की साक्षरता वृद्धि एक अलग ही तस्वीर दिखाती है। सभी चार राज्यों की महिला साक्षरता में उल्लेखनीय सुधार दिखाई देता है। पुरुषों की साक्षरता वृद्धि की दर कम है, लेकिन महिलाओं के लिए यह बहुत ज्यादा है।

उत्तर प्रदेश में साक्षरता का दर अन्य राज्यों की तुलना में कम है, विशेष रूप से महिलाओं के लिए; पुरुषों में साक्षरता वृद्धि का दर ऊँचा है, लेकिन इसके महिला घटक और भी तेज़ी से बढ़ रहे हैं। गुजरात में साक्षरता ज्यादा है, और इसका महिला भाग तो बहुत ही तेज़ी से बढ़ रहा है। कर्नाटक की महिलाएं भी अपने बीच के अंतर को तेज़ी से कम कर रही हैं। महाराष्ट्र का झुकाव कम है, लेकिन इस राज्य ने शुरुआत ही बहुत ऊँचे स्तर से की थी। इसने किसी

तालिका 3.3

लड़कियां और महिलाएं: उत्तरजीविता और शिक्षा, जनगणना 2011

	जनगणना, दस लाख में	*म/पु लिंग अनुपात*	*म/पु सीएसआर*	*साक्षरता आयु 7+*		*2001 से साक्षरता दर में वृद्धि*	
				पुरुष	*महिला*	*पुरुष*	*महिला*
भारत	1210.193	940	914	82.1	65.5	7.4	20.3
गुजरात	53.175	918	886	87.2	70.7	9.5	22.4
वडोदरा ज़िला	4.158	934	894	87.6	74.4	9.4	22.5
कर्नाटक	61.131	968	943	82.9	68.1	8.8	19.8
बैंगलोर ज़िला	9.589	908	941	91.8	84.8	4.4	9.5
महाराष्ट्र	112.373	899	883	89.8	75.4	4.5	12.6
मुंबई ज़िला	12.479	838	874	90.5	86.0	0.3	5.7
उत्तर प्रदेश	199.581	908	899	79.2	59.3	15.4	18.6
इलाहाबाद ज़िला	1.117	902	902	85	62.7	9.1	16.3

टिप्पणी: यहाँ पर शहरी *जिला* आंकड़े दर्शाए गए हैं। 2011 की शहरी आबादी की कुल संख्या को अगर परिभाषित किया जाए तो, लगभग लाखों में होगी: वडोदरा 1.8, बैंगलोर 8.5, मुंबई 12.5, इलाहाबाद 1.1। सभी आंकड़े भारत की 2011 की जनगणना के हैं। तब तक इस जनगणना में बैंगलोर का नाम बदला नहीं गया था।

भी समूह ने अधिकतम महिला साक्षरता को हासिल किया है। (केवल मुंबई और बैंगलोर में, वृद्धि का दर एकल-अंक के स्तर से कम हुआ है, तालिका में इन्ही शहरों की महिला साक्षरता का दर उच्चतम है, और इसीलिए विकसित होने का अवसर कम है।) पूरे भारत में देखा जाए तो, 2001 से 2011 में केवल दस सालों में, महिला साक्षरता का वृद्धि दर पुरुषों के मुकाबले 20 प्रतिशत से तेज़ है।

यह सारा कुछ लिंग अनुपात के प्रदर्शन के खिलाफ है, समग्र रूप से भी और केवल बच्चों के लिए भी, जो लगभग प्रत्येक शहरी क्षेत्र और दर्शाए गए प्रत्येक राज्य में महिलाओं के लिए अनावश्यक रूप से अस्तित्व की ख़राब संभावनाएं दिखाई गई हैं। यहाँ अपवाद केवल यह है कि कर्नाटक का बाल लिंग अनुपात 943 है जो जन्म के समय के प्राकृतिक लिंग अनुपात के बराबर ही है, और 968 का वयस्क लिंग अनुपात ज्यादा है। अंतरराष्ट्रीय स्तर पर प्राकृतिक अनुपात जन्म लेनेवाली प्रत्येक हज़ार लड़कियों पर 1050 से 1060 लड़कों का है; या जब इसकी गणना भारतीय जनगणना के हिसाब से की जाती है तो सर्वेक्षण का विवरण 943 से 952 लड़कियां प्रति हज़ार लड़के हैं।

हालाँकि यह ध्यान देनेवाली बात है कि बैंगलोर और मुंबई में, 2011 के बाल लिंग अनुपात समग्र लिंग अनुपातों से अच्छे हैं। इस अंतर को युवा बच्चों में लिंग अनुपात के

राष्ट्रीय गिरावट की वर्तमान चर्चा में याद किया जा सकता है (जैसा कि वे तालिका 3.2 में दिखते हैं)। महिला से पुरुष के बाल लिंग अनुपात, हर जगह की ही तरह, इन शहरों में भी नीचे ही जा रहे हैं। लेकिन इन दोनों महानगरों में, बाल अनुपात समग्र अनुपातों जितने कम नहीं हैं; इन स्थानों के समग्र अनुपात 2001 से 2011 के बीच ऊपर ही गए हैं। एक समग्र अनुपात में शामिल होते हैं सभी ऐतिहासिक वर्षों के दौरान, सभी आयु वर्ग की मृत्यु दर के अस्तित्व के परिणाम। एक बाल लिंग अनुपात में केवल शून्य से लेकर छह वर्ष की आयु, और केवल पिछले छह वर्षों का ऐतिहासिक अनुभव शामिल होता है। जनगणना से पिछले कुछ वर्षों पहले, छह साल से अधिक उम्र की लड़कियों का अस्तित्व थोड़ा बेहतर होने के कारण, जब कुल अनुपात ऊपर जाता है तो बाल लिंग अनुपात नीचे आ सकता है। लेकिन अगर बाल लिंग अनुपात समग्र लिंग अनुपात की तुलना में बेहतर दिखता है तो पूरे आत्मविश्वास के साथ यह उम्मीद की जा सकती है कि अगली बार समग्र अनुपात में सुधार होगा। यह पर्यवेक्षण यह सुझाव देते हैं कि बाल मृत्यु दर को विशिष्ट स्थानों में केवल जनगणना के सालों में देखने की बजाय करीबी समय अंतरालों में देखने की ज़रूरत है, ताकि महिलाओं के जीवन के अंतरालों में उभरती हुई प्रवृत्तियों की जांच-पड़ताल की जा सके, और बेटियों के परिवार उनका मूल्यांकन जीवन-मृत्यु के स्तर पर कर सकें।

उन्हीं चार राज्यों की तरफ देखते हुए, हम अब शिक्षा के रुझानों की एक जांच की तरफ बढ़ते हैं जिसने हाल ही के सर्वेक्षणों के द्वारा उपलब्ध विद्यालय और उच्च शिक्षा के नामांकन के आंकड़ों का उपयोग किया है, जिससे शहरी और ग्रामीण युवा लोग संबद्ध हैं (देखें तालिका 3.4 और 3.5)। तालिका 3.4 में, एनएफएचएस-1 और एनएफएचएस-2 सर्वेक्षणों पर आधारित, 1993 और 1999 के आंकड़े हैं जो हमारे द्वारा चुने हुए शहरों में स्थित विद्यालयों में पढ़नेवाली 11–14 आयु वर्ग की शहरी और ग्रामीण छात्राओं के अनुपात दर्शाती है।

तालिका 3.4

11–14 आयु वर्ग की छात्राओं के लिए राज्य और निवास के आधार पर विद्यालय में उपस्थिति, प्रतिशत में

	ग्रामीण			*शहरी*		
राज्य	*1993*	*1999*	*बदलाव*	*1993*	*1999*	*बदलाव*
गुजरात	57.9	54.8	–3.1	78.4	76.5	–1.9
कर्नाटक	46.4	60.7	14.3	72.5	82.9	10.4
महाराष्ट्र	56.2	78.3	22.1	85.1	89.9	4.8
उत्तर प्रदेश	38.2	57.1	18.9	68.4	80.0	11.6
भारत	47.9	61.6	13.7	75.7	82.8	7.1

स्रोत: डायसन, कैस्सेन, और विसारिया 2004: 136–137, एनएफएचएस-1 और एनएफएचएस-2 के द्वारा लिए गए आंकड़े

तालिका 3.5

शिक्षित युवाओं का प्रतिशत, 2010

	कक्षा 1–12 में आयु 6+		*उच्च शिक्षा में आयु 18–23*	
	पुरुष	*महिला*	*पुरुष*	*महिला*
भारत	77.1	76.1	20.8	17.9
गुजरात	76.3	70.9	23.5	18.8
कर्नाटक	78.6	77.8	26.6	24.3
महाराष्ट्र	83.4	80.9	30.7	24.2
उत्तर प्रदेश	69.4	70.4	15.2	17.4

स्रोत: जन सहयोग एवं बाल विकास का राष्ट्रीय संस्थान, 2010; भारत सरकार, मानव संसाधन विकास मंत्रालय, 2011

उच्चतम से लेकर न्यूनतम तक, 1999 में महाराष्ट्र में दाखिला ली हुई शहरी लड़कियों का प्रतिशत 89.9 था, कर्नाटक का 82.9 प्रतिशत, और उत्तर प्रदेश का 80 प्रतिशत, सभी में 1993 के बाद से महत्वपूर्ण वृद्धि हुई थी, जबकि गुजरात में 76.5 का न्यूनतम प्रतिशत था, जो कि पतन दिखा रहा था।[4] यह आंकड़े 1993 के आंकड़ों के विरोधाभास में थे, इनमें गुजरात को छोड़कर अन्य सभी उल्लेखित राज्यों में 1990 के बाद से शहरी लड़कियों की भर्ती में वृद्धि दर्शाई गई थी। उत्तर-दक्षिण आयामों का अंतर दिखाई देता है, दक्षिणी राज्य कर्नाटक में वृद्धि सबसे ज्यादा है।

ज़्यादातर राज्यों में, अपनी ज्यादा से ज्यादा लड़कियों को विद्यालय में भेजकर, परिवार 1990 के आर्थिक प्रोत्साहन पर अपनी प्रतिक्रिया दर्शा रहे थे। ऐसा करने के पीछे की उपयोगिता क्या है? हाल ही में, शक्तिशाली रूप से तब्दील आर्थिक और सामाजिक परिस्थितियों में, महिला शिक्षा ने परिवारों के भीतर प्रचलित लंबे समय से प्रचलित लिंग प्रणाली में तबदीली लाने में बड़ी भूमिका निभाना शुरू कर दिया गया है। और जैसा कि हम आगे जाकर चर्चा करेंगे, इन तब्दीलियों का महिलाओं की पारिवारिक समर्थन संरचनाओं से मतभेद नहीं रहेगा।

तालिका 3.5 में, हम वह आंकड़े देखते हैं जो 2010 से विद्यालय की उपस्थिति के रुझानों को दर्शाते हैं। तालिका 3.4 में दर्शाए गए समय से भी हाल ही के समय में, भारत की

[4] एनएफएचएस में सरकारी और निजी दोनों ही विद्यालयों में भर्ती सभी विद्यार्थी शामिल होते हैं। इसीलिए गुजरात में दर्शाया गया महिला विद्यालय की उपस्थिति का पतन किसी ऐसे सर्वेक्षण पर आधारित नहीं था जिसमें विद्यालयों की कुछ श्रेणियों को छोड़ दिया गया हो।

6–17 आयु वर्ग की सभी लड़कियों में से, 76 प्रतिशत विद्यालय में थी। यह आंकड़े शहरी और ग्रामीण दोनों क्षेत्रों के लिए है, जिसमें आयु वर्ग पहले जांचे गए से अलग था। महाराष्ट्र के लिए, 2010 में विद्यालय में जानेवाले बच्चों की संख्या 81 प्रतिशत थी; कर्नाटक के लिए 78 प्रतिशत, गुजरात के लिए 71 प्रतिशत, और उत्तर प्रदेश के लिए 70 प्रतिशत थी। महाराष्ट्र और गुजरात का प्रतिशत राष्ट्रीय औसत से ज्यादा है; गुजरात और उत्तर प्रदेश का कम है। यह आंकड़े जिनमें शहरी और ग्रामीण दोनों ही क्षेत्र हैं, पहले के वर्षों में तालिका 3.4 में दर्शाए गए शहरी आंकड़ों के खिलाफ अच्छे से खड़े होते हैं।

उच्च शिक्षा में नामांकन का विचार जोड़ने से एक गतिशील परिप्रेक्ष्य का पता चलता है। युवा स्कूली छात्र-छात्राओं के दाखिले का प्रतिशत एक-दूसरे के बहुत समीप है; लेकिन उच्च शिक्षा के विद्यार्थी जो पदवी और अन्य प्रमाण-पत्रों के लिए पढ़ रहे हैं, उनमें लैंगिक अंतर ज्यादा दिखाई देता है। ज़्यादातर भागों में, यह अंतर अपेक्षा के अनुरूप है, जिसमें पुरुष दाखिले महिलाओं से ज्यादा हैं। महाराष्ट्र और कर्नाटक में, 18–23 आयु वर्ग की उच्चतम अनुपात की महिलाएं महाविद्यालयीन छात्राएं हैं, जिसमें बिल्कुल भी आश्चर्य की बात नहीं है क्योंकि इन दो राज्यों में, विकास की तरफ ले जानेवाली आर्थिक वृद्धि के भूमंडलीकृत साधन सबसे ज्यादा हैं। हालाँकि, जो असामान्य है, वह यह है कि उत्तर प्रदेश के महाविद्यालयीन दाखिले अन्य राज्यों की तुलना में बहुत कम हैं, लेकिन विद्यालय और उच्च शिक्षा दोनों में, दाखिलों का लैंगिक अंतर लड़कियों के पक्ष में है। उत्तर प्रदेश में इस प्रकार का लैंगिक विकास उल्लेखनीय है, यहाँ तक कि अप्रत्याशित है। यह निश्चित रूप से काफी अधिक विस्तार से चर्चा के लायक है, जो कि हम अध्याय 5 में करेंगे जब हम उत्तर प्रदेश की कई लड़कियों की व्यक्तिगत कहानियों को जांचेंगे जो अपनी माँ से अधिक शिक्षा प्राप्त कर रही हैं।

मैंने इस अध्याय की शुरुआत इस निरीक्षण से की थी कि मृत्यु दर और प्रजनन क्षमता में संक्रमण एक ऐसी प्रक्रिया है जो दुनिया भर में लगातार हो रही है (हालाँकि कुछ क्षेत्र ऐसे भी हैं जहाँ इसकी प्रगति बहुत कम हुई है या ठप पड़ गई है)। एक वैश्विक शिक्षा संक्रमण, जो पुरुषों की तुलना में महिलाओं के लिए शिक्षा दर को ज्यादा तेज़ी से सुधार रहा है, लगभग समान रूप से अथक विधान में जगह प्राप्त कर रहा है। "लड़कियों की शिक्षा का दर लड़कों से ज्यादा तेज़ी से क्यों बढ़ रहा है?" यह उन महत्वपूर्ण प्रश्नों में से एक है जो हाल ही में विकासशील देशों के किशोरों और युवाओं पर हुई एक बड़ी अनुसंधान परियोजना में सामने रखे गए थे (लॉयड 2005: 147)। इस प्रश्न का आंशिक उत्तर इसी अध्ययन में इस प्रकार के वक्तव्यों के ज़रिये दिया गया था: "युवा महिलाएं और उनके माता-पिता उनके इर्दगिर्द के प्रोत्साहनों का जवाब देते हैं" (2005: 268), और "एक बेटी की बढ़ी हुई आय-अर्जन क्षमता के बारे में यह तर्क दिया जाता है कि यह विवाह स्थगित करने की माता-पिता की

इच्छा का एक मज़बूत मूल कारण है" (2005: 438)। हालाँकि यह खोजें परिवार के ढाँचे के भीतर ही "क्यों" प्रश्नों की तरफ करीब से देखने की ज़रूरत की तरफ इशारा करती हैं।

यह पुस्तक अपने इन चुनिंदा शहरों में, परिवार के सूक्ष्म स्तर पर निम्नलिखित प्रश्नों को संबोधित करने का प्रयास करती है। परिवार अभी कौन से चुनाव कर रहे हैं, और यह चुनाव उन्हीं परिवारों द्वारा अतीत में किये गए चुनावों से किस प्रकार से अलग हैं? क्या बदली हुई परिस्थितियों के दबाव के तहत परिवार की ज़रूरतें बदल जाती हैं? क्या सांस्कृतिक बदलाव नई इच्छाओं या नए दबावों कोअधिक बारीकी से प्रतिबिंबित करते हैं? क्या नई संभावनाएं लड़कियों को अपने मार्ग चुनने की, और परिवारों को उनके चुनाव का समर्थन करने की आज़ादी का निर्माण कर रही हैं? क्या महिला शिक्षा और आजीविका की आकांक्षाओं में बदलाव मुख्य रूप से लिंग संबंधों के बारे में है, या वे वास्तव में उन बड़े मुद्दों के बारे में है जो लिंग को किसी नियम के अंतर्गत करते हैं? अगले अध्याय में, हम शहरों के बीच के अंतर के साथ शुरू करेंगे, जिसमें हम प्रत्येक के भीतर घट रहे पारिवारिक बदलावों को खोजेंगे और उन कारणों को भी जो स्पष्टीकरणों के विस्तार के साथ बदल जाते हैं।

4

शहरों में पेशेवर आकांक्षाएं और शिक्षा

इस अध्याय में, मैं चार भिन्न शहरों के विश्वविद्यालयों और महाविद्यालयों में पढ़नेवाली युवा महिलाओं के लिए गए साक्षात्कार की जांच करुँगी, इन सभी शहरों के विश्वविद्यालय काफी सम्मानित हैं। इस इस बात पर प्रकाश डालने का प्रयास करुँगी कि किस प्रकार इन शहरों और इन विश्वविद्यालयों का इतिहास और संस्कृति, और वहां रहनेवाले परिवारों और वहां महाविद्यालय में जानेवाली लड़कियों की जीवन गाथा, आपस में एक-दूसरे के साथ गुंथ गई हैं। यह अध्याय इस बात की जांच करता है कि ऐसे संस्थानों की उपलब्धता ने किस प्रकार से इन शहरों में रहनेवाले माता-पिता और बेटियों के विकल्पों को प्रभावित किया है, और किस प्रकार से महिला पेशेवर होने (व्यावसायिकता) के विचार इन स्थानों में बसेरा करने आ गए हैं। मैं प्रत्येक शहर की कुछ अनूठी सांस्कृतिक विशिष्टताओं का चित्रण करती हूँ, और इस बात का वर्णन करती हूँ कि कैसे कुछ प्रकार के विश्वविद्यालयों ने एक शहर से सन्निहित संस्कृति को रंग दिया है। प्रत्येक शहर और उसके विश्वविद्यालयों द्वारा लिंग पहचान के बदलाव को सुगम बनाने की प्रक्रिया को जांचते हुए, मैं कुछ छात्राओं की कहानियों की तरफ मुड़ती हूँ, और यह प्रतिबिंबित करती हूँ कि किस प्रकार उनके विचारों को इन शहरी संस्कृतियों के पहलुओं में एक खिड़की की तरह प्रयोग किया जा सकता है।

शहर और उनके विश्वविद्यालयों की संस्कृति

विभिन्न शहरों के बीच की समानताएं एक-दूसरे को काटती हैं। बंगलुरु और वडोदरा (जो कि पहले बैंगलोर और बड़ोदा कहलाते थे) भारत की दो सबसे बड़ी और प्रगतिशील रियासतों, मैसूर और बड़ोदा के केंद्रीय शहरी स्थान थे। यह दोनों ही शहर आर्थिक परिवर्तन

के तेज़ी से बढ़ते केंद्र हैं। इस समानता को काटनेवाली तुलना अलग है, जो दो विभिन्न जोड़ियों से मिलकर बनी है। वडोदरा (जिसकी 2011 की आबादी 18 लाख थी) और इलाहाबाद (11 लाख) बाकी दोनों की तुलना में छोटे शहर हैं। प्रत्येक में, एक महत्वपूर्ण विश्वविद्यालय का बोलबाला लंबे समय से है और आगे भी जारी रहेगा। दूसरी तरफ, मुंबई (1.25 करोड़) और बंगलुरु (85 लाख) दोनों ही अत्यधिक भूमंडलीकृत महानगर हैं, जिनमें हर प्रकार और स्तर के उच्च शिक्षा के संस्थान, महाविद्यालयों और विश्वविद्यालयों की बहुलता है, और अत्यधिक प्रतिष्ठित अनुसंधान संस्थान भी हैं।

मैंने जिन विश्वविद्यालयों में दौरे किए उनमें से अधिकांश सार्वजनिक, सरकार द्वारा प्रायोजित संस्थान थे, जो विश्वविद्यालय अनुदान आयोग द्वारा स्थापित नियमों का पालन करते थे। वे भले ही भारत के सांस्कृतिक रूप से विषम क्षेत्रों में स्थित थे, लेकिन वे उस विषय में समान है, जिसका मेरी कुछ लड़कियों पर आम महत्वपूर्ण प्रभाव पड़ता है। हालाँकि, प्रत्येक विश्वविद्यालय या महाविद्यालय और उसके आसपास के शहर का चरित्रप्रत्येक मामले में अद्वितीय है।

इलाहाबाद विश्वविद्यालय भारत के सबसे पुराने अंग्रेज़ी माध्यम के विश्वविद्यालयों में से एक है, जिसकी स्थापना 1887 में शाही ब्रिटिश सरकार के आशीर्वाद के साथ हुई थी। इसकी बहुत सी इमारतें 19वीं सदी की शाही शैली में है, और इसका मानविकी विभाग उन्ही पुरानी संरचनाओं का प्रयोग करता है। वहां सुंदरता और क्षय के साथ-साथ, परंपरा और चरित्र का भी माहौल है। विधि विद्यालय हालाँकि नई सुविधाओं में स्थित है, लेकिन इसमें भी परंपरा, चरित्र, और उच्च स्तर की हवा बहती है। इलाहाबाद विश्वविद्यालय की जिन छात्राओं का मैंने साक्षात्कार लिया वे मानविकी या विधि शाखा में थीं, और हर एक के अंदर यह भावना थी कि वे किस्मतवाली हैं जो इलाहाबाद विश्वविद्यालय में पढ़ रही हैं। एक बिहार से विधि की पढ़ाई करने इलाहाबाद विश्वविद्यालय में आई थी, और उसने कहा कि इलाहाबाद विश्वविद्यालय और दिल्ली विश्वविद्यालय में देश के दो शीर्ष विधि विद्यालय हैं।[1] अन्य विद्यार्थियों ने कहा कि जो लोग भारतीय प्रशासनिक सेवा (आईएएस) में जाना चाहते हैं, उनके लिए यह विश्वविद्यालय पढ़ने की शीर्ष जगहों में से एक है।

इस शहर का मुख्य चिह्न ही है एक बड़ा सैन्य अड्डा जिसमें एक बड़ा छावनी क्षेत्र भी है, जो बहुत ही परंपरागत और लंबे समय से चला आ रहा है। शहर के अन्य भागों में भी महाविद्यालय हैं, जिनमें से ज़्यादातर इलाहाबाद विश्वविद्यालय के घटक महाविद्यालय हैं,

---

[1] यह छात्रा, जिसकी माँ का उच्चस्तरीय करियर था, इस पुस्तक के मुख्य अध्ययन के लिए चुनी गई छात्राओं के समूह में नहीं है। प्रत्येक शहर में लिए गए कुछ साक्षात्कार अपात्र निकले, इनका उपयोग केवल जानकारी प्रदान करने के लिए किया गया है और कहीं नहीं।

लेकिन मुख्य विश्वविद्यालय छावनी के बहुत पास है। सेना की यह उपस्थिति इस जगह की बसी-बसाई परंपरा के माहौल में इजाफा करती है। हवाई अड्डा भी एक सैन्य हवाई अड्डा है, जो आंशिक रूप से घरेलू सेवा क्षेत्र के लिए है। शहर में बगीचे और संग्रहालय हैं, जिनमें से सबसे अच्छा नेहरू परिवार का ऐतिहासिक घर है। लेकिन एक ऐसे शहर के रूप में जिसमें लोग रहना और बसना चाहेंगे, इस शहर में उन सुविधाओं का अभाव है तो युवा लोगों को आकर्षित करती हैं। विशेष रूप से, लड़कियों को यह एहसास है कि उन्हें ज्यादा आज़ादी या सुरक्षा नहीं मिलेगी। बहुत सी छात्राएं घरों में रहती हैं, जबकि अन्य महिला छात्रावास के एक पूर्ण संलग्न परिसर में रहती हैं। इस प्रकार के माहौल में, ऐसी छात्राओं का होना आश्चर्यजनक नहीं था जो पढ़ाई के प्रति गंभीर तो थीं, लेकिन साथ ही उस दिन के बारे में भी सपना देखती थीं जब वे कहीं और जाकर रह सकेंगी।

मुंबई में, मेरा कार्य ज़्यादातर एसएनडीटी महिला विश्वविद्यालय के जुहू परिसर में होता था। एसएनडीटी की शुरुआत 1916 में हुई। महिलाओं के लिए इस स्वायत्त विश्वविद्यालय की स्थापना पुणे में समाज सुधारक डी.एन. कर्वे द्वारा की गई, और बाद में इसे धनी ठाकरसी परिवार के प्रमुख द्वारा मज़बूत वित्तीय सहायता प्रदान की गई, जिन्होंने अपनी माँ के नाम पर इसका नाम रखा। 1936 में, इसका मुख्यालय मुंबई में स्थानांतरित कर दिया गया। महिलाओं की शिक्षा के लिए विशेष रूप से समर्पित एक सार्वजनिक विश्वविद्यालय के रूप में, यह इस कारण के एक वीरतापूर्ण संघर्ष के यादगार माहौल में भाग लेता है, जिसमें 19वीं सदी के उत्तरार्ध और 20वीं सदी के पूर्वार्ध के बहुत से महान पुरुषों और महिलाओं के बड़े चित्र प्रदर्शित किये गए हैं। इसकी इमारतें आडंबरहीन और उपयोगितावादी हैं। इसके शिक्षकों में महिलाएं और पुरुष दोनों ही शामिल हैं, लेकिन यह मुख्य रूप से महिलाओं के लिए है। इसकी छात्र जनसँख्या भारत के कई भागों और कई प्रकार की पृष्ठभूमियों का बहुत ही विविध प्रतिनिधित्व करती है।

इस विश्वविद्यालय के जुहू परिसर के शांत मैदान के चारों ओर का मुंबई शहर एक बहुत ही हलचल-भरा स्थान है, जिसमें अपने व्यस्त मार्गों से गुजरते हुए बहुत से सार्वजनिक परिवहन हैं, आसपास घूमने की, खाने-पीने की बहुत सी दुकानें हैं। बहुत सी लड़कियां, दूर या पास स्थित, अपने घरों या रहने की जगहों से कक्षाओं में पढ़ने आती हैं। मुंबई एक बहुत सी बड़ा, वैश्विक महानगर है, लेकिन जिसके विशिष्ट आस-पड़ोस का खुद का एक शक्तिशाली निश्चित चरित्र है। इस वातावरण में, हम ऐसी बहुत सी लड़कियों को देख सकते हैं जो अपने भविष्य की आजीविका को इसी शहर में विकसित होते देखना चाहती हैं, जो या तो अपने विभिन्न इलाकों की ओर लौटना चाहती हैं या फिर शहर के व्यापक रूप से फैले वाणिज्यिक क्षेत्रों में काम करना चाहती हैं। ऐसी युवा महिलाएं भी हैं जो बाहर से हैं, किराये के मकानों में रहती हैं और महाविद्यालय में जाती हैं, जिन्हें उम्मीद है कि उन्हें या तो

मुंबई में ही या फिर उनके क्षेत्र में नौकरी मिल जाएगी। वे दो विभाग जिनमें मैंने साक्षात्कार लिया वे थे शिक्षा का विस्तार और प्रबंधन।

एसएनडीटी का प्रबंधन कार्यक्रम जानकी देवी बजाज प्रबंधन अध्ययन संस्थान के नाम से जाना जाता है। एक बजाज संस्थान उपनगरीय मुंबई में है जो मुंबई के प्रबंधन अध्ययन के संस्थानों में पहले स्थान पर है, और जो निजी और महंगा है; एसएनडीटी के संस्थान का स्थान तीसरा है, और यह सार्वजनिक और सस्ता है। विद्यार्थी इस तथ्य से प्रभावित हैं कि उनकी योग्यता के साथ सम्माननीय बजाज नाम जुड़ेगा। मैंने कुछ छात्राओं का साक्षात्कार लिया जिनका परिचय मुंबई विश्वविद्यालय से संबद्ध एक महाविद्यालय के समाजशास्त्रविभाग के एक प्राध्यापक ने कराया।

वडोदरा, जो अभी भी अक्सर अपने पुराने नाम, बड़ोदा के नाम से जाना जाता है, गुजरात का तीसरा सबसे बड़ा शहर है। दिल्ली और मुंबई को जोडनेवाला रेल मार्ग और राष्ट्रीय राजमार्ग इस शहर से होकर गुजरता है, जिसकी आबादी 2011 में लगभग 18 लाख थी। यह पूर्व की मराठा गायकवाड़ राजवंशका केंद्र था, जो बड़ोदा रियासत पर राज्य करते हुए आज के संयुक्तगुजरात राज्य के एक बहुत बड़े भाग पर शासन करती थी। बड़ोदा में स्थित महाराज सयाजीराव विश्वविद्यालय गुजरात का सबसे बड़ा और इकलौता विश्वविद्यालय है, जहाँ निर्देश का माध्यम अंग्रेज़ी है। बड़ोदा के महाराज सयाजीराव विश्वविद्यालय का जन्म 1881 में बड़ोदा के महाराज, सर सयाजीराव गायकवाड़ तृतीय द्वारा बड़ोदा महाविद्यालय की स्थापना से हुआ। इस महाविद्यालय का बाद में विस्तार करके इसे विश्वविद्यालय बनाया गया जिसे 1949 में उनका नाम दिया गया।

वडोदरा की संस्कृति और उसका विश्वविद्यालय एक दूसरे से मजबूती से बंधे हुए हैं। गुजरात का सबसे बड़ा और इकलौता अंग्रेजी माध्यम का विश्वविद्यालय होने के कारण, महाराज सयाजीराव विश्वविद्यालय एक रूढ़िवादी राज्य में शैक्षिक और सांस्कृतिक विश्वबंधुत्व का एक द्वीप प्रदान करता है। 1948 से 1956 तक, एक प्रतिष्ठित महिला, हंसा मेहता, उल्लेखनीय रूप से इस विश्वविद्यालय की कुलपति थीं। वे पहले एसएनडीटी विश्वविद्यालय की भी कुलपति रह चुकी थीं।

वे महाराज के प्रधानमंत्री (या दीवान) की बेटी थीं, और वे बड़ोदा की उन बहुत कम लड़कियों में शामिल थीं जिन्होंने उच्च माध्यमिक विद्यालय पूर्ण करके महाविद्यालय में प्रवेश लिया था। वे इंग्लैंड गयीं, जहाँ पर उनकी मित्रता सरोजिनी नायडू से हुई और घर लौटकर वे स्वतंत्रता आंदोलन की सबसे उग्रवादी अवधि में कार्यकर्ता बन गयीं। वे 1945 में अखिल भारतीय महिला सम्मलेन की अध्यक्ष बनीं और भारतीय महिलाओं के अधिकारों के लिए घोषणापत्र बनाने में मदद की। उसके बाद वे संयुक्त राष्ट्र मानवाधिकार आयोग की सदस्य बनीं और एलेअनोर रूज़वेल्ट के साथ मिलकर मानव अधिकारों की सार्वभौम घोषणा की रूपरेखा बनाने में मदद की, उन्होंने इस बात पर जोर दिया कि यह "सभी मानवों"

को संबोधित होना चाहिए न कि "सभी पुरुषों" को। वे संविधान सभा का हिस्सा बनीं, जिसने भारत के संविधान का मसौदा तैयार किया।

मेहता का लेखन और भाषणों का संग्रह *इंडियन वीमेन* (1981) के शीर्षक के तहत प्रकाशित हुआ, जिसमें उन्होंने गृहविज्ञान के बारे में बहुत कुछ कहा है, यह एक ऐसा अकादमिक विषय क्षेत्र था जिसमें उन्हें प्रवीणता हासिल थी और दरअसल उन्होंने ही महाराज सयाजीराव विश्वविद्यालय में गृहविज्ञान संकाय की स्थापना का बीड़ा उठाया। अपनी प्रतिभाशाली और अंतर्राष्ट्रवादी जीवन की कहानी के विपरीत, इस विषय पर उनके लेखन ने उस पारंपरिक धारणा को बरक़रार रखा कि महाविद्यालय में शिक्षित ज़्यादातर महिलाओं की एक पढ़ी-लिखी गृहिणी के तौर पर संभावित भूमिकाएँ क्या होंगी। बेशक, जब वे महाराज सयाजीराव विश्वविद्यालय की कुलपति बनीं, तब उन्होंने खुद ही यह कहा कि भारत की 20 करोड़ महिलाओं में से केवल 2 प्रतिशत ही शिक्षित हैं (1981: 33)। हालाँकि, अपने लेखन में उन्होंने इस प्रोत्साहन के संकेत दिए कि किस प्रकार महिलाएं आजीविका के एक क्षेत्र के रूप में गृहविज्ञान को अपना सकती हैं।

मैंने महाराज सयाजीराव विश्वविद्यालय के गृहविज्ञान संकाय, जिसे अब परिवार और समुदाय विज्ञान का संकाय कहा जाता है, में पढ़नेवाली कुछ आजीविका-केंद्रित स्नातकोत्तर छात्राओं का साक्षात्कार लिया। यह युवा महिलाएं उन क्षेत्रों में नए अनुसंधान के विषयों पर काम कर रही थीं जिनमें वर्तमान युग में उनके लिए पेशेवर पहचान प्रदान करने की पकड़ थी। मैंने कला संकाय के संग्रहालय विज्ञान विभाग की छात्राओं का भी साक्षात्कार लिया, जिनकी योजना संग्रहालय में काम करने की थी।

बड़ोदा उन पांच रियासतों में से एक था जिन्हें ब्रिटिश राज के अंतर्गत 21 तोपों की सलामी की योग्यता पाने जितना बड़ा समझा जाता था; मैसूर दूसरी ऐसी रियासत थी। बड़ोदा के गायकवाड़ महाराज और मैसूर के वोडेयर महाराज दोनों ही ब्रिटिश प्रणाली में अप्रत्यक्ष शासन के सुनहरे उदाहरणों के रूप में देखे जाते थे, जिन्हें ब्रिटिश संरक्षण के तहत कार्यालय के लिए प्रगतिशील, आधुनिक, सुधारक विचारों के शासकों के रूप में घोषित किया गया था। जिस प्रकार बड़ोदा के महाराज ने अपने नाम के विश्वविद्यालय का बीज बोने में महत्वपूर्ण भूमिका निभाई थी, उसी प्रकार मैसूर के शासक ने 1916 में मैसूर विश्वविद्यालय की स्थापना की। बैंगलोर का केंद्रीय महाविद्यालय जो पहले मद्रास विश्वविद्यालय का भाग था, वह रियासत के तत्वावधान में इस नए विश्वविद्यालय का एक विकेन्द्रीकृत हिस्सा बन गया।

बेंगलुरु भारत का सबसे तेज़ी से बढ़ता शहर है, जिसकी आबादी 1951 में 8 लाख से बढ़कर 2011 में 85 लाख हो गई है। यह भारत का पांचवा सबसे बड़ा शहर है, इसकी औद्योगिक और वाणिज्यिक विकास की गति देश में अप्रतिम है। पिछले 25 वर्षों में, बेंगलुरू अंतरराष्ट्रीय आउटसोर्सिंग (बाहरी स्रोत से सेवाएँ प्राप्त करना) के एक प्रमुख केंद्र

के रूप में उभरा है। सॉफ्टवेयर और आईटी सेवा कारोबार को आकर्षित करने की अपनी सफलता के कारण इसे भारत की सिलिकॉन वैली के नाम से भी जाना जाता है। संयुक्त राष्ट्र की 2001 की मानव विकास रिपोर्ट ने इसे तकनीकी नवाचार के अग्रणी वैश्विक केन्द्रों में से एक के रूप में मान्यता दी है।

हमने अपने पिछले अध्ययन के लिए बेंगलुरु विश्वविद्यालय में अनुसंधान नहीं किया था (क्लार्क और शेखर 2007)। इसके बजाय, कुछ युवा महिलाओं का साक्षात्कार लिया था जो वित्त और अंतर्राष्ट्रीय प्रबंधन संस्थान (आईएफआईएम) में पढ़ रही थीं, यह एक निजी स्नातकोत्तर प्रबंधन विद्यालय है जो इस विशाल शहर के एक किनारे पर उच्च तकनीकी वातावरण में स्थित है। यह एक आधुनिक और आकर्षक निजी संस्था है, जो प्रसिद्ध इनफ़ोसिस निगम के परिसर के पास में स्थित है। एक निजी प्रबंधन विद्यालय होने के कारण, यह महंगा है, और जिन विद्यार्थियों से मैं वहां मिली, उन सबके पास या तो स्वयं के संसाधन थे, या फिर वे वहां पढ़ने के लिए बड़े ऋण ले सकते थे। हालाँकि, मैसूर रियासत के हिस्से के रूप मेंबेंगलुरू की पृष्ठभूमि से, इस संस्था के अस्तित्व के तथ्य असंतत नहीं है। शाही शासन के दौरान एक उल्लेखनीय प्रशासक के रूप में बेंगलुरू ने पहली बार विज्ञान और प्रौद्योगिकी के क्षेत्र में गहरा निवेश किया (हेइत्ज़्मन 2005)। विज्ञान और प्रौद्योगिकी के एक चुंबक के रूप में यह शहर उद्यम और व्यावसायिक शिक्षा का एक बड़ा केंद्र बन गया है।

नमूना

आजीविका-केंद्रित महाविद्यालयीन छात्राओं का नमूना लिया गया, जो कि इस अध्ययन की आधारशिला है, कुछ विशेष आवश्यकताओं को छोड़कर, अत्यधिक अप्रतिनिधिक है। मैंने शुरुआत की प्रत्येक शहर में उन प्राध्यापकों से संपर्क करके जिन्हें या तो मैं जानती थी या जिनसे मेरा परिचय करवाया गया था, और मैंने उनसे अनुरोध किया कि वे ऐसे विद्यार्थियों की सिफारिश करें, जो उनकी नज़र में आजीवन नौकरी करने के लिए प्रतिबद्ध हैं, जबकि उनकी माओं ने ऐसा नहीं किया था। इससे मैं 2013–2014 के मेरे अनुसंधान के दौरान इलाहाबाद, मुंबई, और वडोदरा के विश्वविद्यालयों और महाविद्यालयों में पढ़नेवाली उन युवा महिलाओं का साक्षात्कार ले पायी जो स्नातक या स्नातकोत्तर कर रही थीं। बेंगलुरु में 2005 में किये गए मेरे साक्षात्कारों ने इसे पूरकता प्रदान की। अधिकांश लड़कियों ने मेरी उस योग्यता को पूरा किया जिसमें मैं उन माताओं को चाहती थी जिन्होंने नौकरी नहीं की थी। कुछ मामलों में, साक्षात्कार के बीच में मुझे पता चलता था कि इस मापदंड को पूरा नहीं किया जा रहा है (इसका आवश्यकतानुसार उल्लेख किया गया है)।

विचाराधीन शहरों और विश्वविद्यालयों की अधिक घनिष्ठ सांस्कृतिक रूपरेखा उपलब्ध कराने के बाद, मैं खुद उन साक्षात्कारों से सांस्कृतिक रूपरेखा के बारे में कुछ विचार प्राप्त करने का प्रयास कर रही हूँ। मैं इस बात पर बराबर जोर देती हूँ कि यह नमूना न तो नृवंशविज्ञान है और न ही इन शहरों और विश्वविद्यालयों में लिंग संबंधों के संदर्भ में कोई वैज्ञानिक प्रतिनिधित्व है, फिर भी यहाँ क्या प्रकट होता है यह जानने के लिए मैं थोड़ी छूट की अनुमति प्रदान करती हूँ। इस अध्याय में, जिसने शिक्षा और व्यावसायिकता (पेशेवर होना) के भूगोल पर ध्यान केंद्रित किया है, मैं साक्षात्कार ली हुई लड़कियों की कहानियां सुनाने की प्रक्रिया का भी आरंभ करती हूँ, एक ऐसी प्रक्रिया जिसने इस पुस्तक को आसरा दिया है।

कई प्रकार की कहानियां हैं जिनका सामना इन चार शहरों में पढनेवाली युवा महिलाओं कर रही हैं, वे कहानियां जो लिंग संबंधों के मुद्दों का चित्रण करती हैं। एक कहानी एक युवा महिला के दृष्टिकोण से ग्रामीण जीवन और एक शिक्षित पेशे के बीच खड़ी ढाल को उजागर करती है, एक ऐसी महिला जो अपने पिता की इच्छा के खिलाफ अपना जीवन आजीविका को समर्पित करना चाहती है। दूसरे प्रकार की कहानी युवा महिलाओं (और कई बार उनके पूरे परिवारों) के बारे में है जो दूसरे शहरों से इन शहरों में पढ़ने के लिए आती हैं। कहानियों में एक तीसरा विषय इस बारे में है कि क्या आजीविका-केंद्रित लड़कियां यह मानती हैं कि आगे आनेवाले सालों में उनके होनेवाले सास-ससुर उन्हें काम करने दे या नहीं, और कैसे कोई विशिष्ट शहर इस धारणा को प्रभावित करता है।

हैरत की बात यह थी कि मैं जिन आजीविका-उन्मुख (करियर ओरिएंटेड) युवा महिलाओं से मिली, उनके द्वारा वांछित व्यवसायों का विस्तार अनूठा और विविध था। जिन व्यवसायों की वे आंकाक्षा करती थीं, उनमें फैशन डिज़ाइनर से लेकर दर्शनशास्त्र के प्राध्यापक से लेकर ग्रामीण प्रबंधक, और वकील से लेकर रसोई योजनाकार, और शिक्षक, सामाजिक ज़िम्मेदारी अधिकारी, आदिवासी वस्त्र का शोधकर्ता, विपणन या वित्त निदेशक, संग्रहालय रक्षक, और भारतीय प्रशासनिक सेवा में अधिकारी बनना शामिल था। आज विश्वविद्यालयों में पढ़नेवाली युवा महिलाओं द्वारा इतनी विस्तृत सीमा की आजीविकाओं की कल्पना और योजना करने के इस तथ्य का विश्लेषण अधिक विस्तार से इस पुस्तक में बाद में किया जाएगा; लेकिन अभी के लिए, यह तथ्य अतीत से परिवर्तन के एक ज्वलंत निशान के रूप में उभरा है। अब महिलाओं की आजीविका केवल शिक्षण और सरकारी नौकरी तक ही सीमित नहीं है। और न ही महाविद्यालयीन शिक्षा का उद्देश्य उन्हें केवल घर संभालने के लिए तैयार करना है। लड़कियों द्वारा विचार की गयीं आजीविका की संभावनाओं की सीमा ठहराने के कई कारक अब ढीले पड़ गए हैं। मैं इस विस्तार में योगदान देनेवाले परिवार के भीतरी कारकों पर बारीकी से ध्यान केंद्रित करती हूँ, और साथ ही

व्यापक और अधिक बहुआयामी संदर्भों की तरफ भी नज़रअंदाज़ नहीं करती हूँ। मैं यह भी पूछती हूँ कि उन युवा महिलाओं के लिए जो सक्रिय रूप से पेशेवर बनना चाहती हैं, उनके लिए पेशेवर होने का क्या मतलब है।

गाँव की पृष्ठभूमि

कुल 36 युवा महिलाएं थीं, जिनमें से प्रत्येक इन चार शहरों में से एक के महाविद्यालय या विश्वविद्यालय में पढ़ रही थीं, और यह मेरे साक्षात्कार के उस मापदंड को भी पूरा करती थीं कि उनकी माएं काम नहीं करती थीं।[2] इनमें से केवल तीन ही सीधे-सीधे गाँव की पृष्ठभूमि से आती थीं, ऐसी पृष्ठभूमि जो युवा महिलाओं के रास्ते में विशेष बाधाएं प्रस्तुत करती थी। दूसरी महिलाओं के परिवारों की जड़ें अतीत में गाँव में थीं: इनमें से कुछ परिवारों के पास अभी भी गाँव में ज़मीन थी जिसका संचालन रिश्तेदार करते थे। लेकिन एक लड़की का खुद से गाँव से शहर में विश्वविद्यालय में पढ़ने के लिए आने से परिवार को ऐसे संघर्षों का सामना करना पड़ता था जो कि प्रवासी परिवारों की बेटियों को नहीं करना पड़ता था। रीता ने ऐसा ही एक उदाहरण प्रस्तुत किया।

इलाहाबाद में रीता। रीता के माता-पिता उत्तर प्रदेश के एक गाँव में रहते हैं, जहाँ उसके पिता एक किसान हैं। उसने इस पृष्ठभूमि से ऊपर आने के लिए कठोर चढ़ाई चढ़ी है, और वह लगभग स्वतंत्र ही है। जब हम उससे मिले तक वह 20 साल की थी और इलाहाबाद विश्वविद्यालय के ग्रामीण विकास कार्यक्रम के एमबीए कार्यक्रम के प्रथम वर्ष में थी। वह अन्य पिछड़े वर्ग श्रेणी (ओबीसी) के अंतर्गत एक जाति से संबंध रखती थी।[3] वह बताती है,

> मैं कानपुर ज़िले के एक छोटे गाँव से ताल्लुक रखती हूँ, जहाँ कोई सुविधाएँ नहीं हैं। मैं गाँवों का और ज्यादा विकास करना चाहती हूँ।
>
> मैं अपने छह किलोमीटर दूर स्थित विद्यालय में साइकिल पर जाती थी। इंटर की परीक्षा उत्तीर्ण करने के बाद, मैं कानपुर चली गई। मैंने एक सहपाठी के साथ एक कमरा किराये पर लिया और तीन साल वहां बिताए। मेरे माता-पिता इसके विरोध में थे, ख़ासकर मेरे पिता, हालाँकि मेरी माँ अधिक सहयोगी थी। मैंने जेबखर्च के लिए ट्यूशन पढ़ाई।

---

2 दूसरों को प्रासंगिक तौर पर पूरक मायनों में उपयोग किया जाता है।

3 "तुम्हारी जाति क्या है?", मैंने अपने इस के उत्तरों को अधिक स्पष्ट जानकारी का दबाव बनाए बिना स्वीकार किया और पाया कि कई लड़कियों ने सामान्य श्रेणियों को प्राथमिकता दी और उनमें से कई को अपनी विशिष्ट जाति की जानकारी नहीं थी। जब मैं उनके माता-पिता से मिल पाई तो यह बात उनपर लागू नहीं हुई।

> मेरी एक बड़ी बहन और एक छोटा भाई है। मैं बीच की हूँ। मेरी बहन एक शिक्षिका है। मेरी माँ ने मेरे पिता को समझाया, और उन्होंने लड़कियों की शिक्षा के लिए ऋण लिया। मेरी नौकरी लग जाने के बाद मैं उसे चुका दूंगी। मेरे पिता 50 वर्ष के हैं और 12वीं कक्षा तक पढ़े हैं। मेरी माँ 45 वर्ष की हैं और राजनीति विज्ञान में स्नातक (बीए) हैं। वे नौकरी करना चाहती थीं, लेकिन मेरे पिता और दादा-दादी हमारे क्षेत्र के ज़मींदार थे, इसीलिए उन्होंने नौकरी नहीं की। ज़मींदारों की समाज में बहुत मज़बूत स्थिति होती है। मेरे नानाजी, जो एक उप जिला वकील थे, वे इसी स्थिति को देखकर प्रभावित हुए और मेरी माँ का विवाह तय कर दिया।

यहाँ माता और पिता के बीच का शैक्षणिक विरोधाभास बहुत तीव्रता से बीच में खड़ा था, और तीन बच्चों की परिस्थितियों के बीच की विसंगतियों को रेखांकित कर रहा था।

> जब मेरा जन्म हुआ तो मेरे माता-पिता निराश हुए क्योंकि मैं एक लड़की थी। मेरी उपेक्षा की गई, इसीलिए मैं ऐसी दृढ़-निश्चयी बन गई। मेरी बड़ी बहन के सपने मेरे जितने बड़े नहीं हैं। वह अपनी आजीविका और अपने जीवन के साथ समझौता कर सकती है। वह 25 साल की है, और मेरे माता-पिता अगले साल उसका विवाह करने की योजना बना रहे हैं। मेरे छोटे भाई को हमारी 14 एकड़ की ज़मीन मिल सकती है और वह उसे किराए पर दे सकता है। मुझे नहीं लगता कि मेरे पिता अपने कार्य को पसंद करते हैं। मेरा भाई कोई अलग आजीविका अपनाना चाहता है।

इस पारिवारिक तनाव में मां की अजीब स्थिति में समझाया गया था, एक शिक्षित महिला जिसका विवाह एक कम-पढ़े व्यक्ति से कर दिया गया था: एक महिला जो नौकरी करना चाहती थी और इसकी बजाय, एक उच्च-शिक्षित पिता की आज्ञा से, वह गाँव में रहनेवाले एक ज़मींदार की पत्नी बन जाती है। एक स्नातक बेटी का एक 12वीं उत्तीर्ण पुरुष के साथ विवाह तय कर देना, माता-पिता की पहले की पीढ़ी में, लिंग के संदर्भ में जाति और स्तर के बर्ताव को चिन्हित करता था। वह आंतरिक संघर्ष जो रीता की महत्वाकांक्षा के कारण माँ में हुआ, उसकी अच्छी तरह से कल्पना की जा सकती है। अवांछित होने की लड़की की भावना, उस माँ के संघर्षों पर मर्मभेदी प्रकाश डालता है जो उस परिवार की संस्कृति की घिसीपिटी उम्मीदों पर खरा उतरना चाहती थी जिस परिवार में उसका विवाह हुआ था। यह जानना दिलचस्प था कि बड़ी बहन की खुद के लिए महत्वाकांक्षा ज्यादा नहीं थी, लेकिन फिर भी वह अपनी छोटी बहन के लक्ष्य और उपलब्धियों का मजबूती से साथ दे रही थी।

> जब मुझे 12वीं कक्षा में शीर्ष स्थान मिला, तब मेरे पिता ने फैसला किया कि और शिक्षा प्रदान करना ठीक है। मुझे कानपुर के एक महाविद्यालय में प्रवेश मिल गया और वहां बसने में मेरी बहन ने मेरी मदद की। दो सालों के लिए, मैं एक सहपाठी के साथ रहती थी और

> मेरे आखिरी साल में मैं अपनी बहन के साथ रही। फिर वह इस स्नातकोत्तर कार्यक्रम के आवेदन और साक्षात्कार के लिए मेरे साथ इलाहाबाद आई। मेरे पिता बहुत विरोध में थे। इसीलिए मैंने फिर से घर छोड़ दिया, एक छात्रावास में गई और कहा, "ठीक है, मैं नौकरी करुँगी और अगले साल अपनी बचत के पैसों में से इस एमबीए कार्यक्रम में दाखिला लूंगी।" मैं एक हफ्ते के लिए रही और फिर वे नरम पड़े। मुझे यह कठिन प्रवेश मिल गया।

उसकी गर्वीली अवज्ञा मज़बूत दिख रही थी। साथ ही अपनी बहन की सराहना, और विवाह के मामले में अपने माता-पिता की न सुनने का उसका दृढ़-निश्चय भी साफ़ दिख रहा था।

> नौकरी मिलने के चार साल बाद मैं पहली बार विवाह के लिए तैयार होऊंगी। मेरा एमबीए कार्यक्रम दो साल का है, और फिर मेरे भाई को भी मुझसे शैक्षिक सहायता चाहिए होगी। वह 14 साल है, 10वीं कक्षा में है, और बी.टेक. तक उसे छह या सात साल की शिक्षा की और ज़रूरत होगी। मैं जिससे विवाह करना चाहती हूँ उसी से विवाह करूंगी—यह किसी की भी जिंदगी का सबसे महत्वपूर्ण निर्णय होता है।

वह एक युवा पुरुष से प्रेम करती है जो इन सब सालों तक उसका इंतज़ार करने के लिए तैयार है। वह और उसके माता-पिता उसी प्रकार के परिवार से हैं, जिनके साथ रहना वह पसंद करेगी। जब वह आर्थिक रूप से स्वतंत्र हो जाएगी तब वह अपने परिवार को अपने निर्णय के बारे में बताएगी, उससे पहले नहीं। लेकिन अपनी आजीविका को चुनने में, अपने तरीक़े से कमाने में और अपने विवाह के लिए जीवनसाथी चुनने के अपने दृढ़-निश्चय में भी, वह अभी भी साथ में अपने भाई की मदद करने पर आमादा है। वह कहती है कि उसका परिवार जिस समुदाय से ताल्लुक रखता है, उसमें वह विवाह के बाद यह सब खुलेआम करने में समर्थ नहीं हो पाएगी। अपने छोटे भाई के प्रति उसकी वफ़ादारी उसे अपने माता-पिता के साथ खुलने से रोक रही है, हालाँकि अगर उनका बेटा शिक्षित होगा तो उन्हें ही फायदा मिलेगा।

वह अपनी संस्था के छात्रावास में रहती है, और उसने छात्रवृत्ति के लिए आवेदन किया है; इस साल, वह ऋण के सहारे पढ़ रही है। "मैं खुद को एक विकास पेशेवर के रूप में तैयार कर रही हूँ। नौकरियां गैर-सरकारी और सरकारी दोनों ही हैं, जैसे कि एनआरएचएम, राष्ट्रीय ग्रामीण स्वास्थ्य मिशन में। कुछ वर्षों के बाद, महिला सशक्तिकरण के लिए अपना गैर-सरकारी संगठन शुरू करने की मेरी योजना है।"

अनुसंधान की गई अन्य लड़कियों की तरह ही, रीता का परिचय भी एक प्राध्यापक ने ही कराया जो उसकी शैक्षिक उपलब्धियों के कारण उसका सम्मान करते हैं और उसके भविष्य के प्रति उन्हें बहुत उम्मीदें हैं। कोई भी यह महसूस कर सकता है कि अपनी छात्राओं को इतनी बाधाओं के बावजूद भी सफल होते हुए देखना एक प्राध्यापक के लिए कितने गर्व की बात होगी।

बहुत दूर से आना

महानगर मुक्त हो रहे हैं, और कुछ युवा महिलाओं के द्वारा उनका चुनाव पढ़ने की जगह की तरह किया जा रहा है। कुछ लड़कियां अपने परिवारों को पीछे छोड़कर, दूर के विद्यालयों में जाकर पढ़ने का कदम खुद उठाती हैं। कुछ अन्य मामलों में, परिवार ही अपने बच्चों की शिक्षा के लिए एक जगह से दूसरी जगह जाकर बस गए हैं, ताकि उन्हें भविष्य में अच्छे अवसर मिल सकें। इस खंड की कहानियां उन युवा महिलाओं को चित्रित करती थीं जो खुद अपने पैतृक घरों से बहुत दूर आकर व्यावसायिक प्रशिक्षण के अवसर तलाश कर रही हैं। अब अगले खंड में हम ऐसे परिवारों से मिलेंगे जो दूसरी जगह आकर बस गए हैं।

बेंगलुरु में श्यामिली। श्यामिली झारखंड से आई थी, और बेंगलुरु के आईएफआईएम में अपने एमबीए-समानक के लिए पढ़ रही थी। वह 23 साल की थी, और उसने झारखंड के निकट के अपने घर के पास स्थित महाविद्यालय से भौतिकी में प्रावीण्य के साथ स्नातक (बी.एससी.) की पदवी हासिल की थी। स्नातक के बाद वह दो साल तक शिक्षा हासिल नहीं कर पाई क्योंकि उसके परिवार को उसकी घर पर ज़रूरत थी। उसका भाई अब घर के पास स्थित महाविद्यालय से वाणिज्य में स्नातक (बी.कॉम.) की पदवी हासिल कर रहा था, और उसकी बहन, समाजशास्त्र में बी.ए. करने के बाद कोलकाता के प्राथमिक विद्यालय में शिक्षिका थी। उसके माता-पिता दोनों ही 10वीं उत्तीर्ण थे। उसकी माँ एक गृहिणी थी, और उसके पिता की एक मिठाई की दुकान थी। उसके अनुसार उसका परिवार जाति वर्गीकरण में से सामान्य श्रेणी से ताल्लुक रखता था।

श्यामिली ने अपनी प्रबंधन की पदवी की पढ़ाई के लिए खुद ही एक ऋण लिया था। उसने कहा कि उसे इसी चुकाने के लिए 5 साल लगेंगे, या तो विवाह से पहले या आंशिक रूप से विवाह के बाद। उसने कहा कि एमबीए-समानक की पदवी प्राप्त करने के बाद, वह माता-पिता की मर्ज़ी से विवाह करना चाहेगी, क्योंकि उसे उनके निर्णय पर भरोसा है। हालाँकि, उसने इस बात पर जोर दिया कि वह बेंगलुरु में काम करेगी, और जिस लड़के से उसका विवाह हो, वह भी बेंगलुरु की ही किसी कंपनी में अच्छी नौकरी में होना चाहिए, और उसके पास अभियांत्रिकी की या फिर एमबीए की पदवी होनी चाहिए। उसे विश्वास है कि दूर रहने के बावजूद भी उसके माता-पिता उसके लिए ऐसा लड़का ढूंढ पाएंगे, और उसकी शर्तों का सहयोग करेंगे। "मुझे ऐसा लड़का चाहिए जो बैंगलोर का ही हो और वहीं काम करता हो ताकि मुझे अपने सास-ससुर की मदद मिल सके। अगर नहीं, तो मेरा पति मेरी मदद के लिए मेरे साथ होगा।" वह 28 साल की आयु तक बच्चे के विचार को दूर रखेगी, और कहती है कि एक बच्चा ही पर्याप्त होगा।

हालाँकि उसके माता-पिता का शिक्षण केवल माध्यमिक स्तर तक ही है, और वे एक कम-विकसित क्षेत्र में भी रहते हैं, लेकिन अगर वे श्यामिली की उम्मीदों के मुताबिक उसके

लिए लड़का ढूंढकर विवाह करा देंगे तो इस परिवार के सामाजिक स्तर में थोड़ी कुलीनता आ जाएगी। यहाँ माता-पिता और उनके बच्चों के बीच शैक्षिक अव्यवस्था है, लेकिन सामाजिक रूप से, उसके लिए यह आत्मविश्वास हासिल करने के लिए, उन्हें उन शिक्षित लोगों के बीच मान्यता प्राप्त करनी होगी जो काम के लिए दूर-दराज के शहरों की यात्रा करते हैं। दूसरे शब्दों में कहा जाए तो, हालाँकि श्यामिली बहुत दूर रहती है, लेकिन ऐसा लगता है कि उसने ऐसे लोगों के साथ एक सामाजिक स्तर बना लिया है जिनके लिए दूरी इतनी मायने नहीं रखती जितनी कि उसका जन्मस्थान। ऐसे परिवारों से आनेवाले युवा लोगों के लिए बेंगलुरु शहर एक चुंबक का काम करता है।

वडोदरा में कुसुम। कुसुम, जो 22 साल की है और कोलकाता से ताल्लुक रखती है, से मेरा परिचय महाराज सयाजीराव विश्वविद्यालय के ललित कला संकाय के संग्रहालय विज्ञान विभाग के एक प्राध्यापक ने कराया था। वह एक संग्रहालय संरक्षक बनना चाहती है। वह इस विश्वविद्यालय में चार साल से है, और कला छात्राओं के महिला छात्रावास में रहती है; उसने पुरातत्व-शास्त्र में बी.ए. किया और संग्रहालय-विज्ञान में एम.ए. कार्यक्रम के अपने प्रथम वर्ष को पूरा किया है। वह उच्च माध्यमिक विद्यालय के दिनों से ही पुरातत्व-शास्त्र में दिलचस्पी रखती थी। उसने इंटरनेट पर थोड़ी खोज की और पाया कि महाराज सयाजीराव विश्वविद्यालय का विभाग बहुत उच्च श्रेणी का है। कोलकाता में वह एक निजी विद्यालय में पढ़ती थी। वह कोलकाता में रहनेवाले एक गुजराती ब्राह्मण परिवार से ताल्लुक रखती है।

उसके पिता, जिनकी उम्र 50 वर्ष है और जो 12वीं तक पढ़े हुए हैं, उन्होंने परिवार को तभी छोड़ दिया था जब कुसुम 3 साल की थी। उसकी माँ 43 साल की हैं, वह भी 12वीं तक पढ़ी हुई हैं, और घर पर ही रहती हैं। “मेरे पिता के छोटे भाई हमें सहारा देते हैं। हमारा संयुक्त परिवार है जिसमें एक घर में चाचा, चाची, और चचेरे भाई-बहन—कुल 18–20 लोग रहते हैं। मेरा एक छोटा भाई है जो 19 साल का है और चार्टर्ड अकाउंटेंसी के दूसरे वर्ष में पढ़ता है।”

> मेरा परिवार मेरी पढ़ाई और आजीविका की योजनाओं का बहुत समर्थन करता है। उच्च माध्यमिक विद्यालय में मैंने विज्ञान और अभियांत्रिकी की पढ़ाई करने की शुरुआत की, लेकिन फिर मुझे लगा कि मुझे अभियांत्रिक नहीं बनना है। जब मैंने विषय बदला, मेरे परिवार ने कहा, “जो तुम्हे अच्छा लगता है वह करो। पहले अपनी मूलभूत योग्यताओं को पूरा करो, और फिर काम करो।” लेकिन वे केवल आंशिक रूप से मुझपर निर्भर हैं; यह मेरी उनके प्रति कृतज्ञता है।

> स्नातकोत्तर पदवी मूलभूत है। मैंने पहले एक स्नातकोत्तर पदवी के साथ नौकरी पाने का प्रयास करूँगी। कई बार संग्रहालय की नौकरी में स्नातकोत्तर की दो पदवियों की आवश्यकता होती है, संरक्षण या इतिहास। मैं संरक्षण का चुनाव करूँगी। मैं हर जगह और सभी जगह नौकरी ढूंढूंगी; यह नौकरियां आसानी से उपलब्ध नहीं हैं।

वे विवाह करना चाहती तो हैं, लेकिन इतनी जल्दी नहीं।

> मेरे परिवार का कहना है, "अगर तुम किसी लड़के को पसंद करती हो तो बता दो। अगर वह स्थिर होगा और अच्छे परिवार से होगा, तो हम तुम्हारे चुनाव का समर्थन करेंगे।" मेरी माँ कहती हैं कि वे 28 साल तक मेरा विवाह करवा देंगी। मैं चाहती हूँ कि वह सच्चा, भरोसेमंद और स्थिर हो, और उसे मज़ाक करने की आदत हो। मैं उसके परिवार के साथ रहने के लिए तैयार हूँ। मैंने अभी तक बच्चों का विचार नहीं किया है, लेकिन मैं एक बच्चा गोद लेना चाहती हूँ। मैं सेवानिवृत्ति तक काम करुँगी। बच्चे के लिए विराम लेना इस बात पर निर्भर करता है कि मेरा पति मेरा कितना सहयोग करता है, ताकि मैं बच्चे के साथ समय बिता सकूँ। घर की देखभाल करने की ज़िम्मेदारी पति और पत्नी दोनों की होनी चाहिए, और दोनों को ही बारी-बारी से खाना बनाना चाहिए।
>
> अगर यह सरकारी नौकरी होगी, तो सामान्यतः 9 से 5 का समय होगा, और निजी संग्रहालयों में भी लगभग यही समय होता है। यह अच्छा होगा कि पति-पत्नी का पेशा एक सा या एक जैसा ही हो। पति और पत्नी दोनों को मिलकर यह फ़ैसला लेना होगा कि पैसे को किस प्रकार खर्च किया जाए। अगर उसका तबादला होता है, तो मैं पहले परिस्थिति का विश्लेषण करुँगी। किसे मेरी सबसे ज्यादा ज़रूरत है, और तबादले की अवधि कितनी है? फिर ही मैं किसी निष्कर्ष पर पहुचुंगी।

मैं उससे पूछती हूँ कि पेशेवर होना क्या है?

> इसका मतलब है कि आप जो काम कर रहे हैं उसमें आप अच्छे होने चाहिए। मुझे खुद को संग्रहालय से जोड़ना होगा, दूसरों से बात करनी होगी, और आगे बढ़ते हुए सीखना होगा। हर दिन मैं नई चीज़ें सीखती हूँ। वस्तुओं में अर्थ होता है। मैं पांच महीने पहले जैसा सोचती थी आज उससे अलग सोचती हूँ।

अपने पिता की कमी के बावजूद, कुसुम एक आरामदेह पृष्ठभूमि से है। रीता और श्यामिली की तरह ही, वह भी अपने माता-पिता से ज्यादा पढ़ी-लिखी है। वह अपने भविष्य की कल्पना एक ऐसे पति के साथ करती है जो उसी क्षेत्र से हो, जो क्षेत्र उसे आकर्षित करता है। लेकिन वह यह उम्मीद भी करती है कि अगर वह बच्चे के लिए विराम ले तो उसका पति उसे व परिवार को संभाल सके। यह संग्रहालय के वेतन से तो संभव नहीं लगता, यह तभी संभव है जब उसका पति किसी अन्य आकर्षक नौकरी में हो। ज़रूरी नहीं कि उसकी आजीविका की नियति शहरी ही हो। संग्रहालय काफी दूर-दराज़ के क्षेत्रों में भी होते हैं, और वह कहती है कि जहाँ भी नौकरी होगी वह वहां जाने को तैयार है। वह केवल 22 साल की है, और 28 साल की होने तक विवाह करने का कोई दबाव भी उसपर नहीं है। यह सब कैसे होगा यह तो अभी स्पष्ट नहीं है, लेकिन

उसकी कहानी जो कि सीखने के बेदाग़ आनंद से भरी हुई है, उसमें कठोर आवश्यकताओं की कोई जगह नहीं है। पति के साथ संयुक्त पेशा अपनाने और उसे टिकाऊ बनाने की उसकी चाह में एक स्थायी व्यावहारिक समझ का अभाव है। इससे उसकी कहानी उन कई अन्य लड़कियों की कहानी से अलग हो जाती है जिनसे हम अगले अध्याय में मिलेंगे।

मुंबई में सोनम। सोनम से मेरा परिचय मुंबई में एसएनडीटी के एक प्रबंधन के प्राध्यापक ने कराया था। वह पहले कोलकाता में रहा करती थी, लेकिन हाल ही में नागपुर से आई थी, जहाँ उसका परिवार अब रहता है। उसने नागपुर विश्वविद्यालय से बी.टेक. की पदवी प्राप्त की। उसे वहां जैव प्रौद्योगिकी में अभियांत्रिकी की नौकरी मिल गई थी, लेकिन उसकी दिलचस्पी प्रबंधन में ज्यादा थी। "मेरे हाथ में एक नौकरी थी, लेकिन मैंने आगे पढ़ने को प्राथमिकता दी।" उसका कहना है कि मुंबई का कॉर्पोरेट क्षेत्र इंटर्नशिप के अवसरों के लिए अच्छा है। वह 24 साल की है और अपने एम.एम.एस के आखिरी साल में है।

उसके पिता व्यापारी हैं और उसकी माँ एक गृहिणी है। उसकी छोटी बहन जिसकी उम्र 20 साल की है, रेडियो में काम करती है।

> मैं मानव संसाधन और प्रशिक्षण की तलाश कर रही हूँ। मैं एक प्रशिक्षक बनना चाहती हूँ, और एक संगठन की ज़रूरतों के हिसाब से प्रशिक्षण की पूरी सीमा को जानना चाहती हूँ। बाद में, मैं अपनी स्वयं की प्रशिक्षण और नियोजन संस्था शुरू करूँगी। प्रशिक्षण का मतलब, तकनीकी और गैर-तकनीकी, दोनों ही कौशल का विकास करना है। मैं गैर-तकनीकी कौशल में ज्यादा दिलचस्पी रखती हूँ, जो व्यक्तित्व विकास के लिए ज़रूरी हैं।

सोनम का व्यक्तित्व बहुत ओजस्वी है, और वह अपने संस्थान में अपने मित्रों की बीच की छात्र नेता है। वह मारवाड़ी है, और मूल रूप से राजस्थान की है। उसका मंगेतर महाराष्ट्रियन है, और नागपुर के निकट एक शहर में रहता और नौकरी करता है। वह उसकी संस्कृति का हिस्सा बनने के लिए बहुत उत्साही है, और उसे अपने माता-पिता से किसी विरोध का सामना नहीं करना पड़ा। वह या तो नागपुर में या फिर पास के उस शहर में, जहाँ उसका मंगेतर एक बैंक में प्रबंधक है, नौकरी ढूंढना चाहती है। उसके मंगेतर की योजना अपना खुद का विनिर्माण व्यवसाय शुरू करने की है। उसके माता-पिता नहीं हैं; उन्होंने उसके लिए ज़मीन और एक घर छोड़ा है। सोनम मुझे बताती है कि वह उसके साथ एक भागीदार के रूप में काम करना चाहती है, और वह कल्पना करती है कि उसकी प्रशिक्षण परामर्श संस्था भी उसी विनिर्माण व्यवसाय का एक भाग होगी। कुछ सालों के लिए वे दोनों ही कर्मचारी होंगे, लेकिन उनकी यह संयुक्त महत्वाकांक्षा है।

> यह तो तय है कि मैं विवाह के बाद काम करूँगी। मैं लगभग तीन साल बाद बच्चों के लिए विराम लूंगी। हमें दोनों लिंगों के दो बच्चे चाहिए, और एक बच्चा हम गोद लेंगे। मैं तीनों

को ही अच्छे विद्यालयों में भेजना चाहती हूँ। वह चाहता है कि उसकी मौसी और उनके पति हमारे साथ आकर रहें; वे अभी एक गाँव में रहते हैं। मैं उनसे बहुत प्यार करती हूँ! इसके फायदे हैं: कोई बात करनेवाला, और आपसी सहयोग देनेवाला होता है। जब बच्चे हो जायेंगे, तो इन रिश्तेदारों का साथ में रहना अच्छा होगा।

पेशेवर होने का क्या मतलब है?

इसका मतलब है ईमानदार और वफ़ादार होना, अपने व्यक्तिगत जीवन का प्रबंधन अच्छे से करना। अपने काम के प्रति समर्पित रहना; परिश्रमी होना। हमें व्यक्तिगत और व्यावसायिक जीवन को मिलाना नहीं चाहिए। यहाँ मैं एक दल की प्रमुख हूँ। एक भागीदार के रूप में अपने पति के साथ काम करते हुए भी, यह वैसा ही रहना चाहिए: काम और उसकी समस्याओं को घर पर नहीं लाना चाहिए। मेरी माँ ने मुझे मेरे विद्यालय के दिनों से बताया है, कि घर पर रहते समय काम को भूल जाओ, या उसके बारे में आधे घंटे तक योजना बनाओ और फिर उसे छोड़ दो। मैं पहचान के लिए काम करती हूँ। मेरा मंगेतर पैसे के लिए काम करता है।

यह युवा महिला न सिर्फ गतिशील और जोशीली है, बल्कि चतुर और व्यावहारिक भी है। उसका एक महत्वाकांक्षी योजनाओं वाले पुरुष को ढूंढना और फिर उसके साथ काम करना इस बात की गवाही देता है। उसके रिश्तेदारों को एक परिवार के रूप में अपने साथ रहने के लिए आमंत्रित करना, घर के समर्थन के आधार का निर्माण करने का एक तरीका है जो बहुत सी लड़कियां खोजती हैं। सांस्कृतिक सीमाओं को पार करने की और यह चुनाव करने की उसकी आज़ादी कि उसे कहाँ और किसके साथ रहना है, बहुत प्रभावित करती है। बेशक, नागपुर में ही उसके माता-पिता और बहन भी रहते हैं, और वे भी उसका सहारा बनेंगे। वे वैसे भी एक प्रवासी व्यापारी परिवार हैं। उसकी महत्वाकांक्षा है अपना व्यवसाय करना, और ग्राहकों को सँभालते हुए और पैसे कमाते हुए अपनी व्यक्तिगत पहचान निर्माण करना। हालाँकि अभी यह अनुमान लगाना मुश्किल है कि यह सब कितना अच्छा चलेगा, लेकिन फिलहाल तो वह अपने चुनाव का निशान प्रज्वलित करती हुई दिख रही है।

ससुरालवाले किसकी अनुमति देंगे

कुछ लड़कियों की, वर्तमान और भविष्य की भी चिंता थी एक प्रश्न, कि विवाह के बाद उनके ससुरालवाले उन्हें क्या करने की अनुमति देंगे। कुछ लड़कियों के लिए यह केवल अज्ञात ही नहीं बल्कि अनियंत्रित भी लग रहा था। हालाँकि, मेरे द्वारा साक्षात्कार ली गयीं

सभी लड़कियों ने इस चिंता के बारे में बात नहीं करी, क्योंकि उनमें से कुछ निश्चित थीं कि वे अपनी आजीविका पर दृढ़ रहेंगी और अपना रास्ता बना लेंगी।

जब भी मैं अन्य लोगों से अपने अनुसंधान के बारे में संक्षेप में बातचीत करना चाहती तो इस विषय का निष्कर्ष सबसे आम था। सामाजिकता से या फिर दुर्घटनावश, मेरी मुलाकात मध्यम आयु के, मध्यम वर्ग के, अंग्रेजी बोलनेवाले लोगों से हुई, जिन्होंने पूरे आश्वासन के साथ मुझे बताया कि महाविद्यालय में पढ़ी हुई लड़कियों के सास-ससुर भी उन्हें विवाह के बाद काम करने की अनुमति नहीं देंगे। मेरी लड़कियों के आयु-वर्ग से बहुत बड़े लोगों के मुंह से इस धारणा को सुनना आश्चर्यजनक नहीं था। लेकिन कई बार छात्राओं के पुरुष प्राध्यापकों के मुंह से ऐसा सुनना चिंता का विषय था। हालाँकि, जब मैं उन लड़कियों का साक्षात्कार लिया जिन्होंने कहा कि वे इस प्रश्न को लेकर चिंतित हैं, तो उनके सामने उनके भविष्य के लिए जो वास्तविक संभावनाएं उन्हें दिख रही थीं वे मिश्रित थीं, उनमें एक खुली संभावना यह थी कि वे नौकरी करने में सक्षम हो सकेंगी, और एक अनिच्छुक स्वीकृति थी कि उन्हें अपना काम जारी रखने की अनुमति नहीं दी जा सकती है।

वडोदरा में अभिता। अभिता से मेरा परिचय बड़ोदा के महाराज सयाजीराव विश्वविद्यालय के परिवार और सामुदायिक विज्ञान संकाय में हुआ था। वह 23 साल की थी, और उसने हाल ही में वहां के कपड़ा और वस्त्र विभाग से एम.एससी. की पदवी प्राप्त की थी। वह पिछले साल से उसी विभाग में एक अनुसंधान सहायक के रूप में काम कर रही थी, और जल्दी ही अपनी पी.एचडी. की शुरुआत करनेवाली थी। उसकी परियोजना थी प्राकृतिक रंगक और तंतुओं के साथ काम करना, नए संसाधन खोजना, रंगों पर और मानकीकरण प्रक्रियाओं पर काम करना। वह छोटे शहरों में विभिन्न स्थानों पर कारीगरों से मिलने के लिए यात्रा करती थी, जहाँ पर शहरों की तुलना में प्राकृतिक रंगों का अधिक इस्तेमाल होता है। उसे अपने काम से प्यार है।

> मुझे पता नहीं है कि यह आजीविका है या नहीं; यह मेरे ससुरालवालों पर निर्भर करता है। लेकिन मुझे काम करने से प्यार है! कब विवाह करना है यह निर्णय मेरा है। अगर मैं इसी आजीविका को जारी रखना चाहूंगी, पी.एचडी. भी कर लूँ, मेरे माता-पिता मेरा समर्थन करते हैं। अगर मैं चाहूँ तो परीक्षा उत्तीर्ण करके और साक्षात्कार देकर पी.एचडी. को जारी रख सकती हूँ। मैं पहले इस परियोजना पर एक प्रस्तुतीकरण देना चाहूंगी। मैं इस नौकरी को एक साल के अनुबंध पर शुरू किया है और मैं इसका नवीनीकरण भी करा सकती हूँ। मेरे परियोजन प्रबंधक, दो प्राध्यापक, मेरे काम को पसंद करते हैं। मैं शायद 25 साल की उम्र तक विवाह करूँ। लेकिन अभी तो, मेरे पास अपनी आजीविका का समन्वेषण करने का समय है।

मेरी सहकर्मी जो मेरे लिए इस विभाग में परिचय करा रही थी, उसे यह सुनकर बहुत आश्चर्य हुआ कि अभिता के मन में अपनी पी.एचडी. को लेकर कुछ शंकाएं हैं। उसे लगता था कि

यह लड़की आजीविका-केंद्रित होने के लिए योग्य है, क्योंकि उसका काम बहुत अच्छा है और विभाग उसे रखने के लिए बहुत उत्सुक है। विभाग उसपर पी.एचडी. करने के लिए दबाव डाल रहा है ताकि वह संकाय में शामिल हो सके, और मैंने यह महसूस किया कि मेरी सहकर्मी का यह सोचना था कि विभाग अभिता के साथ अपनी इस कोशिश में सफल हो जाएगा। मैं इस बारे में निश्चित नहीं थी।

अभिता के पिता जो 48 वर्ष के हैं, 10वीं उत्तीर्ण हैं, और उसकी 45 वर्षीय माँ भी।

> वे बड़ोदा में रहते हैं, और मैं उनके साथ रहती हूँ। मेरा एक बड़ा भाई है जो 26 साल का है और अविवाहित है। उसने बी.कॉम. किया है और हमारे पिताजी के व्यापार में सोने के थोक व्यापारी के रूप में शामिल हो गया है। हम लोग हिंदू हैं और जाति से सोनी हैं। हमारा परिवार मध्यम-वर्गीय है। हमारे पास दो शयनकक्षों वाला एक घर है; मेरा भाई और मैं आगे सोते हैं। मैं कई बार पैसों का योगदान देती हूँ, लेकिन आमतौर पर उसकी ज़रूरत नहीं पड़ती है। मैं अपना वेतन बचा रही हूँ और निवेश के तौर पर सोना खरीद रही हूँ। मेरे पिताजी इसका ध्यान रखते हैं। मैं जितनी राशि मांगती हूँ उतनी वे मुझे देते हैं। मैं अपनी आगे की पढ़ाई के लिए शुल्क खुद भर सकती हूँ।
>
> अभी मैंने यह तय नहीं किया है कि मुझे अपने पति में क्या गुण चाहिए। अगर मेरे सास-ससुर मान जाते हैं तो मैं काम जारी रखना चाहूंगी। मैं बच्चे तो चाहती हूँ, लेकिन कितने यह नहीं पता। मैं विवाह के बाद संयुक्त परिवार में रहना पसंद करुँगी। मेरा भाई के विवाह करने की संभावना जल्दी ही है। हमारे माता-पिता प्रेम-विवाह की अनुमति देंगे, लेकिन मैं माता-पिता की मर्ज़ी से अपनी ही जाति में विवाह करना चाहूंगी।
>
> मुझे अपने पेशे के कारण शहर से बाहर जाने की अनुमति है। मैं यह कई बार कर चुकी हूँ, उन कारीगरों के साथ काम करते हुए जो प्राकृतिक रंगकों का इस्तेमाल करते हैं। मेरे माता-पिता इस अनुसंधान में मेरी दिलचस्पी को समझते हैं। वे इस बात की जांच करते हैं कि मैं सुरक्षित हूँ। वे इस बात की चिंता नहीं करते कि मैं कितने दिनों के लिए बाहर हूँ या मैं किससे मिलती हूँ। मैं पूरी आज़ादी से पैसे साथ लेकर चलती हूँ।
>
> अच्छा होगा अगर मेरे पति के पास स्नातकोत्तर पदवी हो। एक छोटा घर, शायद तीन शयनकक्षों का, मेरे लिए ठीक होगा; मैं ज्यादा महत्वाकांक्षी नहीं हूँ। मेरा पति पैसों के मामले में मुझसे ज्यादा महत्वाकांक्षी होना चाहिए। मैं दहेज़ के लिए साफ़ मना करुँगी। मैं बड़ोदा में रहना पसंद करुँगी, लेकिन पति के साथ दूसरी जगह चली जाउंगी। मैं इस बारे में निश्चित नहीं हूँ कि क्या मेरे कौशल का भी तबादला होगा।

जब मैंने उससे पूछा, "तुम्हारे लिए पेशेवर होने का क्या मतलब है?" तो उसका जवाब था, "पेशेवर होने यानि जो भी जिसका मैं काम की तरह आनंद उठा सकूँ।"

अन्य लड़कियों के विपरीत, अभिता संकोची थी। हालाँकि वह अपनी आजीविका और उसे मिलनेवाले अनुमोदन दोनों से प्रभावित थी, और अपने काम के विस्तार का भी आनंद उठा रही थी, उसने इस बात को सत्य नहीं माना था कि उसे काम जारी रखने की अनुमति मिलेगी। न ही उसने इस बात पर जोर दिया कि वह इस बात को अपने होनेवाले पति और सास-ससुर के लिए एक योग्यता मानेगी जिनके साथ उसे पूरी जिंदगी बितानी है। फिर भी उसके माता-पिता उसके आगे बढ़ने को लेकर बहुत अनुग्रहशील थे। अगर विभाग को अभिता के ऊपर लगी अपनी शर्त को जीतना है, तो वह ऐसा उसके माता-पिता के प्रोत्साहन से ही कर सकता है, लेकिन इसमें उनकी समान रूप से अनुमोदित और प्रोत्साहित करनेवाले ससुराल की खोज भी प्रासंगिक साबित होगी।

विवाह के बाद आजीविका की संभावना एक बदलाव हो सकता है जिसकी शायद एक सुनार की बेटी ने पहले उम्मीद ही नहीं की होगी। इस मामले में, इसका संबंध अभिता की शैक्षणिक योग्यताओं का उसके माता-पिता से बहुत ऊपर होने से भी है। यह उनकी सहायता करने की उनकी ज़रूरत से संबंधित नहीं है। अभिता, जो कि अपने माता-पिता की दूसरी संतान है और उसका एक बड़ा भाई भी है, के माता-पिता उसकी उपलब्धियों पर गर्व करते हुए उसे प्रोत्साहन देते हैं, बजाय इसके कि उसे उनकी मदद करने के लिए अपने पैरों पर खड़ा होने के लिए कहें। वे यह सुझाव नहीं देते कि वह विवाह के बाद आश्रित हो जाए और काम छोड़ दे। अगर वह ऐसा करती है, तो यह शायद इसीलिए होगा कि वह दबाव डालने के लिए इच्छुक न हो और ऐसे व्यक्ति से विवाह न करना चाहती हो जो एक आजीविका चाहनेवाली पत्नी चाहता हो। वह माता-पिता की मर्ज़ी से अपनी ही जाति में विवाह करना चाहती है और इस वजह से उन मूल्यों को धारण करनेवाले संभावितों की संख्या सीमित हो जाती है। साथ ही अगर उसका पति नौकरी के सिलसिले में अपने परिवार को किसी दूसरी जगह लेकर जाता है तो अभिता की आजीविका के लिए खतरा उत्पन्न हो सकता है, फिर उसे अपने काम करने की जगह और लोगों को पीछे छोड़ना पड़ेगा। अभिता की विशिष्टता में स्थान का बहुत बड़ा हाथ है, क्योंकि वह गुजरात के गाँव के उन शिल्पकारों की खोज करने में लिप्त है जो स्थानीय पौधों से प्राकृतिक रंगक बनाते हैं, और नौकरी का जो अवसर उसके हाथ में है वह उसके अपने ही विभाग में है। विश्वविद्यालय के उसके सहकर्मियों के लिए उसका छोड़कर जाना एक बड़ी हानि के समान होगा, भले ही उन्हें उसकी जगह पर प्रतिभाशाली प्रतिस्थापन शोधकर्ता मिल जाए।

मुंबई में रानी। रानी, मुंबई के एसएनडीटी में पढ़नेवाली एक युवा मारवाड़ी महिला के पास, चीज़ों को करने की "अनुमति" के विषय में, कहने के लिए कुछ कटु बातें हैं। 24 साल की रानी, विस्तार शिक्षा के अपने एम.एससी. के दोनों वर्षों में प्रथम आई थी। उसने पहले ही कला में बी.ए. कर रखा था। उसके साक्षात्कार ने मेरे प्रश्न पूछने के बिना ही उसके अंदर की बातों को बाहर निकाला। मैंने केवल बीच-बीच में कुछ प्रश्न पूछे। बाकी के समय में उसके

पास इतना कुछ कहने के लिए था कि मैंने बीच में हस्तक्षेप करना ठीक नहीं समझा, हालाँकि उसके कुछ वक्तव्य एक-दूसरे से विरोधाभासी थे।

उसका कहती है कि उसकी दिलचस्पी ज़रूरतमंद लोगों के ज्ञान, रवैये और अभ्यास को सुधारने में, किसानों को अच्छी प्रथाओं का इस्तेमाल करने के लिए प्रोत्साहित करने में, लोगों को खासकर ग्रामीण लोगों को सशक्त बनाने में, उनके कौशल में सुधार लाने के लिए, उनकी जरूरतों और उनकी इच्छाओं के साथ काम करने में है। वह एक पारिवारिक दृष्टिकोण में और सहकारी सिद्धांत पर कार्यक्रमों को कुशल बनाने में विश्वास रखती है। अपनी योग्यता के साथ वह जिन अवसरों को तलाश रही है, वह गैर सरकारी संगठनों में नौकरी है। "मैं एक संधारणीय वातावरण का निर्माण करने के लिए केवल अपने लिए ही नहीं बल्कि समाज के लिए भी काम करना चाहती हूँ।"

> अभी के लिए, मैं काम करना चाहती हूँ, लेकिन संकट में मदद के लिए यह भी बहुत ज़रूरी है। अगर मेरे माता-पिता कोई लड़का ढूंढ रहे हैं, तो उसने और उसके माता-पिता ने मुझे काम करने की आज़ादी देनी चाहिए। सब लोग पूछते हैं, "तुम्हारी योग्यता क्या है?" अगर वे ऐसा एक लड़की के बारे में पूछते हैं, तो मैं कहती हूँ, "उसे काम क्यों नहीं करने देते?" मारवाड़ी परिवार कहते हैं, "हमारे पास पैसा है; क्या उसे काम करने की कोई ज़रूरत है?" मैं केवल आज़ादी और संतुष्टि चाहती हूँ! मैं जानती हूँ कि मैं जो भी करुँगी, चाहे वह मेरा काम हो, मेरे बच्चे हों, या कुछ और, मैं खुद को पूरे मन से उसके प्रति समर्पित कर दूंगी।

उसके पिता 50 वर्ष के हैं और उनके पास बी.कॉम. की पदवी है।

> वे एक कलाकार के रूप में चित्रकारी करते थे, लेकिन अब वे अपने स्वयं के छपाई के व्यापार में स्थलांतरित हो गए हैं। मेरी माँ—मुझे पता नहीं कि क्या उन्होंने बी.ए. भी उत्तीर्ण किया है। उन्होंने 14वें साल तक पढ़ाई करी और फिर विवाह कर लिया। वे भी लगभग 50 साल की हैं। मेरे बड़े भाई का जन्म 1981 में हुआ था, और मेरा 1989 में। हमारे साथ समान ही व्यवहार किया गया, लेकिन मेरा भाई कुछ और चीज़ें भी कर सकता है। उसने एमबीए किया है और विपणन में काम करता है।

> मैं हमेशा से व्यावहारिक काम करना चाहतीथी, सैद्धांतिक नहीं। अगर मेरे पास योग्यता होती, तो मैं दल प्रमुख बनना चाहती। कुछ सुविधाओं और एक अच्छे पद के साथ ग्रामीण काम भी ठीक है। मैं अनुभव प्राप्त करना चाहती हूँ कि लोग किस प्रकार काम करते हैं, और फिर ऊपर उठना चाहूंगी। वेतन, गरिमा और पदोन्नति, इन सभी की ज़रूरत है। लेकिन मैं उतनी आजीविका-केंद्रित नहीं हूँ। मैं शायद यह पदवी पूरी होने से पहले ही विवाह कर लूँ। अगर मैं ऊब गई, तो मैं काम शुरू कर दूंगी। मैं जिस प्रकार का काम करना चाहती हूँ वैसा

करने से उन्होंने मुझे रोकना नहीं चाहिए! मैं आज़ादी चाहती हूँ, और यह वह शर्त होगी जो मैं सामने रखूंगी: चुनाव की आज़ादी।

मैं प्रेम-विवाह को प्राथमिकता देती हूँ क्योंकि तब मैं यह जान सकती हूँ कि मुझे कौन मिल रहा है और उसकी प्रतिक्रिया कैसी होगी। मैं उसे अच्छे से जान सकूंगी। क्या होगा अगर जिससे मेरे माता-पिता मेरा विवाह तय करें वह मुझे पसंद ही न आए? मेरे माता-पिता को प्रेम-विवाह से कोई समस्या नहीं है, लेकिन वे दूसरे धर्मों से दूर रहने के लिए कहते हैं। मुझे दूसरी जाति से कोई समस्या नहीं होगी। मुझे पता नहीं कि मेरा परिवार मानेगा या नहीं। मैं अपने माता-पिता को पास में ही रखना चाहती हूँ। वे यहीं रहते हैं; मेरा जन्म राजस्थान में हुआ था और पालन-पोषण यहाँ मुंबई में। मेरे माता-पिता मेरी आजीविका का समर्थन करते हैं; वे कहते हैं कि अगर कोई संकट आए तो पत्नी मदद कर सकती है, इसीलिए जितना हो सके उतना ज्ञान प्राप्त करो। मैं खुशकिस्मत हूँ! मेरे माता-पिता मेरे साथ हैं।

अगर मैं काम करना चाहती हूँ तो मैं अपने परिवार के साथ बच्चों की देखभाल का प्रबंध करने का प्रयास करूंगी। मैं अपने परिवार के प्रति समर्पित हूँ। वे मेरा सहारा हैं। वे ही हैं जो मुझे आज़ादी देते हैं। क्योंकि वे मेरे विचारों का सम्मान करते हैं, मुझे ख़ुशी होगी अगर मैं भी उनके विचार समझ सकूँ।

हमें अपनी पदवी का इस्तेमाल करना चाहिए, नहीं तो वह बर्बाद हो जाती है। अपने क्षेत्र में स्थापित होने के लिए पहले कुछ वर्ष बहुत महत्वपूर्ण हैं। उसके बाद आप कुछ समय की छुट्टी लेकर फिर से काम शुरू कर सकते हैं। मेरा पति वह व्यक्ति होगा जो मुझे समझेगा।

रानी एक प्रकार के पिंग-पोंग के खेल का अनुभव कर रही है जिसमें उसके दृष्टिकोण एक-दूसरे के विरोध में है। वह स्पष्ट निर्देशों के बिना खेल के शीर्ष पर रहना चाहती है। वह अपने व्यक्तित्व में आवेशपूर्ण है, लेकिन वचनबद्धता में बहुत स्पष्ट नहीं है। चुनाव की आज़ादी की लालसा, रुढ़िवादी मारवाड़ी प्रथाओं में न बंधने की इच्छा, लेकिन अपनी इच्छा से अपनी सीमाएं तय करना, यह सब उसके मज़बूत पक्ष है। उनके समुदाय के कुछ परिवारों की तरह, रानी का परिवार अमीर नहीं है, उनके अपने संघर्ष हैं। वे चाहते हैं कि रानी सुरक्षित रहे। वह अपने कौशल का इस्तेमाल करना चाहती है और अपने अभ्यासक्रम में पढ़े हुए समुदाय विकास का मार्ग अपनाना चाहती है, ताकि वह बिना ऊब के एक दिलचस्प जिंदगी जी सके।

वडोदरा में प्रिया। प्रिया ने मुझे एक ऐसी कहानी सुनाई जो बहुत ही नाटकीय थी, जिसने वडोदरा की प्रतिष्ठित प्रगतिशील संस्कृति को राहत प्रदान की क्योंकि एक परिवार जो कुछ भावनात्मक रूप से बहुत असुविधाजनक था, फिर भी ज़ाहिर तौर पर, लिंग अपेक्षाओं में बदलाव अत्यावश्यक थे। उसका परिवार (रानी की ही तरह) भी राजस्थान से ही था। वे कुछ बीस साल पहले वडोदरा आ गए थे। 25 साल की प्रिया से मैं महाराज सयाजीराव

विश्वविद्यालय के परिवार और सामुदायिक विज्ञान संकाय में मिली थी, जहाँ पर वह आंतरिक सज्जा में स्नातकोत्तर छात्रा थी।

प्रिया ने कहा कि उसका परिवार जो अग्रवाल समाज से ताल्लुक रखता था, वडोदरा में आया क्योंकि उसके पिता और भाईयों ने यहाँ अपना व्यापार शुरू करने का विचार किया। शहर में एक पारिवारिक दुकान है, जिसमें उसके बहुत से चाचाओं की भागीदारी है। उसके चाचा की दुकान के एक खंड में प्रिया का शोरूम है, जिसकी सज्जा उसने की है और जहाँ वह इलेक्ट्रॉनिक्स के एक प्रसिद्ध ब्रांड का प्रतिनिधित्व करती है। उसने अपनी आजीविका का मार्ग आंतरिक सज्जा की तरफ बनाया है, इस मार्ग में उसने पिछली नौकरी एक वास्तुकार के साथ की, रसोई की बनावट पर एक दिलचस्प अनुसंधान परियोजना तैयार की, उसके पास महाराज सयाजीराव विश्वविद्यालय के उसके विभाग में प्राध्यापक बनने का अवसर है, और अपना खुद का स्वच्छंद सज्जा (डिजाईन) का व्यापार शुरू करने की भी उम्मीद है।

हालाँकि, इनमें से किसी भी चीज़ ने उसे और उसके भविष्य को राजस्थान में रहनेवाले रिश्तेदारों से अलग नहीं किया है, जो अब उसके परिवार के पीछे पड़े हुए हैं। उनकी विवाह योग्य तीन बेटियां हैं, जिनमें से दो प्रिया से छोटी हैं; इसीलिए रिश्तेदार अब यह जानना चाहते हैं कि उसका विवाह अभी तक क्यों नहीं किया गया है? उसकी छोटी बहनें भी पदवी प्राप्त करने के लिए पढ़ रही हैं, और दूर-दराज़ के अपने रिश्तेदारों के द्वारा इसी छानबीन की शिकार हो रही हैं कि वे विवाह कब करेंगी।

प्रिया के पिता उसके लायक लड़के की खोज में लगे हैं। वह बताती है कि उसके पिता उसकी मांगों और राजस्थान के परिवार के बीच के संघर्ष के कारण बहुत तनाव में हैं, लेकिन उनका झुकाव उसकी तरफ ही है। वह एक ऐसा पति और ससुराल चाहती है जो कमानेवाली महिला का समर्थन करें; लेकिन वह जिस जगह से ताल्लुक रखती है वहां की संस्कृति ऐसी नहीं है। वह इस बारे में निश्चित होना चाहती है कि वह वापस उत्तर में नहीं जाना चाहती है, लेकिन ऐसा पति चाहती है जो वडोदरा, अहमदाबाद या मुंबई में स्थित हो।

प्रिया जिस अनुसंधान परियोजना पर काम कर रही है वह काफी दिलचस्प है। उसकी योजना ऐसी दक्ष रसोई बनाने की है, जहाँ घर में रहनेवाले लोग अगर चाहें तो आराम से अपना घर का काम कर सकें, इस बात ने मुझे चिंतित किया क्योंकि यह उन पारंपरिक पुराने घरों के विरोधाभास में था जहाँ या तो परिवार के सदस्य या फिर नौकर आगे झुककर सफाई का काम करते थे। ऐसी रसोई वर्तमान में उन परिवारों को भी अप्राप्य होगी जो नौकर रखने में समर्थ नहीं हैं, इसीलिए वे सदस्य जो घर का काम करते हैं उन्हें ही यह काम करना पड़ेगा। तथापि, उसका यह अनुसंधान एक शहरी मध्यम वर्गीय जीवनशैली के लिए उपयुक्त था जहाँ उन्नत आवास बनावट की मांग थी। मुझे लगा कि प्रिया व्यावहारिक, दूरदर्शी है और जहाँ भी उसका काम उसे ले जाए वहां तक जाने के लिए पूरी तरह से तैयार है। फिर भी रिश्तेदारों से खतरा था, जिनका मानना था कि महिला को काम नहीं करना चाहिए। वे कहते हैं कि,

"हमें बहू की कमाई नहीं खानी है," और इसीलिए, उनकी बेटियां भी जब बहू बनती हैं तो उन्हें काम नहीं करना चाहिए। उसे इस स्थिति से नफरत है।

यह कहानी उन विशिष्ट और विवादित संबंधों को दर्शाती है जो एक विशेष समुदाय की लिंग अपेक्षाओं और स्थानीय शहरी संस्कृति के बीच विकसित हो सकती हैं। यह लिंग के बारे में परिवर्तित महत्वाकांक्षाओं के बारे में बात करती है, जो एक प्रवासी परिवार में उभर सकती है अगर वे एक नए सामाजिक परिवेश में अनुकूल होने की कोशिश करते हैं। एक रूढ़िवादी स्थान से आया हुआ यह परिवार, आंशिक रूप से वडोदरा की एक स्थानीय महानगरीय संस्कृति के साथ विलय करने की कोशिश कर रहा है, जहाँ महिलाओं को अधिक आज़ादी दी जाती है। यह सब करने से प्रिया की माँ बहुत बैचैन हो जाती है। उसके पिता ही है जो उसका साथ दे रहे हैं।

मैं जिन भी लड़कियों से मिली, उन सभी के लिए अभी के अनजान भविष्य में, ससुरालवाले वास्तव में किस बात की अनुमति देंगे, यह अनिवार्य रूप से बहुत सी लड़कियों को प्रभावित करता है, यहाँ तक कि उन लड़कियों को भी जो भी बहुत ही दबंग हैं। ससुरालवाले किस बात की अनुमति देंगे, यह विषय हमारी कड़ी को अध्याय 5 से जोड़ता है, जहाँ हम प्रिया जैसी उन दबंग लड़कियों से मिलेंगे जिनका समर्थन उनके पिता कर रहे हैं जो दृढ़-निश्चयी हैं और बेटियों से बहुत प्यार करते हैं। वे पिता विवाह के चक्कर में अपनी बेटियों की आजीविका की इच्छाओं को जकड़ना नहीं चाहते हैं, और इसीलिए उनकी बेटियों को इस बात की चिंता करने की कोई ज़रूरत नहीं है कि दूसरे लोग उन्हें किस बात की अनुमति देते हैं या नहीं। फिर भी उनमें से एक कहानी (विमला की) के अंदर यह प्रश्न घुसपैठ कर गया है क्योंकि, प्रिया की कहानी की तरह ही, यहाँ भी परिवार द्वारा ताल्लुक रखनेवाले समुदाय की तरफ से बार-बार सवाल खड़े किये जाना।

इस अध्याय में, यह उभरकर आया है कि गाँव में जन्मी रीता के अलावा, बाकी सभी मध्यम से उच्च वर्ग की पृष्ठभूमियों से ताल्लुक रखती हैं, यह सब उससे विपरीत है जो हम अगले अध्याय में देखेंगे। जातियों की ऐसी पृष्ठभूमि कई बार कम पढ़े-लिखे माता-पिता और अधिक पढ़ी-लिखी बेटियों के बीच के अवग्रह को आसान कर देती है और समुदाय में स्थापित संघर्षों को आसान कर देती है। लेकिन हिंदू सामाजिक पदानुक्रम के बाहर की लड़कियों का क्या? मेरे नमूने में मेरे पास तीन लड़कियां भी थीं जो दूसरे धर्मों से थीं, एक ईसाई और दो मुसलमान। वे सभी बहुत ही दबंग और शक्तिशाली थीं। वे भी बहुत आरामदायक पृष्ठभूमि से आती थीं, और उनके माता-पिता, चाहे उनकी महत्वाकांक्षा के बारे में हो या फिर बाहर जाने की उनकी आज़ादी के बारे में, उनके जीवन में हस्तक्षेप नहीं करते थे। प्रत्येक मामले में जो माँ थी उसे उनके विवाह की चिंता थी; लेकिन पिता बहुत सहायक थे, और माँ पीछे रह जाती थी।

5

पिता-बेटी परियोजना में स्तर का बढ़ना

रानी और प्रिया दोनों ही, विभिन्न तरीकों से, इस अध्याय का नेतृत्व कर सकती हैं। इस अध्याय में हम उस भूमिका का विचार कर रहे हैं जो पिता अपनी बेटियों की आजीविका की महत्वाकांक्षा में निभाते हैं। समान पृष्ठभूमि से ताल्लुक रखनेवाली यह दोनों लड़कियां यह दर्शाने में मदद करती हैं कि किस प्रकार माता-पिता, खासतौर पर पिता, बेटियों के लिए क्या बदलाव ला सकते हैं। रानी को शायद विवाह के बाद ऐसा परिवार नहीं मिले जो उसके नौकरी करने का समर्थन करे; उसके माता-पिता का भी शायद उसके लिए यह लक्ष्य नहीं है, और उसका समुदाय भी इस बात को लेकर रूढ़िवादी है कि पत्नियों को काम करना चाहिए या नहीं। हालाँकि, प्रिया के पिता भी एक रूढ़िवादी परिवार से ही ताल्लुक रखते हैं, लेकिन वे अपने समुदाय के प्रवाह के विपरीत बह रहे हैं। उनके बेटी भी एक होनहार आजीविका की दिशा में आगे बढ़ रही है, और वे चाहते हैं कि उसके पास वह सब कुछ हो जिसकी उसे ज़रूरत है।

वे बेटियां जो आजीविका की तरफ लक्ष्य केंद्रित करना चाहती हैं, उनके जीवन में उनके पिता की भूमिका बहुत महत्वपूर्ण है। जब परिवार संकटों में होता है, तो पिता की वकालत बेहद ज़रूरी और निरंतर हो जाती है। कई कहानियां उन कठिनाइयों के महत्व को समझाएंगी जिनका सामना उन्होंने बेटी को "आत्मनिर्भर" बनाने के लिए किया है, दिलचस्प तौर पर, कुछ लड़कियों और उनके परिवारों ने "आज़ादी" की जगह इस शब्द का प्रयोग किया है। यह वे परिवार हैं जिनकी ज़रूरतें अत्यावश्यक हैं। इस अध्याय में वर्णित मामलों में, पिता अपनी बेटियों को आगे बढ़ने के लिए प्रवृत्त कर रहे हैं, और उनकी पत्नी भी इसमें सहायक हैं। इसके अलावा, अधिकांश मामलों में, लड़कियां वर्तमान में अपने जन्मदाता परिवारों को भी लाभ प्रदान कर रही हैं। इसके विपरीत, मैं एक मामला उपलब्ध कराउंगी जिसमें यह लगेगा कि बेटियों की आजीविका उनके परिवार के लिए कम महत्वपूर्ण थी, वह उनकी

ज़रूरतों को पूरा नहीं करती थी, और इसीलिए उसे उनका समर्थन प्राप्त नहीं होता था। अध्याय के अंत में, मैं एक विशेष, भिन्न सामाजिक स्थान की कथा प्रस्तुत करूंगी, जहाँ पर बेटी की आजीविका का समर्थन और वकालत करने की पिता की परियोजना का आभास भी होगा, हालाँकि उस परिवार का उत्प्रेरण तत्काल ज़रूरतों द्वारा प्रभावित परिवारों के काफी अलग है।

इलाहाबाद के दूर किनारे पर, यमुना नदी के पार, संकरी गलियों और छोटे घरों का एक मोहल्ला है, या कह लो कि एक गाँव ही है। वहां, एक अत्यंत छोटे और जीर्ण घर में *जया* अपने माता-पिता, दो छोटी बहनों "और एक प्यारे से छोटे भाई" के साथ रहती है, वैसे ही जैसे पिछले 17 साल से अपने जन्म के समय से रहती आ रही है। वह इलाहाबाद विश्वविद्यालय के अपने बी.ए. कार्यक्रम के दूसरे वर्ष में पढ़ रही है, इस विश्वविद्यालय में वह तब से पढ़ना चाह रही थी जब से अब पांच वर्ष की थी। जया के माता-पिता को उसपर गर्व है—उन्हें यह पता लग गया है कि उसकी क्षमता बहुत दूर जाने की है। कुछ साल पहले, उन्हें उससे इतनी बड़ी उम्मीदें नहीं थीं जितनी कि अब है; लेकिन जब वह 15 साल की हुई, उसने राष्ट्रीय कैडेट कोर का स्वर्ण पदक जीता। अब उन्होंने उसे हर महत्वाकांक्षा को प्राप्त करते हुए देखने के लिए कमर कस ली है; उसका लक्ष्य भारतीय प्रशासनिक सेवा का अफसर बनने का है।

वे गरीब हैं लेकिन अपने घर में स्वाभिमानी और विनम्र हैं, और अपने संकल्प पर दृढ़ हैं। उनके पास अन्य पिछड़ी जाति में होने की गरिमा है, वे मूलतया गाँव के कारीगर हैं, और वास्तविक व्यावसायिक पृष्ठभूमि में गांव के आधिकारिक वर्ग में है। जया के पिता के पास एक छोटा, अस्थिर, और अस्थाई सरकारी पद है; उनके खुद के पिता खंड विकास अधिकारी थे। वे महाविद्यालय में पढ़े हुए हैं; उनकी पत्नी 10वीं कक्षा उत्तीर्ण है। वे वकील बनना चाहते थे, लेकिन पारिवारिक ज़रूरतों को पूरा करने के चक्कर में उन्हें अपनी आगे की पढ़ाई छोड़नी पड़ी। अब वे अपना सारा पैसा अपने चारों बच्चों की शिक्षा में लगाते हैं। वे जोर देकर कहते हैं कि वे जया को दहेज़ नहीं दे सकते; और जया की माँ दहेज़ देने के विचार से ही चिल्लाकर "नहीं!" कहती हैं। वे क्षमाप्रार्थी नहीं हैं; वे जया को अच्छा बनाना चाहते हैं, और योजना उसे तब तक हर प्रकार से सहारा देने की है जब तक कि वह खुद को सँभालने के लायक न बन जाए। फिर, अगर उसके पास अपने भाई-बहनों की मदद करने की क्षमता होगी, तो वे उससे यह स्वीकार करेंगे लेकिन इससे ज्यादा कुछ नहीं; आनेवाले सालों में खुद को सँभालने के लिए उसके पास अपना सारा पैसा होना चाहिए।

यह लड़की मुझे उस युवा महिला की याद दिलाती है जिससे मैं कुछ साल पहले बेंगलुरु में मिली थी (क्लार्क और शेखर 2007)। *सरिता*, जो हमारे साक्षात्कार के समय 21 साल की थी, पांडिचेरी से ताल्लुक रखती थी, जहाँ उसके पिता एक सरकारी प्रूफरीडर के तौर पर काम करते थे। पिता महाविद्यालय में पढ़े हुए थे, माँ पढ़ी हुई नहीं थी। वे अपनी बेटी

को खुद से आगे बढ़ते हुए देखना चाहते थे। सरिता दो बेटियों में से बड़ी थी, और उनके और कोई बच्चे नहीं थे। उसके माता-पिता ने उसे दूसरे शहर के एक अच्छे महाविद्यालय में पढ़ने के लिए भेजा, और उससे उम्मीद करी कि वे स्नातक के बाद एम.ए. करूंगी। उन्हें ऐसा लगता है कि एक और पदवी प्राप्त कर लेने से उसकी नौकरी की संभावनाएं बढ़ जाती है। हालाँकि, बी.ए. कार्यक्रम के अंतिम वर्ष की समाप्ति होने से पहले ही, उसे और उसके कई सहपाठियों को एक प्रमुख बहुराष्ट्रीय निगम में नौकरी मिल गई और उन्हें स्नातक होते ही बेंगलुरु में आने और बिजनेस प्रोसेस आउटसोर्सिंग(बीपीओ) में काम करने को कहा। कई आशंकाओं के बावजूद, उसके माता-पिता मान गए, क्योंकि वहां उनकी बेटी अन्य सहपाठियों के साथ रहनेवाली थी, और उन्हें मिलनेवाला वेतन बहुत अच्छा था। जब सरिता ने काम शुरू किया, तो उसका वेतन अपने पिता के जितना ही था। उसका परिवार चकित और उत्साहित था कि वह इतना अच्छा कर सकती है। सरिता की योजना नौकरी करते हुए पत्राचार द्वारा मानव संसाधन प्रबंधन में एम.ए. पूर्ण करने की थी, और फिर किसी अन्य अधिक पेशेवर स्तर की नौकरी करने की थी। वह पहले अपनी छोटी बहन की मदद करेगी, और फिर स्वतंत्र होगी।

पारिवारिक संरचना के संदर्भ में देखा जाए तो, इलाहाबाद की *विमला*, समान ही लगती है। लेकिन उसकी परिस्थितियाँ बहुत जटिल हैं। और अपनी आजीविका को आगे लेकर जाने के उसके अवसर मिश्रित हैं, और इसके बड़े ही भिन्न-भिन्न कारण हैं। 22 साल की और डी.फिल. की उम्मीदवार विमला सबसे बड़ी संतान है, जो अपनी पारिवारिक पृष्ठभूमि से परे जाकर आगे बढ़ रही है। वह इलाहाबाद विश्वविद्यालय में पढ़ाती है, जहाँ पर वह शोध कर रही है और डी.फिल. का एक निबंध भी लिख रही है जिसमें नारीवाद, दर्शन, और शिक्षा के अध्ययन को एकत्र किया गया है। जिस एक विद्वान् की वह सबसे बड़ी प्रशंसक है, वे हैं चंद्र तलपडे मोहंती।

उसका परिवार इलाहाबाद के बाहरी इलाके के एक घर में रहता है, परिवार में माता-पिता के साथ बच्चे हैं (दो बेटियां और एक सबसे छोटा बेटा), सभी बच्चे महाविद्यालय या विश्वविद्यालय में जाते हैं। परिवार पूरी तरह से विमला की 19,200 रूपये प्रति महिना की कनिष्ठ शोध छात्रवृत्ति (जूनियर रिसर्च फ़ेलोशिप) पर निर्भर है, जो वर्षों तक जारी रहेगी जब तक कि विमला अपनी डॉक्टरेट की पदवी प्राप्त न कर ले। यह परिवार पहले अपने मूल गाँव में रहता था जहाँ विमला के पिता किसान थे, वहां से वे एक छोटे शहर में आए जहाँ के महाविद्यालय में विमला पढ़ती थी और वहां से वे इलाहाबाद में आए। उसके पिता के पास महाविद्यालय की पदवी है; उसकी माँ अशिक्षित हैं। वे अभिमानी लोग हैं जो अन्य पिछड़ा वर्ग से ताल्लुक रखते हैं, उनके पास गाँव में कुछ ज़मीन है जिसका थोड़ा उत्पन्न प्रति वर्ष गाँव में रहनेवाले रिश्तेदार उन्हें भेजते हैं। कुछ रिश्तेदार महाविद्यालय में पढ़े हुए हैं, बाकियों ने थोड़ी सी शिक्षा प्राप्त की है।

गाँव से पहली बार शहर में आने के बाद, पिता एक दुकान में सामान बेचते थे। विमला को फिर इलाहाबाद के स्नातकोत्तर कार्यक्रम में दाखिला मिल गया और यहाँ आकर एक वर्ष तक एक लड़की के साथ एक कमरे में रही। लेकिन उसके पिता नहीं चाहते थे कि "अकेली लड़की शहर में रहे।" इसीलिए अगले ही साल, पूरा परिवार ही उसके साथ रहने के लिए इलाहाबाद में आ गया। उसके पिता ने अपने रोज़गार का त्याग कर दिया, अब उन्होंने खुद को बच्चों को महाविद्यालय छोड़ने और घर वापस लाने में समर्पित कर दिया है। विमला हाल ही में एक उत्तरी शहर में दो-दिन की बैठक के लिए गई थी। उसके पिता उसकी सुरक्षा के लिए उसके साथ गए। वह अपने पिता के बिना कहीं भी बाहर नहीं जाती है।

वह अपने परिवार का सहारा और उनकी धुरी की कील है। उन्हें उसकी बौद्धिक उपलब्धियों पर गर्व है, और वह चाहते हैं कि वह जितना चाहे पढ़े और जितना ऊपर जाना चाहती है जाए। विशेष रूप से उसकी अशिक्षित माँ अपनी बेटी की प्रशंसा और उसको समर्थन देने के मामले में बहुत मुखर है। वह ज़ोरदार इशारों के साथ कहती हैं "मैं खुश हूँ कि उसके पास अच्छी आजीविका है। वह हमारे समाज में बहुत प्रसिद्ध है!"

जिन विरोधाभासों का सामना विमला अपनी परिस्थिति में करती है, वे उसपर तीव्रता से प्रहार करते हैं। वह एक पढ़ी-लिखी नारीवादी है, और साथ ही एक नितांत आदरणीय बेटी भी है। यह गाँव के वे लोग हैं जिन्होंने अपने गाँव की संकीर्णता को नकार दिया है और एक संयुक्त परिवार से बाहर निकल आये हैं जहाँ पर महिलाओं के प्रति होनेवाली हिंसा को बच्चों द्वारा देखा जा सकता था। इसे देखना चौंका देनेवाला था। विमला ने मुझे बताया कि जब उसके पिता उन सबको लेकर पास के शहर में आए तो उन्होंने विमला से कहा, "मैं नहीं चाहता था कि मेरे बच्चे उस वातावरण में बड़े हों।" वह अपने पिता के इस कार्य के बारे में बहुत सम्मान से बताती है। "मेरे पिता मेरी शिक्षा के लिए बहुत साहसी पुरुष हैं। उनके पास उतनी शिक्षा नहीं थी जितनी वे चाहते थे, और अब वे मेरे लिए यह चाहते हैं।" वह बताती हैं कि उनका सपना है कि मैं "एक अच्छी और एक स्वतंत्र महिला" बनूँ।

हालाँकि, वह बताती है कि इस दोगुने लक्ष्य में एक विरोधाभास है। वह मुझे बताती है, "मैं अपने व्यक्तित्व का विकास कैसे कर सकती हूँ जब मुझे बताया जाता है कि 'तुम एक लड़की हो, लड़का नहीं' " (संक्षेप में, मैं एक स्वतंत्र महिला कैसे बन सकती हूँ?) उसके पिता बहुत ही सुरक्षात्मक हैं। वे अपने कुछ फ़ैसले उसके साथ साझा करते हैं; लेकिन जो कपड़े वह पहनती है वह अपनी नहीं बल्कि उनकी पसंद के होते हैं। वह अपनी कमीज़ की तरफ इशारा करते हुए कहती है, "मैं छोटी बाहों और बिना कॉलर की कमीज़ पहनना चाहती हूँ; लेकिन वे इस बात पर जोर देते हैं कि मैं पूरी बाहों और कॉलर वाली कमीज़ पहनूं। वह चिल्लाकर कहती है, "मेरी बहन जींस पहनती है!" सबसे बड़ी होने के नाते उसपर ज्यादा ज़िम्मेदारी है।

हम उसके भावी विवाह के बारे में बात करते हैं, जिसका फैसला वह अपनी मर्ज़ी से लेना चाहेगी लेकिन उसे उम्मीद है कि उसे तय उसका परिवार करेगा। वह जोर देकर कहती है कि जिस परिस्थिति में वह है, उसके पास किसी से मिलने का कोई मौका नहीं है! उसका परिवार उसके लिए कोई ऐसा लड़का खोजेंगे जो उसके जितना शिक्षित हो, और समान स्तर की नौकरी करता हो। "मैं ऐसे लड़के से विवाह करना चाहूंगी जो मेरे विचारों का सम्मान करे। अगर वह लड़का सही नहीं हुआ तो मैं दृढ़तापूर्वक मना कर दूंगी। मेरा फैसला सही होगा इस बारे में मुझे कोई आशंका नहीं है। जब मेरे पिता किसी के साथ मिलना तय करेंगे, मैं उसके साथ कुछ महीने बिताना चाहूंगी ताकि सभी विषयों पर बात की जा सके। मैं उससे मेरे बारे, महिलाओं के बारे में उसके दृष्टिकोण के बारे में पूछूंगी। उसे एक लड़की की निर्णय लेने में भागीदारी और स्वतंत्रता चाहिए ही होगी।" वह आग्रहपूर्ण रवैया जिस में वह बात कर रही थी, बहुत ही मर्मभेदी था।

मैंने उससे पूछा कि उसके भावी वैवाहिक जीवन का प्रबंधन कैसे होगा।

> क्योंकि हम दोनों ही नौकरी करनेवाले होंगे, इसीलिए जब बच्चे की देखभाल की बात आएगी, वह हम दोनों को ही करनी पड़ेगी। मेरे चाचा और चाची शिक्षक हैं, और उनके दो बच्चे हैं; एक दूसरे चाचा-चाची उनकी देखभाल करते हैं। जब परिवार के सदस्य पास में होते हैं, तो अच्छा होता है। मुझे एक संयुक्त परिवार और अच्छे सास-ससुर चाहिए। अगर बच्चों की देखभाल में कोई समस्या होगी, तो मैं अपनी नौकरी छोड़ दूंगी और परिवार और बच्चे को प्राथमिकता दूंगी। लेकिन रिश्तेदार उपलब्ध हैं, और मेरी माँ बताती हैं कि बच्चों की देखभाल के लिए मैं उन्हें बुला सकती हूँ। मुझे उम्मीद है कि मेरा पति मुझे मेरी माँ को बुलाने की अनुमति दे देगा। मेरे परिवार में यह बड़ी समस्या नहीं है, बच्चों की देखभाल आपस में बांटी जा सकती है।
>
> मैं चाहती हूँ कि मेरे सास-ससुर मेरी नौकरी का समर्थन करें। पढ़ाते हुए, मैं शाम के 5 बजे के बाद बच्चे की देखभाल कर सकती हूँ—शिक्षण सारणी की वजह से यह संभव हो पाता है। बच्चे के जन्म के समय मैं छह महीने की छुट्टी लूंगी, और फिर काम पर वापस लौटूंगी। अगर मेरा तबादला होता है, तो मैं अपने पति को अपने साथ चलने के लिए कहूँगी; अगर उनका तबादला होता है, तो मैं उनके साथ जाउंगी। पुरुष इस मामले में ज्यादा हावी हो जाते हैं।
>
> मैं एक प्राध्यापक बनूँगी। मेरी योजना यह है कि मैं मेरा स्नातकोत्तर डिप्लोमा और डी.फिल. करूँ, और अब से लेकर 65 साल की उम्र तक काम करना जारी रखूं। मैं अपने शिक्षण और अपने विद्यार्थियों से प्यार करती हूँ। शिक्षक बनना मेरा जूनून है।

विमला के साक्षात्कार, और उसके अपने दिल की बात को जानने और व्यक्त करने ने, मुझे बेंगलुरु की दो लड़कियों की याद दिला दी जिनसे मैं कुछ साल पहले मिली थी।

कामायनी से जब मैं मिली तब वह भी 22 साल की थी; उसके पास बी.कॉम. की पदवी और बीपीओ में नौकरी थी। वह रात की पाली में काम नहीं करती थी; वह कई अमेरिकी बीमा कंपनियों के बीमा दावेदारों को अनुक्रमित करती थी। उसे अपना काम पसंद था और वह इसे अच्छे से करती थी; वास्तव में, उसका मानना था कि उसे जल्दी ही पदोन्नति भी मिल जाएगी, जिसे लेकर वह बहुत उत्साहित थी। वह एक प्रबंधक बनना चाहती थी और अमेरिका में व्यापारिक दौरों पर जाना चाहती थी।

कामायनी के अनुसार वह एक रूढ़िवादी परिवार से थी; हर महीने वह अपना पूरा वेतन अपने पिताजी को दे देती थी। उसके परिवार को इसकी ज़रूरत नहीं थी; यह तो उसके भविष्य के लिए निवेश किया जा रहा था। उसे कंपनी के काम से अन्य युवा कर्मचारियों के साथ शहर से बाहर जाने की अनुमति नहीं थी। उसकी माँ और बड़ी बहन दोनों ही आज्ञाकारी गृहिणियां थीं। कामायनी आकर्षक रूप से प्रेरक थी, बल्कि कुछ हद तक सशक्त भी, क्योंकि उसने प्रण लिया था कि वह विवाह के बाद भी नौकरी करती रहेगी। उसने यह भी योजना बनाई थी कि वह अपने अच्छे संचार कौशल का इस्तेमाल अपने माता-पिता से यह आग्रह करने के लिए करेगी कि वे उसे अपनी पसंद के लड़के से विवाह करने दें। उसने कहा, “मैं आसानी से ‘नहीं’ को स्वीकार नहीं करूँगी। मैं इसका कारण जानना चाहूंगी।” लेकिन एक परंपरागत परिवार द्वारा लागू किये गए प्रतिबंधों के प्रकाश में उसकी प्रबोधकता कुछ हद तक अविश्वसनीय लग रही थी। मुझे आशंका थी कि उसे महाविद्यालय की पढ़ाई के बाद नौकरी करने की अनुमति इसीलिए दी गई थी ताकि उसके पिता द्वारा प्रबंधित बचत खाते में इतना पैसा इकठ्ठा हो सके जो उसके दहेज़ या विवाह तय करने में काम आ सके। अगर उसे आगे नौकरी करनी थी, तो यह परिवार पर निर्भर करेगा जिसमें उसका विवाह होगा।

यह समान परिस्थिति थी जो मुझे विमला के परिवार द्वारा विवाह के बाद उसकी आज़ादी के संदर्भ में स्पष्ट रूप से व्यक्त की गई थी। हालाँकि, वह परिस्थिति इस बात में अलग थी कि विमला के परिवार को उसके वेतन की ज़रूरत थी, और परिणामस्वरूप उन्होंने उसे अपनी व्यावसायिकता को बढ़ाने के लिए सक्रिय प्रोत्साहन दिया। साथ ही, उन्होंने उसपर अभिमान भी व्यक्त किया, न कि कामायनी के परिवार की तरह, जिन्होंने (मेरे अनुसार) उसे नौकरी केवल इसीलिए करने दी ताकि विवाह होने तक के समय को काटा जा सके।

विमला के साक्षात्कार ने मुझे बेंगलुरु की एक अन्य युवा महिला की याद दिला दी। रेवती ने कॉल सेंटर उद्योग में तब शामिल हुई जब उसके परिवार पर अचानक पर ज़रूरत आन पड़ी। उसके पिता के साथ एक दुर्घटना हो गई और वे काम करने में असमर्थ हो गए। हालाँकि रेवती के पास वकालत की पदवी थी, लेकिन कॉल सेंटर की नौकरी से उस मुसीबत में फंसे परिवार को पैसा अधिक मात्रा में और जल्दी मिल सकता था। उस वक्त परिवार की रूढ़िवादी अपेक्षाओं को अफ़सोस जताते हुए बदल दिया गया, और वे सबसे

बड़ी संतान की कमाई और संसाधनों का लाभ उठाने लगे। खुद के प्रति रेवती का दृष्टिकोण भी बदल गया। जब मैं विमला को अपने फ़ैसले के बारे में विचार व्यक्त करते हुए सुनती हूँ तो मुझे रेवती के शब्द याद आते हैं: "मुझे खुद पर विश्वास है। जो भी फैसला मैं लूंगी वह सही होगा।"

अभी हमने इलाहाबाद के दो परिवारों को देखा—जया और विमला के—जो परिवार के सामने आई गहरी असुरक्षा और परिवर्तन से बचने के लिए अपनी सबसे बड़ी संतान, एक बेटी, पर निर्भर हैं। हमने उनकी तुलना दो दक्षिण भारतीय परिवारों से की जिनकी सबसे बड़ी बेटियां, सरिता और रेवती ने, यह बचाव करना शुरू कर दिया था, और एक (कामायनी) जिसके लिए न तो बचाव आवश्यक था, और न ही उस लड़की की आजीविका का ज़ोरदार समर्थन किया जा रहा था। प्रत्येक मामले में, पिता की भूमिका बहुत ही महत्वपूर्ण बनकर उभरी थी। यह भूमिका उस लड़की की भूमिका जितनी ही महत्वपूर्ण है जिसने अपनी योग्यता के आधार पर अपने परिवार को कामकाजी वर्ग की पृष्ठभूमि से ऊपर उठाने का फैसला किया है।

यह कहानी है *वासंती* की, जो महाराष्ट्र के एक गाँव के एक दूधवाले की बेटी है। वासंती 23 साल की है, और मुंबई के एक सार्वजनिक विश्वविद्यालय में प्रबंध अध्ययन के स्नातकोत्तर कार्यक्रम में आखिरी साल की छात्रा है। वह विपणन और फुटकर प्रबंधन में आजीविका बनाने की इच्छा रखती है। उसने अपने स्नातक के बाद और स्नातकोत्तर कार्यक्रम शुरू करने से पहले मुंबई की एक बड़ी कंपनी में 14 महीने तक सहायक विपणन अधिकारी के तौर पर काम किया है। इस क्षेत्र में पढ़ाई करने के कारण, वह यह सुनिश्चित करना चाहती थी कि क्या आजीविका का यह मार्ग उसका सही चुनाव है। "क्या मुझे सच में विपणन पसंद है? इसकी गतिविधियाँ क्या हैं? मैंने आत्मविश्लेषण किया और मुझे जवाब मिला, हाँ।" उसके वरिष्ठ उससे प्रभावित थे, और उन्होंने उससे वादा किया कि इस साल स्नातकोत्तर पूर्ण करने के बाद वह जिस भी कंपनी में आवेदन करना चाहेगी वे वहां उसकी सिफारिश करेंगे। वह बताती है, "यह वे लोग हैं जिन्होंने मुझे प्रतिबद्धता और समर्पण के साथ काम करते हुए देखा है।"

वासंती अपने माता-पिता, दो छोटी बहनों, और अपनी दादी के साथ मध्य मुंबई के एक छोटे से दो कमरों के घर में रहती है, जहाँ वह बड़ी हुई है। परिवार के महाराष्ट्र के मूल गाँव में, उसके पिता ने 10वीं तक की पढ़ाई और माँ ने 8वीं तक की पढ़ाई मराठी माध्यम के विद्यालयों से पूरी की। "हमारे गाँव में 45 घर हैं; लेकिन उनमें से 20 बंद पड़े हैं।" वासंती के माता-पिता की तरह ही वे लोग भी मुंबई में आ गए हैं।

वासंती का परिवार उस जाति से ताल्लुक रखता है जिनका पारंपरिक व्यवसाय दूध बेचने का है। उसके चाचा का अभी भी गाँव में एक दुग्धालय है और वे साल में एक बार

उनसे मिलने जाते हैं। जब उसके पिता 16 साल के थे, वे अपने बड़े भाई के साथ दूध बेचने के काम के लिए मुंबई में आ गए थे। वे हर सुबह वर्ली के एक बड़े दुग्धालय से दूध एकत्र करते थे और ग्राहकों के घरों में पहुंचाते थे।

वासंती बताती है, जब वे शहर में आए तो "उन्होंने शिक्षित लोगों को देखा", और सोचा कि काश वे भी और ज्यादा शिक्षित होते। उन्होंने 25 साल की उम्र में विवाह किया और उनकी दुल्हन 18 साल की थी। अगले ही साल वासंती का जन्म हुआ, और उसके बाद दो और लड़कियों का। "उन्हें कभी बेटा न होने का पछतावा नहीं हुआ; उन्होंने हमेशा हमें वह सब करने के लिए प्रेरित किया जो एक लड़का कर सकता है।" एक दमदार वक्तव्य में वह कहती है, "वे अपने सपने मेरे ज़रिये पूरा करना चाहते हैं।" अब उसके पिता एक छोटी कंपनी में चौकीदार के रूप में काम करते हैं, और 8,500 रुपए महीना कमाते हैं।

वसंती पहले से ही बहुत आत्मनिर्भर है। उसने विपणन अधिकारी के रूप में एक साल काम करते हुए अपने स्नातकोत्तर के शुल्क के लिए बचत कर ली, और माता-पिता को भी उन पैसों से योगदान दिया। और अभी भी करती है। वह अभी आस-पड़ोस में रहनेवाले 17 बच्चों को घर पर ट्यूशन पढ़ाकर कमाई करती है। हर शाम बच्चों के दो दल आते हैं, 6 से 7.30 और 7.30 से 9, और उसके साथ उस घर के इकलौते संपूर्ण कमरे में बैठकर पढ़ते हैं। जब पढ़ाई चल रही होती है, तो छोटी बहनें बालकनी में पढ़ती हैं, और बड़े लोग रसोई में बैठते हैं। इस प्रकार से वासंती प्रति माह 11,500 कमा लेती है। व्यावसायिक नौकरी लगने के बाद भी, पड़ोस की मदद से, वह ट्यूशन पढ़ाना जारी रखना चाहती है; वह पड़ोस के बच्चों के लिए प्रतिबद्ध महसूस करती है। उन बच्चों के माता-पिता अधिक पढ़े-लिखे नहीं हैं, और उन बच्चों को अपनी पढ़ाई में इस तरह की मदद की आवश्यकता पड़ती है।

उसके ऊपर जल्दी विवाह करने का कोई दबाव नहीं है, और न ही माता-पिता की मर्ज़ी से विवाह का कोई दबाव है; वह अपना साथी खुद चुन सकती है। यह संभव है कि वह अपनी ही जाति के किसी लड़के से विवाह करे, क्योंकि उनमें से कुछ लोग भी अब शिक्षित होने लग गए हैं। वह कहती है कि उसके माता-पिता व्यापक विचारधारा के हैं, लेकिन वे एक संकीर्ण विचारधारा के गाँव से ताल्लुक रखते हैं। उसपर कोई बंधन नहीं हैं, और प्रदर्शनों या विद्यालय के आयोजनों में, या मित्रों के साथ घूमने जाने में, शहर से बाहर जाने के लिए स्वतंत्र है। भविष्य में, जब वह अपने संभावित वैवाहिक साथी से मिलेगी, वह निजी संगतता और चार से पांच महीने तक परिचित होने पर जोर देगी, जिसमें वह उसके साथ शहर में खुलेआम घूम सके। लड़का आत्मनिर्भर, कमानेवाला, अच्छे परिवार से ताल्लुक रखनेवाला, शराब न पीनेवाला, और मुंबई में रहनेवाला होना चाहिए। उसे वासंती के नौकरी करने पर सहायक होना चाहिए। उसकी एक विशिष्ट आवश्यकता है: उसे यह समझना होगा कि वासंती की आय का 50 प्रतिशत हमेशा उसके माता-पिता के पास जाएगा। यह बात एकदम स्पष्ट है, हालाँकि उसने यह भी कहा है कि वह संयुक्त परिवार में (उसके माता-पिता)

के साथ रहना पसंद करेगी। वह चाहती है कि वह इन सब मुद्दों की चर्चा सीधे अपने होनेवाले पति से करे, जो इन बातों को अपने माता-पिता को स्पष्ट कर देगा।

मेरे द्वारा लिए गए सभी साक्षात्कारों में से वासंती इकलौती कमाऊ-वर्ग की लड़की नहीं है वरन वह सब से ज्यादा उल्लेखनीय भी है। चपरासी की नौकरी करते समय अपनी पारिवारिक भूमिका निभाते समय उसके पिता की इच्छा और पछतावे, इस कहानी का एक मार्मिक हिस्सा हैं। उसके माता-पिता का बेशुमार प्रोत्साहन और प्रतिबंध की कमी आवश्यक संदर्भ का हिस्सा बनते हैं। उसके पास प्रतिबद्ध प्रोफेसरों का मजबूत समर्थन है, और वह एक शीर्ष छात्रा भी है। उसने खुद को कंपनी के साथ अपने कार्य अनुभव के दौरान एक वैश्विक व्यक्ति में तब्दील किया है। इसका श्रेय मुंबई शहर के अग्रेषण को भी जाता है।

वासंती के पास अपने कार्य के आदर्श हैं और विश्व पर प्रभाव है। गरीब बच्चों की मदद करने के लिए वह प्रतिबद्ध महसूस करती है; और उसका जोर इस बात पर है कि जिस कंपनी के लिए वह काम करे वह नैतिक होनी चाहिए, जिसका प्रबंधन और व्यापार की प्रथाएँ अच्छी हों। वह घोषणा करती है, "आप अपनी कंपनी की प्रतिमा साथ लेकर चलते हो, और उसमें आपको गर्व महसूस होना चाहिए।"

"मैं चाहता हूँ कि वह वह सब करे जो मैं कभी नहीं कर पाया!" हमने यह या इससे मिलती-जुलती टिप्पणी अब तक बहुत बार, कई भिन्न शहरों और सामाजिक-सांस्कृतिक स्थानों में कई पिताओं के मुंह से सुनी है। साथ ही, इन लड़कियों ने भी अपने माता-पिता को चौंकाया है जिन्हें यह उम्मीद नहीं थी कि उनकी बेटी अगले स्तर तक इतनी ऊँची छलांग मारेगी। शिक्षा महत्वपूर्ण थी, लेकिन उम्मीदें मामूली ही थीं। लेकिन बेटी अवसर के एक बिंदु पर पहुँच गई, और फिर माता-पिता को राज़ी किया कि वे उसे आगे जाने दें। पिता की छोटी नौकरी और माँ की शिक्षा की कमी उन्हें अपनी बेटी में परिवार की उम्मीदों का निवेश करने से रोक नहीं रहीं थीं; वास्तव में, यह साधारण पृष्ठभूमि ही उनके ऐसा करने का मुख्य कारण थी, जब उनकी पहली संतान बेटी थी। ऐसा लगता है कि उन्हें इस बात का पछतावा नहीं है कि उनकी पहली संतान बेटा नहीं है; बल्कि यह ऐसा है कि वे इसे एक विशेष, अद्वितीय आशीर्वाद मानते हैं कि उनकी पहली संतान एक प्रतिभाशाली, ऊर्जावान, और बुद्धिमान लड़की है।

एक साधारण पृष्ठभूमि से आनेवाली युवा महिला जो अपने माता-पिता की सबसे बड़ी संतान है, अपने पूरे जन्मदाता परिवार के लिए एक मिसाल बन सकती है। जैसे जैसे उनकी उपलब्धियां बढ़ती जाती हैं, उससे जुड़ी हुई उम्मीदें भी बढ़ती जाती हैं। उसे सफल होना है और अपने परिवार के लिए गर्व का और कमाई का स्रोत बनना है। जिन परिवारों में कोई बेटा नहीं है, बेटी बुढ़ापे में अपने माता-पिता की देखभाल करती है; जिन परिवारों में छोटे भाई-बहन हैं, वह उनकी शिक्षा में मदद करती है। अगर छोटा बेटा है, तो बेटियों से उम्मीद की जाती है कि वे आत्मनिर्भर बनें लेकिन आगे जाकर माता-पिता को सहारा नहीं दें। उसे

दहेज़ की उम्मीद नहीं करनी है, उसकी कमाई की क्षमता पर्याप्त होने की उम्मीद है। यह सभी उम्मीदें चुनौतीपूर्ण हैं, और कई बार भयभीत भी करती हैं, फिर भी उनके भार का पलड़ा इस लड़कियों के दृष्टिकोण के पक्ष में ही झुकता है क्योंकि इनका खुद का रूपांतर उनके परिवार के परिदृश्य में इतना बड़ा है जितना एक महिला का कभी हुआ नहीं करता था। मेरे अध्ययन की एक और लड़की, जो अपने माता-पिता की इकलौती संतान है, कहती है, "मैं उनका बेटा हूँ।"

उनके अभिमान की जीवंतता हमारी बैठकों के बारे में मेरी यादों पर हावी हो जाती है। जिस प्रकार से इन लड़कियों ने मेरे अनुसंधान का विषय बनने का अवसर ग्रहण किया, और खुद को प्रस्तुत करने के उनके पहलुओं ने मुझे आत्म-पहचान की उनकी प्रक्रिया में एक अस्थायी साधन बना दिया। हालाँकि उनकी आवाज़ सुननेवाली मैं अकेली ही थी, लेकिन हर लड़की अपनी कहानी कुछ इस प्रकार से सुना रही थी जैसे कि पूरी दुनिया तक अपनी बात पहुंचाना चाह रही हो। वे सभी युवा महिलाएं जिनका विवरण मैंने इस अध्याय में और कुछ जिनका वर्णन मैंने पिछले अध्याय में किया है, वे सभी अपनी मांगों को लेकर बहुत ही मुखर हैं।

दो बिंदु ऐसे थे जिनमें यह मुखरता समान रूप से शब्दों में जाँची गई। मेरी प्रश्नावली में एक प्रश्न शामिल था: "क्या आप विवाह के बाद नौकरी करना जारी रखेंगी?" इस प्रश्न का उत्तर देते समय उन लड़कियों के चेहरे के भाव और बोलने का लहज़ा ही बदल गया, जो अब तक किसी भी प्रश्न में नज़र नहीं आया था, उनका जवाब था, "हाँ, बिल्कुल!"—लगभग विचित्र रूप से इस धारणा को व्यक्त करते हुए जैसे कि इस बारे में तो कोई प्रश्न हो ही नहीं सकता था। दहेज़ लेने और देने के बारे में पूछे गए मेरे प्रश्नों का जवाब भी कुछ इसी तरह, क्रोधित संस्करण में दिया गया था, "बिल्कुल नहीं!"

तीन छात्राएं जो बेहद मामूली पृष्ठभूमि से आती थीं, जया, विमला, और वासंती, जिनका साक्षात्कार इलाहाबाद और मुंबई में किया गया था, उनमें से प्रत्येक अनुसूचित जाति या अन्य पिछड़ा वर्ग श्रेणी के परिवारों से ताल्लुक रखती थीं। वे सरकारी महाविद्यालयों में पढ़ रही हैं, और इसी कारण उन्हें कानून द्वारा अनुमत विशेष छात्रवृत्ति और आरक्षित जगहों का लाभ मिल जाता है। इन विशेषाधिकारों का उपयोग पूरी तरह से तथ्यों में किया जा रहा है, क्योंकि यह कानून का भाग तब से हैं जब से यह लड़कियां नवज़ात थीं, या सबसे छोटी लड़की के मामले में तो शायद उससे भी पहले से। अपनी बेटियों के लिए इन परिवारों की महत्वाकांक्षा माता-पिता की उपलब्धियों से कहीं ज्यादा दूर तक पहुंच जाती है, और यह लड़कियों और उनके माता-पिता द्वारानिर्विवाद रूप से स्वीकार कर ली जाती हैं। लड़कियां जब बोलती हैं तो उनका प्रभाव बहुत ही आत्मविश्वास भरा और व्यावहारिक दिखाई देता है।

हालाँकि, शारीरिक रूप से, उनके बीच बड़ा अंतर है, जहाँ एक तरफ वासंती और जया के परिवारों ने उन्हें पूरी आज़ादी दी है, विमला के ऊपर कड़ी निगरानी रखी जाती है।

वह इन तीनों में सबसे ज्यादा निपुण, सबसे ज्यादा जागरूक है और जिन समस्याओं का सामना महिलाएं करती हैं उस बारे में सबसे ज्यादा जानकारी भी उसे ही है। इसके बावजूद भी, उसपर सबसे ज्यादा प्रतिबंध हैं, शायद दुर्भाग्यवश, उसके पिता की यथार्थवादी जाति आधारित चिंताओं के कारण हो। विमला यादव समुदाय की है, वह जाति जो उसके राज्य (उत्तर प्रदेश) में सत्ता में है, एक जाति जिसका कुख्यात रूढ़िवादी बहुमत है। इस परिवार का नाटक यह है कि यह परिवार की गाँव की शाखा से अलग हो गया है, संभवतः उनमें होनेवाले विवादों से खुद को अलग कर लिया है, और उसके माता-पिता द्वारा किया गया आग्रह कि उनकी बेटी को सफल बनाने के लिए अनुमति दी जानी चाहिए और प्रोत्साहित किया जाना चाहिए (और यही उनकी दूसरी बेटी के बारे में भी है)। यह सब होने के लिए, यह ज़रूरी है कि वे न केवल अनजान लोगों से, बल्कि अपने खुद के समुदाय के लोगों से भी, बहुत करीब से उनकी सुरक्षा करें।

यह तनाव विमला के शारीरिक हाव-भाव में नज़र आता है। जिस प्रकार से वह खुद को प्रस्तुत करती है वह आमतौर पर कठोर और सही होता है। मैं इन लड़कियों की निजता की सुरक्षा के लिए इनके असली नाम या तस्वीरों का इस्तेमाल नहीं करती हूँ; लेकिन परिसर में ली गई एक तस्वीर में मैं विमला को उसकी सहपाठियों के बीच में देखती हूँ, उस तस्वीर में उसका असर उल्लेखनीय है। उसकी नज़र और तौर-तरीकों में एक उग्र गरिमा है। हमारे व्यक्तिगत साक्षात्कार में, वह बहुत ही सौम्य और आकर्षक थी। हालाँकि, जब हम उसके परिवार से मिलने पहुंची, तो वह काफी औपचारिक थी, और मेरे लिए अनुवाद भी नहीं किया; वह काम साथ आए एक सहकर्मी ने किया। फिर भी उसने अपने अभिमानी और दुर्जेय पिता की ही उपस्थिति में ही कहा कि अब वह इस परिवार को संभालती है।

जो धारणा मैं यहाँ दिखाना चाहती हूँ वह है एक क्षमता के रूप में मुखरता (सेन 1999, नसबाउम और सेन 1993)। यह एक उम्मीद या महत्वाकांक्षा पालने से ज्यादा है; यह स्वयं का एक वक्तव्य है (टेलर 1989, बनर्जी 2001)। इस जागरूक आत्म को जब शब्दों के द्वारा मुखर बनाकर अभिव्यक्त किया जाता है, तो यह एक तरह का नैतिक क्षेत्र बन जाता है। इन महिलाओं के पास उनके शरीर में और उनकी आत्म-प्रस्तुति में नैतिक बल है। उनकी परिस्थितियां उनके सपनों और महत्वाकांक्षाएँ को पूरा करने की इजाज़त दे या नहीं दें, लेकिन कोई भी ऐसी बात नहीं है जो उन्हें यह कहने से रोक सकें कि वे क्या हैं और क्या बनना चाहती हैं और क्या करना चाहती हैं। यहाँ पर, मुखरता अपने आप में एक क्षमता है: एक संभावना जो विचार और जागरूकता में यथार्थ हो गई है।

परिवार की लिंग की अपेक्षाओं में और महिला आत्मनिष्ठता को स्पष्ट करने के बदलावों में, बेंगलुरु में किया गया पहला काम एक प्रमुख खोज था (क्लार्क और शेखर 2007)। विभिन्न पृष्ठभूमि की परिस्थितियों में प्रश्नों के उत्तर भिन्न तरीकों से दिए गए हैं: लेकिन परिवार की सन्निहितता का अटूट विषय प्रचलित है। एक सभ्य जीवन की पारिवारिक

आकांक्षाएं बेटियों को उसी प्रकार चाह सकती हैं जैसे बेटों को। वर्तमान के तनावों के तहत, आर्थिक अव्यवस्था और भंग होती सांस्कृतिक परिस्थितियों में, इन परिवारों को नई परिस्थितियों में सुरक्षा की नई रणनीति को संबोधित करने की ज़रूरत है। अपनी चिंतित दुविधाओं से उबरने के लिए अपनी बेटियों की तरफ मुड़ने से, यह परिवार लिंग पहचान और परिवर्तन को इस मुद्दे के केंद्र में रखता है।

इन नई परिस्थितियों में लिंग को संभावनाओं की एक नई स्थिति में और बहुत आशा व्यक्त करते हुए रखा जाता है। युवा महिलाएं अपनी पारिवारिक पृष्ठभूमि और अपनी महत्वाकांक्षाओं के बीच की सीमाओं से अच्छी तरह से वाकिफ़ हैं, और जब उन्हें ऐसे उदाहरण मिलते हैं जहाँ वे अपने और अपने परिवारों के फायदे के लिए सांस्कृतिक पूँजी को एकत्रित कर सकती हैं और उसमें निवेश कर सकती हैं, तब वे उस सीमा का पैमाना बना देती है। इन उदाहरणों में शामिल हैं शहरी निवास, एक व्यापक विश्व का संपर्क, उनके घर-परिवारों की आकांक्षाएं, उनके परिवारों का निरस्त सहयोग, उनके प्राध्यापकों की मित्रता और मार्गदर्शन, और उन व्यवसायों का स्पष्ट अस्तित्व जिसमें उन्हें दिलचस्पी है। इसके साथ ही, इस बात को भूला नहीं जा सकता कि सामाजिक पूँजी की आधारिक संरचना को दशकों तक, शैक्षिक अवसरों के विस्तार और लिंग जागरूकता और निवारण की मुख्य धारा के रूप मेंइन महिलाओं के लिए बिछाया गया है। अब वह क्षण आ गया है जब इन निवेशों को नए मध्यम वर्ग की नई और युवा महिलाओं के द्वारा उत्साह और दृढ़ संकल्प के साथ तैयार किया जाता है।

ऐसा लगता है कि बौर्द्यू के सिद्धांत ने नई सांस्कृतिक पूँजी का निर्माण करने की क्षमता को छोड़ दिया है। लेकिन तीव्र सामाजिक और आर्थिक बदलाव के इस काल में, सांस्कृतिक मिट्टी को कलात्मक तरीक़े से आकार देना विशिष्ट रूप से योग्य लोगों के हाथ में होता है। मेरे अनुसार, बौर्द्यू का कम लाभप्रद लोगों की आदत के बारे में उसका अनिवार्य रूप से सामाजिक गतिशीलता को सीमित करने का दृष्टिकोण बहुत कठोर लगता है। इस आदत को एक ठोकर खानेवाले पत्थर के रूप में देखा जा रहा है, जिसे वह लोग पार सकते हैं जो इसे होश में लाने और इस पर काम करने में सक्षम हैं। बेशक, यह संभावना बाहरी कारकों पर निर्भर करती है जो किसी व्यक्ति के जीवन प्रक्षेपवक्र पर एकजुट होती है, जिससे उसकी वास्तविक स्वतंत्रता प्रभावित होती है।

मैं अब इन युवा महिलाओं की कहानियां सुनाना चाहती हूँ, जो सीमित परिस्थितियों में से सख्ती से उभरी हैं ताकि अपनी और अपने परिवारवालों की मदद कर सके, यह एक दृढ़ प्रेरणा वाली लड़की का एक और मामला है जिसमें एक पिता का अपनी बेटी की भावी योजनाओं के प्रति मज़बूत पैतृक समर्थन दिखाया गया है लेकिन बहुत अलग कारणों के लिए। यह इलाहाबाद के एक धनी, सुस्थापित परिवार की कहानी है, यह एक ऐसा शहर

है जो शायद एक बेटी की महत्वाकांक्षाओं को प्रायोजित करने के लिए काफी रूढ़िवादी शहर लगता है।

श्रुति एक प्रभावशाली उच्च-मध्यम वर्ग की लड़की है। उसके पिता एक न्यायाधीश हैं और वह खुद भी एक वकील बनना चाहती है। वह 21 साल की है और इलाहाबाद विश्वविद्यालय के विधि महाविद्यालय द्वारा चलाए जा रहे पांच-वर्षीय कार्यक्रम (जिसमें बी.ए. और एल.एल.बी. ऑनर्स शामिल होता है) में चौथे वर्ष की छात्रा है। मैंने पहले उसका साक्षात्कार महाविद्यालय में लिया था। वह पहले कॉन्वेंट स्कूल में पढ़ चुकी थी जिसके कारण उसकी अंग्रेज़ी बेहतरीन थी। उसका व्यवहार सुरुचिपूर्ण और सौम्य है। यह परिवार हिंदू, बनिया जाति का है। उसके पिता हाल ही में उच्च न्यायालय के न्यायाधीश के रूप में पदोन्नत हुए हैं।

उसकी माँ ने बी.एससी. और एम.एससी. का प्रथम वर्ष उत्तीर्ण किया है; लेकिन पूरा होने से पहले ही, उनका विवाह हो गया और उन्होंने पढ़ाई छोड़ दी। वे विवाह के बाद इलाहाबाद आ गयीं, और फैसला लिया कि वे इसके बाद नौकरी नहीं करेंगी। उनकी दो बेटियां हैं, बेटा कोई नहीं है। श्रुति की छोटी बहन 18 साल की है, महाविद्यालय के प्रथम वर्ष में पढ़ती है, और लेखिका बनना चाहती है। बेटियां जो भी करना चाहती हैं उसमें माता-पिता का पूरा समर्थन है। श्रुति कहती हैं, "जब मैं कक्षा 5 में थी तभी मैंने वकालत के बारे में सोच लिया था और पिता को इससे कोई समस्या नहीं थी। पहले मेरी माँ चाहती थीं कि मैं कोई आसान पेशा, जैसे कि शिक्षण को अपनाऊं।"

वह कहती है, "उनके विचार में आजीविका लड़की के लिए आवश्यक नहीं है; लेकिन अगर उसे मजबूरी में नौकरी करनी पड़े, तो उसके पास योग्यता होनी चाहिए।" मैं पूछती हूँ, "क्या वे तुम्हारा विवाह करना चाहते हैं?" "वे आखिरकार मुझे विवाहित होता हुआ देखना चाहते थे। वे कहते हैं कि विवाह करना एक आसान चुनाव था; अकेले रहना कठिन है। आपको किसी के साथ की ज़रूरत होती है; परिवार की ज़रूरत होती है।" वह विवाह के लिए इच्छुक नहीं है, कम-से-कम अभी तो नहीं है। उसका मानना है कि विवाह से पहले, यह अच्छी तरह से स्पष्ट हो जाना चाहिए कि "उसे नौकरी के लिए "मजबूर" नहीं किया जा रहा है, बल्कि वह अपनी व्यक्तिगत ज़रूरत के लिए नौकरी कर रही है।

> मैं विवाह के लिए अपना साथी खुद ढूंढ सकती हूँ; मेरे माता-पिता का निर्णय अंतिम होगा, लेकिन जाति की कोई समस्या नहीं होगी। मैं चाहती हूँ कि लड़का इज़्ज़तदार परिवार का हो, सुस्थापित हो, और उसकी योग्यताएं और आय अच्छी हो। उसे मुझे काम करने की अनुमति देनी ही होगी! वह एक व्यापारी या डॉक्टर हो सकता है, इससे कोई फर्क नहीं पड़ता, लेकिन एक बात मैं सुनिश्चित करती हूँ कि—मैं अपना काम जारी रखूंगी। मैं इसके बारे में बहुत जुनूनी हूँ। पुरुष अब इस बात को मानते हैं कि लड़कियों को काम करना चाहिए। मेरे सास-ससुर को भी यह बात माननी पड़ेगी।

> मैं मुकदमेबाजी में जाना चाहती हूं। हमारे यहाँ उच्च न्यायालय है, तो इलाहाबाद या फिर दिल्ली मेरे लिए सही जगह होगी। मेरी योजना यह है कि मैं एक वकील बनूँ और उच्च न्यायालय या फिर सर्वोच्च न्यायालय में अभ्यास करूँ: यह बहुत ही रोमांचक होगा। मैं कॉर्पोरेट कार्य नहीं करना चाहती हूँ, और एक कर्मचारी भी नहीं बनना चाहती हूँ। मेरे पिता ने हमेशा अपने खुद की सारणी को योजनाबद्ध किया है। मैं भी उसी तरह ही आज़ादी चाहती हूँ। किसी कॉर्पोरेट कंपनी में काम करने की बजाय मैं पेशेवर बनना ज्यादा पसंद करुँगी। मैं पिछले चार सालों में प्रशिक्षु हूँ, और इलाहाबाद और दिल्ली दोनों जगहों पर बहुत सी महिला वकीलों से मिली हूँ। अतीत में मुक़दमेबाजी पुरुष-प्रधान रही थी।

एक महिला होने के नाते, वकील बनने का एक कारण यह भी होगा, कि वह महिलाओं को न्याय दिला सके।

> आक्रामक होना मुझपर जंचता है। मैं अपने पिता से प्रेरित हूँ और उनकी ही तरह करना चाहती हूँ, ताकि उन्हें गर्व हो।
>
> कुछ महिलाएं कहेंगी कि उन्हें ऐसी बहू नहीं चाहिए, इसीलिए सही सास मिलना एक समस्या हो सकती है। मुझे संयुक्त परिवार पसंद हैं; मैं सबके साथ को पसंद करती हूँ। मुझे घर का काम पसंद है, लेकिन मुझे सास और पति की मदद की ज़रूरत पड़ेगी।
>
> मैं दो बच्चे चाहती हूँ, लड़का या लड़की कोई भी। मुझे पहला बच्चा 30 साल की उम्र से पहले चाहिए, दूसरा 30 की शुरुआत में। जब बच्चे छोटे होंगे, तब मेरी योजना 6 से 8 साल तक प्रति दिन 4 घंटे तक काम करने की होगी; मैं अपने काम में कुशल होऊंगी। माता-पिता को अपने बच्चों के साथ रहना चाहिए; वे किसी और से ज्यादा अच्छे से उनकी देखभाल कर सकते हैं। मेरा पेशा मुझे किसी दूसरे शहर में जाने की अनुमति नहीं देता। अगर मेरे पति का तबादला हुआ, तो मैं यहीं रहूंगी और उसे जल्दी लौटने के लिए कहूँगी। मुझे लगता है मेरा पति मेरे मुद्दे और मेरी इच्छाओं को समझेगा।

एक दिन, मैं उसके घर गई। उसके पिता ने कहा कि अपने उच्च पद की वजह से वे कोई बयान नहीं दे सकते, इसीलिए संक्षेप में कुछ बातें करने के बाद वे विनम्रता से कमरे के बाहर चले गए। मैं श्रुति, उसकी माँ और उसकी दादी से मिली, जो इसी घर में रहती हैं। श्रुति की माँ ने मेरे साथ सौहार्दपूर्वक बातचीत की। उनके विवाह के समय वे 21 साल की थीं; और उनके पति 26 साल के थे, और दो साल से वकालत कर रहे थे। दादी ने बताया कि वे भी महाविद्यालय की स्नातक हैं। उस वक्त उनकी महाविद्यालयीन शिक्षा पूर्ण करने को लेकर विरोध था, लेकिन उन्होंने शिक्षा पूरी करने पर जोर दिया। श्रुति कहती है कि अब महिलाएं जानती हैं कि अपने अधिकारों के लिए किस प्रकार लड़ा जाए, यहाँ तक कि अपने परिवारों

के खिलाफ कैसे खड़ा हुआ जाए। इतने समय पहले अपनी दादी द्वारा यह किया जाना उसके लिए गर्व का विषय है।

श्रुति की माँ श्रुति के विवाह के बारे में अपनी योजनाओ के बारे में बताती हैं।

> श्रुति के लिए जो लड़का होगा, वह कम से कम दो साल से कार्यरत होना चाहिए; वह या तो डॉक्टर या वकील, या किसी अन्य पेशे का होना चाहिए, श्रुति जितना शिक्षित होना चाहिए, और अच्छा कमाता हो। श्रुति भी कमाएगी; और अगर लड़के के पिता भी कमा रहे होंगे, तो वह आय भी रहेगी।

आय के बहुत से आयामों के उत्पादन में यह रुचि, मौजूदा परिवार की आर्थिक स्थिति के साथ उपयुक्त बैठती है। उनकी जीवनशैली इस पर और वज़न डालती है।

इस घर में परिवार के लिए तीन कारें हैं, एक न्यायाधीश की आधिकारिक कार है, और एक कार श्रुति के इस्तेमाल के लिए है। जब माँ को बाहर जाना होता है तो चालक (ड्राईवर) उन्हें लेकर जाता है। वे क्लब, महिला संगठन, कल्याण संघ, और न्यायाधीशों और उनकी पत्नियों की मासिक बैठकों में जाती हैं। महिलाएं फैशन, परिवार, और बागवानी के बारे में बातें करती हैं। उन्हें बागवानी पसंद है और उन्होंने एक माली को नियुक्त किया है जो उनके अनुसार बगीचे को सजाता है। वे अपने बच्चों, घर, पढ़ना, चित्रकारी, कढ़ाई, बुनाई, और शेयर बाजार में व्यस्त रहती हैं। वे खरीददारी या बाहर खाना खाने जाती हैं। वे और उनके पति हर सुबह या शाम शहर के बगीचे में घूमने जाते हैं।

श्रुति की माँ का कहना है कि श्रुति रात से 8 बजे के बाद तब तक घर के बाहर रह सकती है, जब तक कि हमें पता है कि वह सुरक्षित है। हालाँकि, इंटर्नशिप के लिए, श्रुति एक महीने के लिए भी बाहर जाती है, और परिवार को इसके बारे में कोई समस्या नहीं है। माँ कहती हैं, "वह परिपक्व होती जा रही है, और उसके साथ मैं भी परिपक्व हो रही हूँ। मैंने उसे अच्छे संस्कार दिए हैं, और मैं उस पर जासूसी नहीं कर सकती।"

श्रुति कहती हैं, "मैं एक ऐसी अवस्था में आना चाहती हूँ जहाँ मेरा विवाह नहीं हुआ हो, मैं अपने पेशे में हूँ और मुझ पर निगरानी न रखी जाए।" उसकी माँ कहती हैं, "जब वह आजीविका के हिसाब से स्वतंत्र हो जाएगी, तब चीजें अपने आप बदल जाएँगी।" श्रुति आगे कहती हैं: "वे मेरी पीढ़ी को समझने की कोशिश करती हैं, और वे अपने माता-पिता से कहीं अधिक व्यापक विचारधारा की हैं।" उसकी माँ कहती हैं उनके माता-पिता को उनके दोस्तों का, खासतौर पर लड़के दोस्तों का आना पसंद नहीं था; मेरे जन्मदिन की पार्टी उनके लिए असुविधाजनक हो जाती थी। भारत का अब ज्यादा पश्चिमीकरण हो गया है।" श्रुति बताती है, "हम उस शब्द को कम रूढ़िवादी के रूप में इस्तेमाल करते हैं;" और उसकी माँ जोड़ती हैं, "स्त्री-पुरुष संबंधों के संदर्भ में।"

मैंने उनके बड़े से घर को देखा। उनके घर में पांच नौकर थे, और अनगिनत कमरे थे (रे और क़यूम 2009 मध्यम वर्ग को नौकरों को नियुक्त करनेवाले वर्ग के रूप में परिभाषित करते हैं।) श्रुति और उसकी बहन अपनी दादी के साथ एक शयनकक्ष साझा करते हैं। श्रुति का खुद का कमरा वह है जहाँ वह पढ़ती है। एक बहुत सुन्दर बगीचा है। जब मैं जा रही थी, तो मैं उस कमरे के सामने से गुज़री श्रुति के पिता के ग्राहक इंतज़ार करते थे, और अध्ययन कक्ष था जहाँ वे दो लोगों से मिल रहे थे। श्रुति ने मुझे अपनी कार में मुझे मेरे अतिथि गृह तक छोड़ा।

श्रुति परिष्कृत है, और फिर भी बहुत स्पष्ट और मजबूत है। वह सतही नहीं है। भविष्य के प्रति उसकी प्रतिबद्धता शक्तिशाली है। उसके पास यह जानने की पृष्ठभूमि है कि वह कहाँ क्या बोल रही है। इस परिवार के पास सामाजिक और सांस्कृतिक पूँजी के विशाल संसाधन हैं, जो उसे एक महत्वाकांक्षी और प्रबंधनीय जीवन और जीवन योजना बनाने में सक्षम करते हैं; वह पूरी तरह से अपने पृष्ठभूमि के संसाधनों और शिक्षाकी वास्तविक क्षमताओं का अनुवाद करने में सक्षम है।[1] यह आश्चर्य की बात नहीं है कि इस तरह की एक सफल पेशेवर उच्च मध्यम वर्ग के परिवार की एक प्रतिभाशाली लड़की को जीवनकाल की योजना बनाने वाली युवा महिलाओं के नए रुझान में आसानी से आगे बढ़ने में सक्षम होना चाहिए।

वह अपनी मां के साथ पीछे-आगे बढ़ती रहती है, जो अपनी प्रतिक्रियाओं को उत्सुकता से सहमत रखती हैं। यह संबंध अभिभावकीय समर्थन की निर्विवाद गर्मजोशी को दर्शाता है, जहाँ पर बेटी नेतृत्व करती है और माँ पीछे चलती है। यहाँ रूढ़िवाद की उपकथा विशेष रूप से दिलचस्प है, श्रुति इसे ज्यादा से ज्यादा बर्खास्त करने का इच्छुक नहीं है, उसकी मां केवल कुछ ही है।

जो बार बार मुझपर प्रहार करती है वह है उसकी भाषा की असामान्यता। उसने पहले कहा था कि "आक्रामक होना मुझपर जंचता है", लेकिन नैतिक बल की भावना के साथ। अपने पिता के पदचिह्नों पर चलने की उसकी उम्मीद को उसका रवैया समर्थन करता है। उन्होंने (उसके पिता ने) मुझे एक महिला न्यायाधीश से मिलने का आग्रह किया जिसे उन्होंने पेश करने की पेशकश की, ताकि मैं चलते हुए मामले को देख सकूँ। शायद वह मुझे यह दिखाना चाहते थे कि श्रुति क्या करना चाहती है और यह करना पूरी तरह से संभव ही, और वे उसका समर्थन करते हैं।

मैंने इस अध्याय को नाम दिया था "पिता-बेटी परियोजना में स्तर का बढ़ना", और इसे मैं श्रुति के संदर्भ में संक्षेप में समझाउंगी। मुझे ऐसा लगता है कि इस पिता-बेटी सहयोग

---

[1] हार्ट (2012) बौर्द्यू और सेन की धारणाओं को रोचक तरीक़े से जोड़कर यह बताती हैं कि यह प्रक्रिया कैसे कार्य करती है।

में बढ़ती जा रही पारिवारिक स्थिति का आंशिक रूप से सम्मानित पेशेवर और नैतिक आदर्शों के कोई संबंध नहीं है। पिता और बेटी दोनों की प्रतिबद्धता है कि महिलाओं की स्थिति और उनके प्रति व्यवहार के जो अन्याय है उससे उबरा जा सके, और इसे कानून के माध्यम से किया जाए। कई अन्य अमीर परिवारों में बेटियों की तुलना में, श्रुति के लिए यह आजीविका अपनाने की पारंपरिक मौद्रिक अर्थ में कोई जरूरी "आवश्यकता" नहीं थी। वह बुद्धिमान और समर्थ है, और शायद अपनी प्रेरणा का अनुसरण करने करेगी। मुझे लगता है कि उसके पिता को इन सब पर बहुत गर्व पड़ा है। जब वह अपने लक्ष्यों के बारे में बात कर रही थी, तो उसकी आवाज़ मजबूत थी; जव विवाह का विषय निकला, उसकी बोली बहुत अपमानजनक थी।

इस परिवार का कोई बेटा नहीं है; लेकिन सबसे बड़ी संतान की भूमिका इस आकर्षक और दृढ़-निश्चयी बेटी के ऊपर पड़ी है। इसमें कोई शक नहीं कि इस प्रकार का सामाजिक स्तर को एक प्रख्यात पेशेवर महिला को संसाधन के रूप में प्रयोग करके भी बढ़ाया जा सकता है। इसमें भी कोई शक नहीं कि यह बेटी बहुत समृद्ध जीवन जीने में सक्षम होगी। जब वह अपने बच्चों के पास रहने के लिए घर से अंशकालिक काम करेगी, तब भी वह अच्छा-खासा पैसा कमाएगी। वह शायद अपने पति जितना ही कमाए भी (हालाँकि क्योंकि उनकी जाति बनिया है, और वह एक युवा व्यापारी से विवाह करने को तैयार होगी, तो वह दरअसल पहले से ही काफी अमीर होगा)। वह घर पर रहकर अपनी माँ की तरह आराम की जिंदगी गुज़ार सकती है; लेकिन वह ऐसा नहीं करना चाहती है। उसने कहा था, "एक बात को लेकर तो मैं निश्चित हूँ—मैं काम करना जारी रखूंगी। मुझे इसका जूनून है!" जैसी वह अभी अपने प्रख्यात पिता के पूर्ण अनुमोदन के साथ है वैसे ही वह बाद में भी रहेगी। बेटी के व्यवहार की अत्यधिक मुखर शैली जिसका वह अभी प्रदर्शन करती है, उसे इस परिवार के प्रतिनिधित्व वाली उच्च-मध्यम-श्रेणी वाली पिता-बेटी परियोजना में स्पष्ट रूप से मंजूरी है।

यह नई मुखर शैली की महिला किस प्रकार का आदर्श उपलब्ध कराती है और किसे? यह व्यवहार केवल अमीर लोगों के पार्लरों तक ही सीमित नहीं है, यह नए शिक्षा के वर्गों में भी देखा जा रहा है जिनकी बेटियां नई भूमिकाओं में आगे बढ़ रही हैं। यह उनमें भी देखा जा रहा है जिनकी पृष्ठभूमि में किसी भी तरह की शिक्षा नहीं है, और फिर भी वे अपने परिवारों की एकलौती कमाऊ साधन है। क्या मुखरता की यह क्षमता, जो केवल व्यक्ति द्वारा दूसरे व्यक्ति में पहचानी जाती थी, भारत में महिलाओं की भयानक और भयानक जरूरतों को दूर करने में कामयाब रहा है? इस प्रश्न का उत्तर यह पुस्तक नहीं दे सकती, लेकिन कोशिश कर सकती है। जहाँ से हमने शुरू किया था, वहीं पर आते हुए, यह स्पष्ट है कि पिता एक केंद्रीय भूमिका निभाते हैं। अगर हम कुछ परिवारों में लिंग संबंधों में बदलाव देख रहे हैं, जो यह केवल बेटियों की वजह से नहीं है यह उन पुरुषों की वजह से भी है जो उनके पिता हैं।

यह पुरुष इन कहानियों में जो भूमिका निभाते हैं, उनपर विचार करना हम जारी रखेंगे, और पूछेंगे कि क्या पुरुष रवैये में उनके द्वारा प्रतिनिधित्व किये गए बदलाव फ़ैल रहे हैं? और अगर ऐसा हो रहा है, तो भविष्य में इसके केवल महिलाओं पर ही नहीं, बल्कि व्यापक रूप से सामाजिक विकास पर क्या परिणाम होंगे? हालाँकि हम यह नहीं भूलेंगे कि यह एक चयनात्मक घटना है। यह नमूना केवल उन लड़कियों का प्रतिनिधित्व करता है जिनके बारे में उनके अध्यापक सोचते हैं कि इस अध्ययन के लिए उनकी सिफारिश की जाए। उच्च और निम्न पृष्ठभूमियों से आयीं बुद्धिमान और होनहार युवा महिलाएं (और उनके परिवार) कितना सामाजिक बदलाव ला सकती हैं? इन प्रश्नों का विचार अगले अध्यायों में किया जाएगा।

6

एक नए लिंग युग में शिक्षित अभिजात वर्ग

वे कहानियां जो हमने अध्याय 4 और 5 में पढ़ी थीं, उन्होंने शायद एक प्रभाव को जन्म दिया है, जिनको अध्याय 3 में पूर्वनिर्धारित कर लिया गया था, जो कि महिला सशक्तिकरण द्वारा परिभाषित अबाध सामाजिक प्रगति का प्रयोजनवाद है। आधुनिकीकरण सिद्धांत की समस्याग्रस्त और अक्सर अनुचित अपेक्षाओं के लिए अन्य आपत्तियों के अलावा, इस तथ्य में कितना वास्तविक सशक्तिकरण है कि अधिक से अधिक युवा महिलाओं को जीवनभर की आजीविका के लिए अध्ययन करने के लिए प्रोत्साहित किया जा रहा है? नया और पुराना, कितना आधिपत्य इसमें छुपा हुआ है? तो उम्मीद करते हैं कि, आज की युवा महिलाओं में उच्च शिक्षा की बहुत सी आजीविका की आकांक्षाएं, शायद उन पेशों से पूरी नहीं होंगी जो वे अगले कुछ वर्षों में हासिल करनेवाली हैं, और जिसके कारण आर्थिक और सामाजिक-सांस्कृतिक दोनों ही हैं।

महाविद्यालयीन शिक्षा और महिलाओं को रोज़गार

जनसांख्यिकीय संक्रमण के रूप में भारत के भविष्य का आर्थिक कल्याण काफी हद तक सामाजिक और आर्थिक गतिविधियों के सभी क्षेत्रों में महिलाओं के पूर्ण निगमन पर निर्भर करता है। तीव्र जनसांख्यिकीय परिवर्तन की अवधि को एक ऐसे रूप में पहचाना जाता है जहाँ पर कामकाजी आयु की आबादी में बढ़ोतरी के कारण जनसांख्यिकीय लाभांश हो सकता है, और इसका कारण है एक बड़ी युवा जनसंख्या में दर्ज हुई वयस्कता, जो उम्र की संरचना की तुलना में अधिक तीव्र आर्थिक उत्पादकता वृद्धि की अनुमति देता है जो पुरानी आयु की ओर अधिक भारित होती है। यह लाभांश तब समाप्त होता है जब यह संक्रमण

स्वयं को संपूर्ण कर लेता है। भारत के संक्रमण की पूर्णता में लगभग पंद्रह साल और लगेंगे, और यह दो या उससे भी ज्यादा दशकों तक लंबा चलेगा।

देश के लिए अपनी काम करने की आयु के पूर्ण विकास का उपयोग करने के लिए, दोनों लिंगों में शिक्षा और श्रम बल अवसर में तेज़ी से विकास करने की आवश्यकता है। इस क्षेत्र में स्त्री-पुरुष समानता की कमी सकारात्मक विकास के प्रभावों को खत्म कर देगी जो कि आशाजनक आयु संरचना में से निकल सकते हैं (एडमीडस, मल्होत्रा, और ग्रीन 2008)। अगर वे होते हैं तो, संभव है कि तेज़ी से विकसित होते रोज़गार के अवसरों को प्रेरित करने में शक्तिशाली कारक बन जाते जो कि महिलाओं की शैक्षिक प्राप्ति और योग्यताओं के स्तर को और बढ़ा देते। सही परिस्थितियों में, यह भी संभव था कि उच्च शिक्षा की पहुंच का तेजी से विस्तार हो जाता। लेकिन जनसांख्यिकीय संक्रमण पूरा हो जाने के बाद, तेजी से होते आर्थिक लाभ के लिए लाभांश अवसर की खिड़की बंद होने लगती है। रोज़गार के अवसरों का तीव्र विस्तार एक बार शुरू होने की ज़रूरत है, और उसके बाद जनसांख्यिकीय संक्रमण के शेष वर्षों के दौरान, निरंतर विकास के लिए अर्थव्यवस्था की आवश्यकता को पूरा करने के लिए बनाए रखा जा सकता है।

मैं पहले महिलाओं के रोज़गार के अवसरों के मुद्दे की जांच करूंगी, और बाद में इस महत्वपूर्ण प्रश्न की कि क्या अन्य अधीनस्थता अभी भी उन महिलाओं के लिए भी मौजूद रहती हैं जो अपनी आजीविका के लक्ष्यों को प्राप्त करने में सफल होती हैं।

अधिकांश युवा महिलाएं जिनका मैंने साक्षात्कार लिया वे ऐसे पेशे अपनाना चाहती थीं जो बहुत ही विशेष थे। इसीलिए, सामान्यीकृत रोजगार के आंकड़े इन विशेष लड़कियों की उम्मीदों की वैधता दर्ज करने में न्याय नहीं करेंगे। चाहे हो भी हो, हम शुरुआत करते हैं हाल ही की एक रोज़गार तालिका को देखकर (तालिका 6.1)।

तालिका 6.1

शिक्षा, लिंग और निवास के आधार पर एलएफपीआर, आयु 15+

		ग्रामीण		*शहरी*	
वर्ष	*शिक्षा का स्तर*	*पुरुष*	*महिला*	*पुरुष*	*महिला*
1999–2000	शिक्षित < माध्यमिक	86.4	36.6	82.0	17.9
	माध्यमिक + उच्च माध्यमिक	74.7	19.5	68.2	12.7
	स्नातक +	89.8	41.0	85.4	30.2
2007–2008	शिक्षित < माध्यमिक	86.3	36.3	83.7	17.2
	माध्यमिक + उच्च माध्यमिक	72.1	23.5	67.1	11.3
	स्नातक +	90.2	49.5	85.7	35.4

स्रोत: भारत सरकार, सांख्यिकी और कार्यक्रम कार्यान्वयन मंत्रालय, 2011

जैसा कि अध्याय 3 में पहले ही देखा जा चुका है, 2010–2011 में उच्च शिक्षा में उपस्थिति पंजी 2.75 करोड़ थी, जो कि 18–23 आयु वर्ग की आबादी का केवल पांचवा हिस्सा थी। महिलाओं का अनुपात पुरुषों से कम था, कुल आबादी का 44 प्रतिशत। लेकिन तालिका 6.1 साफ़ दिखाती है कि वे महिलाएं जिन्होंने महाविद्यालय की पदवी प्राप्त की थी वे अपने काम में भागीदारी के *दरों* में आगे बढ़ रही थीं।

दरों की गणना एक दी हुई श्रेणी में आबादी के आधार पर की गई है। हम नियोजित ग्रामीण महिला स्नातकों की बेहतर दर देख सकते हैं, हालांकि आधार श्रेणी में (सभी ग्रामीण महिला स्नातकों) की संख्या बहुत कम है, स्नातक पुरुष और स्नातक शहरी महिलाओं दोनों के संबंध में। तालिका 6.1 में जो बात उल्लेखनीय है वह यह है कि शहरी और ग्रामीण, दोनों ही महिला महाविद्यालय की स्नातकों की श्रम शक्ति भागीदारी दर, उतने ही शिक्षित पुरुषों के मुकाबले तेज़ी से बढ़ रही है। हालाँकि पुरुषों का श्रम भागीदारी दर महिलाओं से कही अधिक है लेकिन उनके दर लाभों में महत्वपूर्ण वृद्धि नहीं हो रही है। लेकिन महिलाएं इस अंतर को कम कर रही हैं। 2008 में 35 प्रतिशत शहरी महिलाएं जिनकी शिक्षा स्नातक तक थी, वे काम कर रही थी, जबकि 2000 में यह संख्या 30 प्रतिशत थी, यह बहुत सी शिक्षित महिलाओं की आजीविका की महत्वाकांक्षाओं की पूर्णता में वृद्धि दर्शाता है।

साथ ही, हमें व्युत्क्रम अनुपात पर भी विचार करना होगा। अगर 2000 में शहरी महिला स्नातकों का 70 प्रतिशत और 2008 में 65 प्रतिशत काम नहीं कर रहे थे, तो इनमें से ऐसी कितनी स्नातक थीं जो आजीविका केंद्रित थीं और जिनके सपने टूट गए थे? (पुरुष स्नातकों के व्युत्क्रम अनुपात पर विचार किया जाए तो, लगभग 15 प्रतिशत काम नहीं कर रहे थे) उत्तर के लिए संभावित अनुमानों को प्राप्त करने के लिए, हम दो आदमियों के लिए इन आंकड़ों की आधार आबादी और आयु संरचनाओं को विभाजित कर सकते हैं, जिससे कि उन दोनों सबसे कम आयु वर्ग के समूह को हटा दें, जो स्नातक नहीं हो सकते, और उस सबसे बड़े को जो सबसे पहले सेवानिवृत्त होगा, और फिर बीच में एक अस्थायी छोड़ने वाले समूह के बारे में कुछ अनुमान लगाते हैं जो अपने बच्चों की देखभाल कर रहे थे, लेकिन उनका पूर्णकालिक कार्य पर लौटने का इरादा था। बाकियों को घर पर रहनेवाली और आजीविका की योजना नहीं बनानेवाली महिलाओं की श्रेणी में रखा जा सकता है।

हालांकि, ऐसे कोई अनुमान लगाने का प्रयास करनेवाले आंकड़ों को खोजने से पहले, हमें यह याद रखना चाहिए कि असली प्रश्न यहाँ दिए गए हैं: शिक्षित शहरी महिलाओं को किस प्रकार की पहचान की आकांक्षा है? आजीविका की कौनसी आकांक्षाएं वे पूरी कर रही हैं, और किसे वे त्याग रही हैं? जो आंकड़े हमें मिले हैं वे शायद हमें महिलाओं की आजीविका की आकांक्षाएं पूरी होती हैं या नहीं इन प्रश्नों के जवाब देने में कोई मदद न करें।

तालिका 6.2
चुनिंदा गतिविधियों में शहरी महिला कर्मी, 2009–2010

	कर्मचारियों का प्रतिशत		
	शिक्षा के स्तर से		
एनआईसी कोड	*मध्यम*	*उच्च*	*नियमित रोज़गार में*
वित्तीय मध्यस्थता	23	73	80
कंप्यूटर और संबंधित	10	84	100
सार्वजनिक प्रशासन	36	45	98
शिक्षा	23	72	90
स्वास्थ्य	51	40	86
अन्य सेवा गतिविधियाँ	38	26	29
कुल	30	22	44

स्रोत: रुस्तगी 2013, एनएसएस आंकड़ों से

रुस्तगी (2013) उन शहरी महिला कर्मियों का उच्च प्रतिशत दर्शाता है जो विशिष्ट रोज़गार श्रेणियों में शिक्षित हैं (देखें तालिका 6.2)। यह तालिका दर्शाती है कि कंप्यूटर संबंधित नौकरियों में काम करनेवाली सभी शहरी महिला कर्मियों का 84 प्रतिशत उच्च शिक्षित है, उसी प्रकार वित्त में काम करनेवाली का 73 प्रतिशत और शिक्षा में काम करनेवाली का 72 प्रतिशत। सबसे दाहिनी तरफ की कतार यह दर्शाती है कि इन तीन व्यावसायिक श्रेणियों की नौकरियां ज़्यादातर औपचारिक अर्थव्यवस्था में पाई जाती हैं।

हालांकि यह तालिका हमें संख्या के बारे में कुछ नहीं बताती। हमने पहले देखा कि 2005 में महिला स्नातक 50 लाख थीं और 2012 में 80 लाख; तो उनकी संख्या बढ़ी है। लेकिन यह संख्या अभी भी कम है, और वास्तव में शिक्षित रोजगार की लिंग संरचना में कोई वृद्धि नहीं दर्शा रहे हैं क्योंकि 2012 में कार्यबल में महिला स्नातक (ग्रामीण और शहरी दोनों) का हिस्सा 80 लाख था, और पुरुषों का 3.6 करोड़। इससे हमें पता चलता है कि 2012 में महिला-से-पुरुष शिक्षित रोजगार अनुपात था 22.2 महिला प्रति 100 पुरुष, यह अनुपात लगभग 2005 जितना ही था, तब 21.7 महिला प्रति 100 पुरुष थे।

जब हम महिलाओं और लड़कियों द्वारा किए गए शैक्षिक लाभों के साथ इन रोजगार निष्कर्षों की तुलना करते हैं, तो विरोधाभास चौकानेवाला है। चलिए अध्याय 5 में की गई चर्चा पर संक्षेप में नज़र डालते हैं। 2011 तक, जनसंख्या 7 और उससे अधिक के आधार पर गणित की गई महिला साक्षरता 65.5 प्रतिशत पर पहुँच गई, इसमें 2001 से अब तक 20.3 प्रतिशत की वृद्धि हुई, जबकि 82.1 प्रतिशत के पुरुष साक्षरता दर ने केवल 7.4 प्रतिशत की वृद्धि दर्शाई। तब 1.2 करोड़ लड़कियां महाविद्यालय में पढ़ती थीं। 1971

से चार दशकों में, उच्च शिक्षा में अध्ययन करने वाली महिलाओं की संख्या 17 गुना से बढ़ी है, जबकि पुरुष 6 गुना से बढे हैं। 2011 तक युवा विद्यालय के बच्चे भी पुरुषों और महिलाओं के बीच एक समान स्तर पर पहुंच गए थे।

क्योंकि शिक्षित महिलाएं महिला आबादी के इतने क़रीब पहुँच गई हैं जितने कि शिक्षित पुरुष पुरुष आबादी के भाग बन गए हैं, आज की शहरी, शिक्षित, आजीविका-केंद्रित महिलाओं की पहेली बढ़ ही रही है। आज महाविद्यालय में जानेवाली ऐसी महिलाएं बड़ी संख्या में होंगी जिन्हें आजीविका की उम्मीद होगी तुलनात्मक रूप से वे जो सच में इन उम्मीदों को महसूस कर रही हैं। आज की ज़्यादातर महाविद्यालय की छात्राओं की उम्मीदें क्या हैं? क्या उनमें से बहुत बड़ी संख्या ऐसी लड़कियों की है जो व्यावसायिक भूमिकाओं में नौकरी करने की उम्मीदें कर रही हैं, और अपने वयस्क जीवन के अधिकांश वर्षों में वहीं रहना चाहती हैं? या फिर यह उनके और उनके परिवारों की कल्पना की उड़ान है?

आइए भारतीय अर्थव्यवस्था के संगठित क्षेत्र में 1991 से 2009 के बीच में रोजगार में प्रवृत्तियों की जांच करें (तालिका 6.3)। मैंने एक 18 वर्षीय वार्षिक रोजगार श्रृंखला को नौ-नौ के दो खंडों में तुलनीयता के लिए विभाजित किया है, और हम देखेंगे कि दो अवधियों के बीच एक महत्वपूर्ण अंतर है। संगठित क्षेत्र में नौकरियां शहरों तक ही सीमित नहीं हैं, हालांकि वे ज्यादातर शहरी स्थानों में स्थित हैं। इसलिए यह तालिका शिक्षा या शहरी निवास के किसी भी स्तर से विभाजित नहीं दिखाती। लेकिन वास्तव में, अभी भी शिक्षित शहरी नियोजित आबादी में संगठित रोजगार क्षेत्र का शेर का हिस्सा है।

इस तालिका में, 2009 में संगठित क्षेत्र में काम करनेवाले 2.8 करोड़ लोग थे। जिनमे से लगभग 20 प्रतिशत या 56 लाख महिलाएं थीं। पिछले दो कालखंडों से, महिलाएं संगठित क्षेत्र में वृद्धि कर रही हैं जबकि पुरुष कम हो रहे हैं। यह वृद्धि 1991 से 2000 में नौ सालों से ज्यादा तेज़ थी, जब महिलाएं अपनी संख्या और अनुपात दोनों ही बढ़ा रही थीं, जबकि

तालिका 6.3

संगठित क्षेत्र में रोज़गार, भारत

वर्ष समाप्ति, 31 मार्च	*कुल (दस लाख में)*	*महिलाओं का अनुपात*	*महिलाओं की संख्या (दस लाख में)*	*पुरुषों का अनुपात*	*पुरुषों की संख्या (दस लाख में)*
1991	26.730	0.141	3.769	0.859	22.961
2000	27.960	0.176	4.921	0.824	23.039
बदलाव, 1991–1999	4.6%	24.8%	30.6%	–4.1%	0.3%
2009	28.098	0.199	5.592	0.801	22.506
बदलाव, 2000–2009	0.5%	13.1%	13.6%	–2.8%	–2.3%

स्रोत: भारत सरकार, सांख्यिकी और कार्यक्रम कार्यान्वयन मंत्रालय, 2011: तालिका 7, 56

पुरुष दोनों में ही पीछे थे। दूसरे कालखंड में, महिलाएं पिछले कालखंड की तुलना में कम अनुपात से बढीं; लेकिन पुरुष वास्तव में कम अनुपात और कम संख्या के बन गए। 21वीं सदी की शुरुआत में संगठित क्षेत्र में इतना कोई "उछाल" नज़र नहीं आया, लेकिन 20वीं सदी के अंत में आया। महिलाओं के संदर्भ में, यह क्षमता के संबंध में सिर्फ एक छोटी छलांग थी।

राज्य तालिकाओं को देखते हुए, प्रत्येक राज्य में शहरों की संख्या और सापेक्ष आकार पर विचार करने के बाद, मैंने 2009 में अनुमान लगाया है कि, संगठित क्षेत्र की नौकरियों में काम कर रही महिलाएं वडोदरा में 1,00,000 से कम, बेंगलुरु में 4,00,000 से कम, मुंबई में 5,00,000 से कम, और इलाहाबाद में 1,00,000 से कम हैं।

वह वित्तीय संकट जो 2008 के अंत में शुरू हुआ, वह तालिका 6.3 में दर्शाए अनुसार रोज़गार श्रृंखला में बड़ा प्रभाव नहीं दिखाता है; इसमें से निकलनेवाले प्रभाव अभी हाल ही के आंकड़ों में पाए जा सकते हैं। उच्च-तकनीक का क्षेत्र, खासतौर पर आईटी द्वारा संचालित सेवा क्षेत्र जिसमें बीपीओ शामिल होता है, वह विशेष रूप से अपनी तीव्र अंतर्राष्ट्रीय भेद्यता के कारण प्रभावित हुई है। वह वित्तीय संकट आने से पहले, जिसने हाल ही में अमेरिका और यूरोप की नाक में दम कर दिया था, भारत में बाहर से लाए गए मजदूरों की विदेशी मांग बढ़ रही थी, और यह शहरी इलाकों में फ़ैल रही थी जहाँ यह पहले अस्तित्व में नहीं थी। इस क्षेत्र में बड़े पैमाने पर विकास के बारे में आशाएं बढाई गईं, जो कि भारत के अंतर्राष्ट्रीय व्यापार राजस्व का एक बड़ा हिस्सा है।

इसके विकास ने श्रम बाजार में महिलाओं के लिए नई अच्छा वेतन देनेवाली नौकरियां लाई हैं। लेकिन शिक्षित महिलाओं द्वारा चाही जानेवाली नौकरियों की संख्या में इसका सापेक्ष परिमाण बहुत कम है। अंतरराष्ट्रीय ग्राहकों की सेवा करने वाले बीपीओ सुविधाओं में रोजगार राष्ट्रीय स्तर पर 2006 में 4,09,000 तक पहुंच गया, और 2008 में 7,04,000 पर। उद्योग को बड़ी उम्मीद थी कि विकास दर या तो जारी रहेगी या आगे बढ़ जाएगी। हालांकि, 2010 तक, वृद्धि घट गई, उस साल केवल 7,70,000 नौकरियां थीं (टेलर, डिक्रुज़, नोरोन्हा और स्कॉलरइओस 2014: 107)। इन कर्मचारियों का लगभग 30 प्रतिशत महिलाएं थीं; 2006 में 1,23,000 बीपीओ की नौकरियां थीं और 2010 में लगभग 2,31,000।

इन सब में महाविद्यालयीन शिक्षित महिलाओं का हिस्सा लगभग नगण्य है। 2010 में राष्ट्रीय स्तर पर लगभग 30 लाख शहरी शिक्षित महिलाएं नौकरी कर रही थीं, और यह संख्या 8 प्रतिशत से कम है। यह संख्या क्या सभी शहरी शिक्षित महिलाओं की होगी जो इस प्रकार के नौकरी के लिए योग्य हो सकती है? वे महिलाएं 12वीं कक्षा या उससे अधिक पढ़ी होंगी, और अंग्रेजी में कुशल और धाराप्रवाह होंगीं। यह स्पष्ट रूप से एक विवादास्पद प्रश्न है। हालांकि 12वीं शिक्षित लड़कियों को कुल संख्या में शामिल किया जा सकता है, लेकिन

इनमें से अधिकांश नौकरियों पर स्नातकों की ही दावेदारी रहेगी। इन नौकरियों में हालांकि पैसा अच्छा मिलता है, लेकिन यह अस्थिर होती हैं, इससे लोगों की सेहत पर प्रभाव पड़ता है, और अक्सर यह स्नातकों के लिए उपयुक्त नहीं होती। इसके बावजूद भी पैसों के कारण सब लोग इन्हें करना चाहते हैं।

बेंगलुरु से विचार

बहुत सी युवा महिलाएं जो ऐसी नौकरियां करती थीं वे 2005 में मेरे द्वारा बेंगलुरु में लिए गए अनुसंधान का विषय थीं। अब मैं उस अनुभव की तरफ मुडती हूँ ताकि अंग्रेजी बोलनेवाली और स्नातक महिलाओं की प्रेरणाओं और आकांक्षाओं और कभी किसी दिन, किसी तरह से पेशेवर बनने की उनकी प्रतिबद्धता के बारे में चर्चा कर सकूँ।

मैं दो बहनों से शुरुआत करूंगी जिनके पास व्यावसायिक पदवियां थीं, और उन्होंने कुछ समय के लिए कॉल सेंटर में काम किया था ताकि अपने अभिभावकों को तब सहारा दे सकें जबकि उनके पिता गंभीर रूप से घायल हो गए थे। सीमा के पास वास्तुकला की पदवी थी और उसकी बड़ी बहन रेवती के पास वकालत की। जब हम मिले, तो उनमें से कोई भी योग्यता होने के बावजूद भी न तो कॉल सेंटर में काम कर रही थी और न ही किसी व्यावसायिक क्षेत्र में। सीमा ने असंतुष्ट होकर छोड़ दिया था और रेवती अपनी गर्भावस्था के आखिरी चरण में थी। सीमा का कॉल सेंटर का अनुभव तिरस्कारपूर्ण था, जबकि रेवती को पदोन्नति मिल रही थी। सीमा ने कहा, "अगर आप सही में आजीविका-उन्मुख (करियर ओरिएंटेड) हो, तो आप कॉल सेंटर में काम नहीं करोगे, यह आपकी सच्ची आजीविका को बर्बाद कर देता है।" यह उसकी घृणा और निराशा की अभिव्यक्ति थी कि कैसे उसके लिए चीजें बदल रही थीं। वह उस वक्त केवल ट्यूशन पढ़ा रही थी, यह उसके वास्तुकला की आजीविका के आस-पास भी नहीं था। वह बस सब कुछ छोड़कर विवाह कर लेना चाहती थी, क्योंकि वह परेशान हो चुकी थी।

रेवती का ज़िक्र अध्याय 5 में किया जा चुका है, जो बहुत ही मुखरता से खुद को व्यक्त करती थी। उसका विवाह हो चुका था और वह माँ बननेवाली थी। उसे पति का ज़ोरदार समर्थन प्राप्त था और उसी बलबूते पर वह आजीवन नौकरी करने की योजना बना रही थी।

> मैं पत्राचार से व्यापारिक कानून में स्नातकोत्तर कर रही हूँ, और मेरी कक्षाएं सप्ताहांत में होती हैं। किसी कंपनी का कानूनी सलाहकार होना ही मेरी असली आजीविका है। अगर आपको कॉल सेंटर उद्योग में बहुत अच्छी वृद्धि नहीं मिलती, तो यह एक बहुत ही नीरस नौकरी है। लेकिन आपको बहुत कुछ सीखने को मिलता है, जैसे कि संभाषण कौशल और धाराप्रवाह अंग्रेजी।

वह इस अनुभव से सब कुछ अच्छा प्राप्त करने का इरादा रखती है। उसकी थोड़ी प्रेरणा उन बदलावों में भी छुपी है जो उसने अपने जन्मदाता परिवार के लिए किये, ज़रूरत के समय उनको सहारा दिया, खुद के लिए सम्मान कमाया, और अपनी माँ को घर से बाहर निकलकर उन चीज़ों से मज़े लेते देखा जो उन्होंने इससे पहले कभी नहीं किया था। वह कहती है, "मैं एक उदाहरण बनना चाहती हूँ।" उसे उम्मीद है कि वह दूसरी महिलाओं के लिए उदाहरण बन सके, और वे में सभी महिलाएं जो व्यावसायिक बनना चाहती हैं उनकी उम्मीदों को जीवित रख सके। वह नहीं जानती कि वह फिर से कॉल सेंटर में काम करगी या नहीं, या बाद में वकालत की नौकरी ढूँढने में सफल हो पाएगी या नहीं। लेकिन कॉल सेंटर में दो साल की नौकरी के बाद और जो भी कुछ उसे इस नौकरी से मिला उससे वह काफी परिवर्तित महसूस करती है।

कॉल सेंटर, जो विदेश में बसे ग्राहकों की सेवा टेलीफोन पर करने के लिए स्थापित हुए हैं और जिनमें आबादी का एक बहुत छोटा हिस्सा काम करता है, उनमें काम करने के लिए अच्छी अंग्रेजी की आवश्यकता पड़ती है। स्नातक लोग इस कार्य के हिसाब से अधिक शिक्षित होते हैं, लेकिन उनके पास भाषा की आवश्यक सुविधा होती है और वे पहले जाकर अवसरों को झपट लेते हैं। जिस चीज़ की ज़रूरत होती है वह है कॉन्वेंट की पद्धति से बोली गई अंग्रेजी, जो इस आबादी के भीतर इस विशिष्ट प्रकार की कुलीनता को जन्म देती है।

बेंगलुरु की यह युवा स्नातक महिलाएं जो कॉल सेंटर और अन्य इसी प्रकार की नौकरियां करती हैं, उन्हें इन अवसरों और अनुभवों के बारे में स्पष्ट रूप से पता होता है कि यह किसलिए बने हैं, और किस प्रकार यह अनुभव भविष्य के प्रति उनके दृष्टिकोण को बदल डालेंगे। इस अध्ययन की लगभग सभी महिलाओं ने बीपीओ की नौकरी को अपनी आशाजनक आजीविका के मार्ग का प्रारंभिक प्रयास माना है। किसी ने इस पैसे का उपयोग आगे की शिक्षा, प्रशिक्षण, या योग्यताओं के लिए किया है। यह सब संभव हुआ उनके परिवारों के समर्थन से, जिन्होंने उन्हें अपने सारे वेतन का योगदान न करके उसे खुद के लिए बचाने के लिए प्रोत्साहित किया। इस कारक में भी कुलीनता का एक स्तर था।

अध्ययन के अधिकांश समूह माता-पिता की मर्ज़ी से विवाह करना चाहते थे; केवल कुछ की प्राथमिकता अपना साथी खुद चुनने की थी। सबसे युवा महिलाएं (20–22) को उम्मीद थी कि उनका विवाह 24 साल की उम्र तक तय कर दिया जाएगा। जो एक या दो साल बड़ी थीं वे 26 साल तक इंतज़ार करने के लिए तैयार थीं। 24 साल से कम की महिलाओं ने कहा कि वे पति के साथ जाने के लिए तैयार हैं, लेकिन वे नौकरी करती रहेंगी। 24 साल से ज्यादा की महिलाओं ने कहा कि पति और पत्नी को इस बारे में बातचीत करनी चाहिए कि एक के या दूसरे की नौकरी की खातिर उन्हें कहाँ रहना चाहिए।

सभी महिलाओं ने इस बात पर जोर दिया कि वे आजीवन नौकरी करना चाहेंगी। अधिकांश ने कहा कि वे प्रत्येक बच्चे के जन्म के समय नौकरी से विराम ले सकती हैं। बच्चों की संख्या दो से शून्य के बीच थी। भारत की रोज़गार की समस्याओं ने इन युवा महिलाओं की सकारात्मकता पर कोई प्रभाव नहीं डाला था जिनका मानना था कि उन्हें अपनी मनपसंद नौकरी मिलने में सफलता मिल ही जाएगी। प्रत्येक महिला की पति के प्रति कुछ मांगे थीं। जहाँ वे चाहती थीं कि उनके अभिभावक उनके लिए लड़का ढूंढें, वहीं उन्होंने अभिभावकों को बता दिया था कि वे ऐसा पति चाहती हैं जो उन्हें आजीवन नौकरी करने में समर्थन दे। वे अभिभावकों द्वारा तय किया हुआ विवाह करना चाहती थी, और बहुत ही अनुकूल सास-ससुर चाहती थीं, ताकि उनके और उनके बच्चों के लिए एक सामंजस्यपूर्ण परिवार सहायता प्रणाली विकसित हो सके।

यहाँ एक अवसर की भावना तो थी ही, लेकिन उसके पीछे एक दबाव की एक गहरी भावना भी थी। जिन युवा लोगों से मैंने बात करी वे भाग्यशाली थे: उन्हें काम चाहिए था, और उनके पास काम था। कुछ ने नौकरी इसीलिए करी थी क्योंकि उसके बिना वे अपने और अपने परिवार के लक्ष्यों को पूरा नहीं कर सकते थे। उनमें से कोई भी पूर्ण रूप से माता-पिता को समर्थन देने के लिए काम नहीं कर रहा था, हालाँकि उनको सहारा देना हर कहानी का एक हिस्सा था, खासतौर पर उन दोनों के लिए जिनकी माताएं विधवा थीं। उनको सबसे ज्यादा इसी बात की ज़रूरत थी कि वे और उनके मध्यम वर्ग के अभिभावक एक सुरक्षित जीवन जी सकें।

2007 के दस्तावेज़ ने विवाह को "तय" कराने के तर्क और तरीकों में परिवर्तन का विश्लेषण किया, और यह प्रस्तावना दी कि स्थिर वेतन को दहेज़ के एक विकल्प के रूप में देखा जा सकता है। पैसा कमाने की क्षमता अपने आप में ही दहेज़ बन जाती है। इन महिलाओं को यह विश्वास नहीं हुआ कि उनके अभिभावकों को उनके विवाह के लिए दहेज़ देने की ज़रूरत है। इसके बारे में उनका विश्वसनीय रुख एक पतले घूंघट की तरह था, जो उन्हें स्पष्ट रूप से पहचानने से बचाता था कि उनके माता-पिता इतना दहेज नहीं दे सकते थे जो उनकी अच्छी तरह से शादी करवा सके।

यह उन विकल्पों पर प्रकाश डालता है जो दो या तीन दशक पहले तक अभिभावकों को मिलते थे। बेटियों का यह मूल्यांकन, उन्हें सर्वश्रेष्ठ शिक्षा और अवसर देने का, उन परिवारों द्वारा पाला जाता था जो भारतीय अर्थव्यवस्था के उदारीकरण के कम से कम दो दशक पहले तक न तो बेहद अमीर थे और न ही उच्च शिक्षित। लड़कियों पर यह सट्टा लगाना, एक भाग्यशाली जुआ खेलने की तरह माना जा सकता था। इस परियोजना में मैं जिन युवा महिलाओं से मिली वे सभी ऐसे परिवारों से आती थीं, जहाँ दोनों लिंगों के लिए शिक्षा का बहुत मूल्य था, हालाँकि अधिकांश माता-पिता खुद स्नातक के स्तर पर भी नहीं पहुँच पाए थे।

शिक्षा और पेशे

जब पहले का बेंगलुरु अनुसंधान किया गया था, लगभग उसी समय की यह तालिका है (तालिका 6.4), यह वर्तमान के अनुसंधान में जाँची हुई सभी चार राज्यों के लिए उपलब्ध है, और साथ ही भारत के लिए भी (साहनी और शंकर 2012)।

यह तालिका आज़ादी के बाद से उच्च शिक्षा का व्यापक विस्तार दर्शाती है, और महिलाओं की लिए इसकी उपलब्धता की उल्लेखनीय वृद्धि भी दर्शाती है। 2005 में महाविद्यालय की 45 लाख महिलाएं 1959 से 32 गुना ज्यादा हैं। गुजरात, कर्नाटक और उत्तर प्रदेश के हिस्से में काफी वृद्धि हुई है। महाराष्ट्र पहले भी महिला शिक्षा का प्रमुख प्रदाता था, और आज भी है। 2005 में यह चारों राज्य मिलकर राष्ट्र की 38 प्रतिशत महिला स्नातकों को उच्च शिक्षा प्रदान करते हैं।

हालांकि, साहनी और शंकर का लेख इसे चिंता का विषय मानता है कि "लड़के विभिन्न विषयों में बेहतर प्रतिनिधित्व करते हैं" (2012: 242), जबकि "लड़कियां चुनिंदा विषयों में सीमित / केंद्रित हैं" (2012: 244)। यह चिंता "पेशेवर शिक्षा" की उनकी परिभाषा के साथ मेल खाती है जिसे इंजीनियरिंग और चिकित्सा द्वारा प्रस्तुत किया जा रहा है, जो कि निजी शैक्षिक संस्थानों द्वारा भारी शुल्क ले रहे हैं। इसके विपरीत कला और वाणिज्य, जिसमें राष्ट्र की लड़कियां ध्यान केंद्रित करती हैं, वे "सामान्य शिक्षा" के रूप में परिभाषित किये जाते हैं। यह पेशेवर होने की अनावश्यक रूप से संकीर्ण दृष्टि है, जैसा कि आज भारत में व्यावसायिक विविधता के भीतर दिखाई देती है।

ऑक्सफ़ोर्ड ऑनलाइन शब्दकोष में पेशेवर होने की पहली परिभाषा (एक संज्ञा के रूप में) है, "एक व्यक्ति जो किसी व्यवसाय में जुटा हुआ है योग्यताप्राप्त है।" यही स्रोत फिर व्यवसाय को "एक पैसे कमाकर देनेवाला पेशा, ख़ासकर वे जिनमें लंबा प्रशिक्षण और औपचारिक योग्यता शामिल होती हैं।" हालांकि (वेबस्टर की न्यू वर्ल्ड डिक्शनरी

तालिका 6.4
उच्च शिक्षा में छात्राओं की कुल संख्या

	1958–1959	*राष्ट्रीय %*	*2004–2005*	*राष्ट्रीय %*
गुजरात	5,249	3.58	2,74,198	5.90
कर्नाटक	7,236	4.93	3,13,202	6.74
महाराष्ट्र	22,362	15.25	5,77,892	12.40
उत्तर प्रदेश	12,237	8.34	5,81,460	12.58
भारत	1,46,575	100.00	46,41,576	100.00

स्रोत: साहनी और शंकर 2012: 243

(शब्दकोष), 1960) में व्यवसाय को "एक ऐसा पेशा जिसमें किसी मुक्त कला या विज्ञान में उन्नत प्रशिक्षण की ज़रूरत पड़ती है, और इसमें आमतौर पर शारीरिक कार्य से ज्यादा बौद्धिक कार्य की ज़रूरत पड़ती है, जैसे कि अध्यापन, अभियांत्रिकी, लेखन आदि; खासतौर पर चिकित्सा, कानून, या धर्मशास्त्र (जिन्हें पूर्व में *विद्वान व्यवसाय* कहा जाता था)।" इस विचार की पुरानी जड़ों को याद करना अत्यंत सार्थक रहा, जिसकी गूँज उस सांस्कृतिक पूँजी में है जो हमें साक्षात्कार ली गई कुछ लडकियों की आत्म-प्रस्तुति में देखने को मिलता है।

शैक्षिक प्राप्ति के माध्यम से पेशेवर होने के संदर्भ में, दो युवा महिलाएं तमारा और तानिका जिनसे मैं इलाहाबाद विश्वविद्यालय में मिली, वे अलग ही नज़र आती हैं। दोनों के ही पास दृढ़तापूर्ण दृष्टिकोण हैं। वे पेशेवर बनने के लिए आवश्यक ज्ञान और कौशल की महारत प्रदर्शित करने के लिए भी तैयार हैं। यह स्पष्ट है कि यह गुण इस तथ्य से जुड़े हैं कि दोनों ब्राह्मण हैं, जिनमें कई पीढ़ियों तक शिक्षा के मूल्य की संस्कृति शामिल है। श्रुति, यह भी उच्च जाति की है, के पास भी यही आश्वासन और विशिष्टता है। तमारा और तानिका अपने स्पष्ट रूप से शामिल किए गए ज्ञान के भावपूर्ण अभिव्यंजक उपयोगों के लिए अपने महाविद्यालय शिक्षाओं के माध्यम से जीवन में अपने विश्वासों और मिशनों के बारे में बात करने के लिए प्रभावशाली हैं। तानिका दर्शनशास्त्र की प्राध्यापक बनना चाहती है, और तमारा अंतर्राष्ट्रीय वकील बनना चाहती है। हालांकि जब मैं उनसे मिली तो वे दोनों ही इलाहाबाद विश्वविद्यालय में पढ़ रही थीं लेकिन वे एक दूसरे को नहीं जानती थी, क्योंकि वे भिन्न संकायों में पढ़ती थीं और उनका व्यक्तित्व और परिवार एक दूसरे से बिल्कुल अलग थे।

तानिका 23 साल की है, उसने बी.ए. और एम.ए. कर लिया है और अब डी.फिल. कर रही है। उसका एक छोटा भाई है जो महाविद्यालय में पढता है। उसके पिता ने बी.ए. किया है और तकनीकी डिप्लोमा किया है। वे अभियांत्रिक हैं और अभी एक बीमा कंपनी में काम करते हैं। उसकी माँ ने एम.ए. किया है और वे एक गृहिणी हैं; हम उनसे पहले अध्याय 2 में मिल चुके हैं। यह परिवार धनी नहीं है। उनका घर पुराना, विभाजित और दो परिवारों के हिसाब से बनाया गया है, जिसमें बहुत छोटे पुराने कमरे हैं। मध्य में आँगन है ऊपरी मंजिल के लिए जाने की सीढियां हैं जहाँ उसके चाचा और उनके परिवार रहते हैं। तानिका हमेशा से अपने संयुक्त परिवार के साथ रही है।

विमला की ही तरह, वह विश्वविद्यालय अनुदान आयोग से कनिष्ठ अनुसंधान फ़ेलोशिप कर रही है, और उसका चुनाव प्राध्यापक के तौर पर हुआ है। इस फ़ेलोशिप से 19,200 रुपए महीना, और साथ ही तीन साल के लिए यात्रा और आकस्मिक व्यय के लिए पैसे मिलते हैं। अगर कोई रिक्ति निकलती है और वह साक्षात्कार में उत्तीर्ण हो जाती है, तो वरिष्ठ अनुसंधान फ़ेलोशिप के रूप में उसे 31,000 रुपए प्रति महीना मिल सकते हैं। "मेरा दो या तीन साल में पूर्ण हो जाएगा, और शायद तब तक या उससे पहले ही मैं नौकरी करने लग जाऊं। जब मेरा

6 महीने का डॉक्टरेट-पूर्व कार्यक्रम प्रमाण पत्र पूरा हो जाएगा, मैं नौकरी के लिए आवेदन करूँगी। आवेदन करने से पहले विश्वविद्यालय अनुदान आयोग द्वारा यह प्रमाणपत्र प्राप्त करना आवश्यक है।" इस प्रकार से, उसका डी.फिल. पूरा हो जाएगा और अगर नौकरी लग गई तो उसे वरिष्ठ अनुसंधान फ़ेलोशिप की भी ज़रूरत नहीं पड़ेगी।

तानिका बताती है कि वह समाज की भलाई के लिए प्रभाव डालना चाहती है। दर्शनशास्त्र सिखानेवाली एक आजीविका, जिसके लिए उसने शीर्ष अंक प्राप्त किए हैं, पुरस्कार जीते हैं, और कुछ अनुभव संकलित किये हैं, उससे वह कई लोगों को प्रभावित कर पाएगी। वह कहती है कि इलाहाबाद और दिल्ली विश्वविद्यालय में देश के सबसे अच्छे दर्शनशास्त्र के संकाय हैं। वह समझाती है,

> विवाह के लिए, मैं किसी से मिलने के लिए बहुत लालायित नहीं हूँ। मेरे माता-पिता एक अच्छे परिवार का, समान जाति, धर्म का, अच्छा कमानेवाला और वित्तीय स्वतंत्रता स्तर का सुस्थापित लड़का चाहते हैं। मेरे विचार से वह स्वतंत्र, अच्छा व्यक्ति होना चाहिए, और उसने मेरा और मेरी भावनाओं का सम्मान करना चाहिए। मेरी आजीविका में प्रगति हो रही है; और उसे मुझे उसे छोड़ने के लिए नहीं कहना चाहिए। भारत में महिलाओं की आजादी अभी भी सशर्त है।

अभिभावक बेटियों को *थोड़ी* आज़ादी देते हैं, लेकिन उसके पति को उसे पूरी आज़ादी देनी चाहिए। "मेरे माता-पिता मुझे निर्णय लेने की आज़ादी देते हैं; मुझे ऐसा ही पति चाहिए! उसे मेरा मत जानना चाहिए, बातचीत करनी चाहिए, और हमें अपने ज़्यादातर निर्णय एक साथ लेने चाहिए। मुझे अपनी आजीविका से संबंधित निर्णय लेने की स्वतंत्रता होनी चाहिए।"

तानिका इस टिप्पणी के साथ महिलाओं की स्थिति पर आलंकारिक भाषा में एक बयान भी देती है।

> महिलाओं को महसूस होता है कि उन्हें आर्थिक तौर पर भाग लेना चाहिए। हम निर्माण के लिए बने हैं न कि केवल प्रजनन के लिए। सतत विकास केवल पुरुषों के साथ नहीं हो सकता; देश तभी विकसित होगा जब महिलाएं भी श्रम शक्ति में रहेंगी। विचारधारा और क्रांतिकारी आदर्शों में एक बदलाव आया है। हमें केवल उनके हाथ की कठपुतलियाँ नहीं हैं। बात केवल पैसे की नहीं, बल्कि व्यक्तिगत दृश्यता की भी है। हम अभी अदृश्य हैं। पुरुष और महिला को समान होना चाहिए। सारा जोर शिक्षा पर होना चाहिए।

बाद में उसके घर जाकर, मैंने उसके अभिभावकों से पूछा कि क्यों वे बेटी के लिए एक आजीविका का समर्थन करते हैं। उसके पिता ने जवाब दिया कि साक्षरता और जागरूकता दोनों ही बढे हैं। "विवाह के बाद, शिक्षा के बिना बहुत सी समस्याएँ हो सकती हैं: अगर कोई

दुर्घटना हो जाये, माँ काम करने में समर्थ नहीं है, बच्चों को ठीक से शिक्षा दो, या अकेले बाहर जाने दो। आत्मविश्वास और आत्मनिर्भरता आजकल बहुत आवश्यक है। बुजुर्ग लोग सुरक्षा कारणों के चलते इसकी अनुमति नहीं देते थे।" माँ कहती है कि वह अकेली बाहर नहीं जाती है (देखे अध्याय 2)। उसकी माँ कहती है, "हम चाहते हैं कि हमारी बेटी बहुत आगे जाए।"

तानिका के पिता कहते हैं,

> हम चाहते हैं कि वह अपनी आजीविका खुद कमाए। पहले परिवार में एक कमानेवाला सदस्य होता था, लेकिन अब दोनों को कमाना ज़रूरी है ताकि दुर्घटना की हानि से बचा जा सके। दादा-दादी बहुत समर्थन करते हैं, और उस समय में भी अपनी बेटियों को पढ़ाना चाहते थे, लेकिन तब यह संभव नहीं था। इलाहाबाद हमेशा से बहुत आधुनिक था, लेकिन अब और ज्यादा आधुनिक हो गया है। साहित्य, शिक्षा और संस्कृति मुख्य ज्ञानक्षेत्र थे, लेकिन अब बहुत से आधुनिक विषय भी हैं।
>
> पहले उसे अपना लक्ष्य प्राप्त करने दीजिये, और फिर हम उसे विवाह के बारे में बात करेंगे। समान जाति हमारी पहली प्राथमिकता होगी। कोई दहेज़ नहीं दिया जाएगा—केवल घर के लिए कुछ तोहफे दिए जायेंगे। दूल्हे का शिक्षण स्तर उसके समान ही होना चाहिए, और वह सरकार में प्रथम श्रेणी का अफसर होना चाहिए।

यह एक ऐसा परिवार है जो धनी नहीं है। उन्होंने अनेक पीढ़ियों से शिक्षा को महत्व दिया है, लेकिन बहुत से सदस्यों ने ज्यादा शिक्षा प्राप्त नहीं की है। पिताजी अपने युवावस्था के पारिवारिक मुद्दों के कारण माँ से कम शिक्षित है, लेकिन वह नौकरी नहीं करती, और वह करते हैं और परिवार को चलाते हैं। उन्होंने ऐसी इच्छा ज़ाहिर की है कि अगर उनकी सेहत ख़राब होती है तो पत्नी को आगे आकर काम संभालना चाहिए। उनके भाई और उनके परिवार भी उसी इमारत में रहते हैं।

तानिका का छोटा भाई अपनी बी.टेक. की पदवी के लिए पढ़ रहा है। बुढ़ापे में तानिका को अपने माता-पिता को सहारा देने की ज़रूरत नहीं ही; उनके दृष्टिकोण से, वह शिक्षित है इसीलिए वह भविष्य में अपने वैवाहिक परिवार को सहारा दे सकती है। उसके दृष्टिकोण से, शिक्षा का उद्देश्य अपनी रुचियों और मूल्यों को सहारा देना है और साथ ही जिस आजीविका में उसका विश्वास है उसे कमाना भी। उसका एक दृढ़ मूल्य यह है कि महिलाओं को उत्पादक जीवन जीना चाहिए। इसी विचार के सस्थ, वह अपनी कक्षा में शीर्ष पर रहती थी, प्रभावशाली सार्वजनिक प्रस्तुतियां देती थी, और पुरस्कार जीतती थी।

तानिका की व्यक्तिगत शैली विनम्र है। वह एक दयालु व्यक्ति है। उसकी उत्कृष्टता शालीन है; वह खुद को एक सौम्य लेकिन स्वयं-जागरूक गर्व के साथ संभालती है। वह

मुझे पिछले दशकों में मिले हुए उच्च जाति के अन्य शिक्षित व्यक्तियों की याद दिलाती है, जो कि अपेक्षाकृत ख़राब परिस्थितियों में रहते हैं। कुछ युवा लोगों की प्रतिभा है जो उन्हें आकर्षक आजीविका की तरफ लेकर जाती है। पिछले दशक की मेरी जान-पहचान के बहुत से परिवारों में ऐसे लड़के थे। वे परिवार, तब भी और अब भी, सज्जनता के निशान बरक़रार रखते हैं। यह वह सांस्कृतिक पूँजी है जो वे आगे लेकर जाते हैं। तानिका के माता-पिता की यादों में एक बहुत पुराना इलाहाबाद बसा हुआ है जो संस्कृति, साहित्य, और पुराने विश्व की भव्यता से भरा हुआ है; और आज वे शहर की एक ऐसी प्रतिमा का स्वागत करना चाहते हैं जो आज के लिए उपयुक्त है। इस नई प्रतिमा में, एक शिक्षित, व्यावसायिक रूप से सफल बेटी का होना बहुत ही सुखदायक और बिल्कुल उपयुक्त है।

तमारा बाकियों से एक अलग प्रकार की युवा महिला है जिनसे मैं इस परियोजना पर मिली। वह मुझे उन विद्यार्थियों की याद दिलाती है जिनसे मैं हाल ही में जवाहरलाल नेहरू विश्वविद्यालय (जेएनयू) या भारतीय प्रौद्योगिकी संस्थान (आईआईटी) में मिली थी। वह इलाहाबाद विधि संकाय के विद्यार्थी समूह के नेता की अपनी भूमिका में अति आत्मविश्वासी लगती है। वह एक लंबे समय से स्थापित शहरी इलाके की शैली में बोलती है, वैसी ही दिखती है और कपड़े पहनती है।

वह अपने परिवार के साथ विभिन्न शहरों में रही हुई है और हर शहर के कॉन्वेंट स्कूल में पढ़ चुकी है। उसके पिता, जिन्होंने पीएच.डी. करी हुई ही, विश्वविद्यालय में प्राध्यापक हैं। पहले वे अन्य शहरों के महाविद्यालयों में पढ़ाते थे। उनकी पत्नी स्नातक है और गृहिणी है। तमारा की एक छोटी बहन और एक छोटा भाई है। जब मैं उसके घर गई, उन सबने एक साथ आकर मेरा स्वागत किया और मुझसे जोशीले अंदाज़ में बातें करीं। वे मुझसे बहुत सारे प्रश्न पूछना चाहते थे, और हमने विभिन्न विषयों पर चर्चा भी करी। उन्होंने इस बारे में बातें करीं कि वे कैसे एक दूसरे के साथ समय बिताना पसंद करते हैं, और एक परिवार के तौर पर साथ में घूमने जाते हैं। उनका घर काफी आधुनिक था, लेकिन बड़ा नहीं था। तमारा अपने घर की गाड़ी में मुझे घर से लेने-छोड़ने आई थी।

जब मैं तमारा से मिली तब वह 22 साल की थी, और इलाहाबाद विश्वविद्यालय में अपने विधि कार्यक्रम के पांचवे वर्ष में थी, यह एक पांच साल का एकीकृत पाठ्यक्रम था, जो बी.ए. और एल.एल.बी. ऑनर्स की पदवी प्रदान करता था। उसने कहा कि प्रवेश परीक्षा चुनौतीपूर्ण थी, जिसमें वर्तमान मामले, इतिहास का सामान्य ज्ञान, अंतरराष्ट्रीय मुद्दे, अंग्रेजी और गणित शामिल था। तमारा ने अपनी सभी परीक्षाएं अच्छे अंकों से उत्तीर्ण की है।

> ओह हाँ, मेरी योजना जीवनभर नौकरी करने की है। मैं स्वतंत्र रहना चाहती हूँ। मैं एक कट्टर नारीवादी हूँ। मैं अभी लिंग कानून पढ़ रही हूँ, और जहाँ तक हो सके इसमें विशेषज्ञता हासिल करना चाहती हूँ। महिलाओं के लिए विशेष कानून हैं, जैसे कि घरेलू हिंसा

अधिनियम और यौन उत्पीड़न अधिनियम। चूंकि भारत संयुक्त राष्ट्र के CEDAW के लिए एक हस्ताक्षरकर्ता है, इसलिए अंतरराष्ट्रीय मानदंड भी प्रासंगिक हैं। भारतीय दंड संहिता के तहत बलात्कार राष्ट्रीय कानून में आता है। महिलाओं के उत्थान के लिए काम करने वाले कई राष्ट्रीय आयोग हैं।

यह साल समाप्त करने के बाद, मैं शायद विदेश में स्नातकोत्तर पदवी प्राप्त करूंगी, जो कि एक-साल का एलएलएम कार्यक्रम है। मेरा परिवार आगे की पढ़ाई के लिए मुझे बाहर भेजने के लिए तैयार है। मेरी माँ हमेशा कहती है कि एक महिला को स्वतंत्र होना चाहिए। उन्हें पता है कि मैं बचपन से ही महत्वाकांक्षी रही हूँ। मैंने सार्वजनिक भाषण दिए हैं। वकीलों से घिरे रहने के कारण, मैं इस पेशे से बहुत प्रभावित हुई हूँ।

पिछले एक दशक से, हम उच्च-मध्यमवर्गीय हैं। तीनों बच्चे निजी विद्यालयों में पढ़ते थे। मेरी बहन 11वीं कक्षा में है और चिकित्सक बनना चाहती है। विवाह की अभी मेरी कोई योजना नहीं है। मेरे अभिभावक कहेंगे कि मेरा विवाह 26 साल के करीबन करेंगे; मैं कहूँगी कि 27 या 28 साल।

उसके पुरुष मित्र रह चुके हैं, वे इस बारे में जानते हैं और उन्हें कोई समस्या नहीं है। जब वह विधि इंटर्नशिप के लिए दिल्ली में थी तब वह किसी से साथ घूमती थी। लेकिन उस रिश्ते पर ध्यान केंद्रित करने की बजाय, वह कहती है, "मैं पढ़ाई पर ध्यान केंद्रित करना चाहती हूँ! मैं शायद खुद की कानूनी संस्था स्थापित करूँ, या तो सिविल या आपराधिक, कुछ निपुण, मानव अधिकारों के साथ। मैं उसे यहाँ लागू करना चाहती हूँ।" विवाह के बारे में वह निश्चित नहीं है, लेकिन वह यह भी कहती है कि उसकी माँ कहती है कि, "भारत में कुंवारे लोगों की सराहना नहीं की जाती। व्यावसायिक बनो, लेकिन एक परिवार भी बनाओ। जिंदगी में साथ की ज़रूरत पड़ती है।" वह यह भी जोड़ देती है, "मैं लड़के से परिचय कराने में अपने अभिभावकों के फ़ैसले पर विश्वास करती हूँ। दहेज़ के लिए मेरी बिल्कुल ना है—इसके खिलाफ एक कानून भी है! एक ही पेशे में विवाह करना मददगार साबित होता है; आप एक दूसरे के मुद्दों को समझ पाते हो।"

मैंने संयुक्त परिवार नहीं चाहती, मैं कभी संयुक्त परिवार में नहीं रही। मैं बच्चों (दो से ज्यादा नहीं) की देखभाल के लिए नौकर रख लूंगी। बच्चों के साथ समय बिताना महत्वपूर्ण है। लेकिन मेरी महत्वाकांक्षा की कोई सीमा नहीं होनी चाहिए। पति-पत्नी दोनों को मिलकर खर्चों के बारे में निर्णय लेने चाहिए। मेरे पति के माता-पिता मेरे पुरुष मित्र के माता-पिता की तरह होने चाहिए, जिन्हें पेशेवर महिलाओं से कोई समस्या नहीं है। मेरे खुद के पैसों में से, मैं कुछ दान करना चाहूंगी और कुछ अच्छे काम में निवेश करना चाहूंगी।

अभी वह अपने पास बहुत कम पैसा रखती है। “मैं अपने माता-पिता को बता देती हूँ कि मुझे क्या चाहिए: कार का खर्च, दोपहर का भोजन आदि। आगे जाकर, मैं अपने लक्ष्य पूरे करने के लिए अपने पैसों का उपयोग करूंगी।”

मुझे एक बात महसूस हुई कि तमारा घर के बजाय परिसर में अधिक प्रभावशाली है। परिसर में, उसकी शैली बहुत ही दबंग है जो कि विशिष्ट रूप से परिष्कृत भी है, जैसा कि ऊपर दिए गए साक्षात्कार की भाषा से ज़ाहिर है। दबंगता के अन्य उदाहरणों को करीब से अध्याय 5 में देखा गया है, लेकिन उनमे से कोई भी इस कदर लापरवाह नहीं थे।

घर पर, तमारा परिवार के साथ हंसती-खेलती है, वहां पर उसके पिता का प्रभुत्व चलता है, जो हर विषय पर अपना मत देना चाहते हैं। बाद में जब मेरी जब उससे संक्षिप्त मुलाकात हुई, तो उसने इशारा किया कि उनके द्वारा व्यक्त कुछ मतों से वह ताल्लुक नहीं रखती। उन्होंने मुझे एक तर्क दिया था कि अपनी ही जाति में विवाह क्यों ज़रूरी है। यह उनमें से एक क्षेत्र हो सकता है जहाँ उसने नम्रता से असहमति दर्शाई हो, लेकिन बिना कुछ कहे हुए।

अपना स्नातकोत्तर करने की इच्छा रखते हुए, तमारा विदेश में एक नौकरी पाने में सफल हो गई है। जब तक वह असहमत नहीं हो जाती, जो कि मुझे विश्वास है कि वह नहीं होगी, ऐसा लगता है कि वह विदेशों में अवसरों की तलाश जारी रखेगी ताकि अंतरराष्ट्रीय कानून की उसकी आजीविका की महत्वाकांक्षा को पूरा किया जा सके।

श्रुति, तानिका और तमारा नए युग के शिक्षित कुलीन वर्ग का प्रतिनिधित्व करती हैं, जहाँ महिलाओं की आजीविका का उनके जन्मजात परिवारों में स्वागत किया जाता है। उनके मामलों में ऐसा बहुत लगता है कि यह स्वागत उनके वैवाहिक परिवारों में भी होगा। उनके सामाजिक क्षेत्र में मुंबई की वासंती, या वडोदरा की प्रिया की तुलना में ऐसे सुयोग्य पात्र बहुत होंगे जिनके विचार लगभग इन लड़कियों जैसे ही होंगे।

बेटियों की आजीविका की महत्वाकांक्षा की स्वीकृति, छोटे और रूढ़िवादी शहरों में पहले की तुलना में अधिक फ़ैल रही है, और उन परिवारों में भी जो पहले ऐसी योजनाओं की स्वीकृति नहीं देते थे। इसकी भी बहुत संभावना है कि उच्च कुल की यह लड़कियां, सफलतापूर्वक रोज़गार मिलने के बाद, विवाह के बाद भी सफलतापूर्वक नौकरी कर पाएंगी, यह भी मानी हुई बात है कि उनमें से किसी ने भी जाति के अंदर माता-पिता द्वारा तय किया हुआ विवाह करने से इंकार नहीं किया है। तीनों ही मोटे तौर पर सामाजिक रूप से प्रगतिशील हुए बिना भी एक प्रकार से नारीवादी ही हैं। जैसा कि तानिका कहती है “हम उनके हाथों की कठपुतलियां नहीं हैं”। तानिका एक बड़े सार्वजनिक विश्वविद्यालय में दर्शनशास्त्र की प्राध्यापक बनकर समाज पर एक अच्छा प्रभाव छोड़ना चाहती है; फिर भी वह जाति में विवाह करने को असमानता का सामाजिक संरचनात्मक ढांचा नहीं मानती।

दो कानून की छात्राओं, श्रुति और तमारा जिनके परिवार भी काफी समृद्ध हैं और जिनकी खुद की आजीविका काफी आकर्षक है, के मामले में, अपनी ही जाति में विवाह करने की

यह आत्मसंतुष्टता देखना चौंकानेवाला था। वित्तीय दृष्टिकोण से देखा जाए तो, उन्हें खुद को सहारा देने का अवसर मिलेगा, और शायद अपने लिए इच्छित साथी को खोजने की आज़ादी भी मिलेगी। श्रुति और तमारा, दोनों ने ही, अलग-अलग दावों में यह भी कहा था कि, वे कुछ समय के लिए अपने माता-पिता से अलग रहना चाहती हैं। एक यादगार वक्तव्य जो श्रुति ने अपनी माँ के सामने किया था में वह कहती है, "मैं एक ऐसी अवस्था से गुज़रना चाहती हूं जहाँ मेरा विवाह न हुआ हो, मैं नौकरी कर रही हूँ और मुझपर कोई नज़र न रखे।"

हालाँकि नौकरी करनेवाली महिलाओं के रूप में इनकी स्वतंत्रता इनके अभिभावकों को इन पर विवाह का दबाव डालने से नहीं रोक पाएगी। अगर इनमें से कोई तब तक खुद कोई साथी नहीं ढूंढ पाई तो माता-पिता की आज्ञा का अनुपालन करना सुविधाजनक होगा।

परिष्कृत तमारा, जिसका पूर्व में एक पुरुष वह मित्र था लेकिन फिर भी वह गंभीर नहीं थी क्योंकि वह विदेश में जाकर पढ़ना चाहती थी, कहती है, "मैं लड़के से परिचय कराने में अपने अभिभावकों के फ़ैसले पर विश्वास करती हूँ।" उसने बाद में मुझे यह भी बताया था कि वह अपने प्राध्यापक पिता से हमेशा सहमत नहीं होती। अगर वह अपने मित्र से विवाह नहीं करती है, तो शायद वह अपने माता-पिता द्वारा मिलाए गए अपनी जाति के लड़के से बिना कोई प्रश्न किये विवाह के लिए तैयार हो जाए।

वर्तमान में यह नहीं दर्शाता है कि उच्च-मध्यम वर्ग के माता-पिता कोई छूट नहीं देते हैं। और यहां तक कि अगर प्रस्तावित विवाह का अनुमोदन मुख्य रूप से अपने सबसे महत्वपूर्ण विस्तारित परिवार के भीतर अपनी स्थिति के लिए उनकी चिंता पर आधारित है, तो कुछ मामलों में परिवार की तत्काल जाति के परे जाकर उन अन्य को शामिल करने के लिए व्यापक हो सकता है (एक नये संदर्भ में) जिन्होंने समान पदानुक्रमित कद प्राप्त किया है। फिर भी सामाजिक स्थिति और पद पर हमेशा विचार किया जाता है।

अब मैं उस प्रश्न पर वापिस लौटती हूँ कि क्या अन्य अधीनस्थ अभी भी महिलाओं की जगह पर हैं, उनके लिए भी जो अपने आजीविका के लक्ष्य को हासिल करना चाहती है। महिलाओं के जीवन के कार्यस्थल के मुद्दों को, जो दिलचस्प और महत्वपूर्ण दोनों हैं, इस पुस्तक में बहुत कम जगह मिली है, क्योंकि हम मुख्य रूप से काम से पहले की महिलाओं से संबंधित हैं। लेकिन निजी अधीनता के प्रकार जो युवा कामकाजी महिलाओं को प्रभावित करेंगे—चाहे उनकी नौकरी कितनी भी व्यावसायिक क्यों न हो—उनके घरों और परिवारों के भीतर ही देखने को मिल जायेंगे। इनमें से अधिकांश युवा महिलाएं, जैसा कि वे खुद को साक्षात्कार में व्यक्त करती हैं, अपने वैवाहिक परिवारों के प्रबंधन की आवश्यकता के अधीन रहने के लिए अधीनस्थ और अनुदार रहेंगी। घर की देखभाल में पति-पत्नी की समान जिम्मेदारियां आदर्श हो सकती हैं, लेकिन मुझे आशंका है कि वे कभी पूर्ण होंगी। सबसे उच्च स्थित पेशेवर महिलाएं कई क्षमताओं में नौकरों से पूर्णकालिक मदद ले सकती हैं। महिला का मुख्य कार्य होगा उन नौकरों का प्रबंधन करना।

पैसे का प्रबंधन उनके वैवाहिक घरों के भीतर बातचीत का एक और मुद्दा होगा। सिंह और भंडारी (2012) संयुक्त परिवार में पैसों के प्रबंधन के एक लेख में लिखते हैं, "विवाह की साझेदारी की विचारधारा केवल जोड़े की एकता पर ध्यान केंद्रित नहीं करती है, लेकिन उसे एक सामंजस्यपूर्ण विस्तारित परिवार के संदर्भ में रखा गया है।" (2012:46)। यह एक ऐसा मुद्दा था जिसके बारे में सभी लड़कियों के विचार दृढ़ थे। उनकी तमन्ना खुद को और दूसरों को भी समर्थन करने की थी, जिसमें शामिल थे उनके खुद के माता-पिता, पति, बच्चे और सास-ससुर।

बच्चे की देखभाल के संदर्भ में, सभी लड़कियां इस काम को बाँट लेना चाहती थीं। सबसे अच्छा विकल्प था घर में एक बुजुर्ग महिला का रहना जो घर की एक वास्तविक सदस्य हो। उदाहरण के लिए, इसमें शामिल है, नागपुर की सोनम का मामला, जिसके अनाथ मंगेतर की मौसी उनके साथ रहने के लिए आनेवाली थीं, और इससे सोनम को बहुत ख़ुशी थी। इन रिश्तेदारों के साथ में रहने से युवा पत्नी का घर में स्थान उच्च या निम्न हो सकता है, लेकिन उन्हें इस रिश्ते पर बहुत काम करना पड़ेगा। इस बारे में बातचीत युवा पत्नी के पक्ष में भी हो सकती है या नहीं भी।

कई बार लड़कियों ने यह भी कहा था कि उनकी माताएं उनकी मदद के लिए आएंगी, यह पहले की कठोर प्रथाओं से बहुत अलग है जहाँ उच्च कुल की विवाहित बेटियों को माता-पिता से अलग ही रखा जाता था। उदाहरण के लिए, तानिका के माता-पिता दोनों ने कहा कि उसके घर जाकर बच्चों को सँभालने में उसकी मदद करना चाहेंगे। प्रेम से कठिनाइयों को पार करने में मदद मिलेगी। लेकिन इससे महिला को वह पूरी आज़ादी नहीं मिलेगी जो उसे अपनी नौकरी की जिंदगी में चाहिए।

तमारा के पूरे आत्मविश्वास से यह कहना कि, "मैं बच्चों (दो से ज्यादा नहीं) की देखभाल के लिए नौकर रख लूंगी। बच्चों के साथ समय बिताना महत्वपूर्ण है। लेकिन मेरी महत्वाकांक्षा की कोई सीमा नहीं होनी चाहिए" बहुत ही चौंका देनेवाला था। बच्चों वाली विवाहित नौकरीशुदा महिला को बाँधनेवाली कोई सीमाएं नहीं होनी चाहिए, यह बहुत से समाज में आजकल आम है। कुछ संभावित सीमाएं भी उन भावनाओं से प्राप्त हो सकती हैं, जो बच्चों के आने के बाद एक महिला अनुभव करती है, और उन भूमिकाओं का मिश्रण भी जो वह खुद निभाना चाहती हैं।[1] इन सीमाओं का उन्मूलन दूसरों की ईमानदारी और पूर्ण

[1] एक बिंदु जो कि इन बयानों के संदर्भ में अंतर-सांस्कृतिक समानता दिखाता है वह डामस्के (2011), *फॉर द फैमिली? हाउ क्लास एंड जेंडर शेप विमेंस वर्क* में मिलता है। न्यू यॉर्क में हाल ही में हुए एक अनुसंधान पर आधारित है यह निष्कर्ष कि कुछ महिलाएं अपने परिवारों की सहायता करने के तरीके के रूप में काम करने को तर्कसंगत मानती हैं, और अपनी स्वयं की क्षमता को पूरा करने की वास्तविक इच्छा और अपनी आजीविका का मज़ा लेने से भी खुद को दूर रखती हैं।

समर्थन पर निर्भर करेगा। इन अन्य लोगों के (शायद बूढ़े माता-पिता के) स्वयं के कुछ वैध दावे होंगे, जो कुछ प्रकार की सीमाएं पेश कर सकते हैं। हालांकि, आगे आनेवाला ऐसा कोई भी संघर्ष अभी तक तमारा को दिखाई नहीं दे रहा था। बच्चों के बारे में उसकी वास्तविक इच्छा उसके जीवन में आगे आ सकती है और वह अभी तक उसके लिए विचार करने और योजना बनाने के लिए पूरी तरह से उपलब्ध नहीं थीं।

इस नए लिंग युग में शिक्षित अभिजात वर्ग निश्चित रूप से अधिकतर अंतर्निहित और चल रहे सामाजिक आदेश को बनाए रखेगा, भले ही यह विशेषाधिकार प्राप्त युवा महिलाएं पेशेवर भूमिकाएं और पहचान में आगे बढ़ने लगें, जो उनकी, उनके परिवार की, और जिनके लिए वे काम करती हैं उनकी भलाई के लिए हो। हालांकि, उनका व्यवहार जो सामाजिक आदेश के रखरखाव को जारी रखता है, अपने पुराने रिश्तेदारों की तुलना में नरम और अधिक झरझरा साबित हो सकता है। उनके पास अपने शिक्षित आदर्शवाद और उन अधीनस्थ पदों में लोगों की स्थिति में सुधार के बीच बेहतर समन्वय की आवश्यकता के बारे में विचार करने के लिए बहुत कुछ होगा, जो उनके लिए काम करते हैं।

यहां तक कि वे सामाजिक-सांस्कृतिक प्रभुत्व की व्यवस्था की प्रकृति पर प्रतिबिंबित करने आ सकते हैं, जिसमें वे बहुत जटिलता से शामिल हैं। गांगुली-स्क्रेसे और स्क्रेसे के मुताबिक (2008),

> काम की दुनिया में प्रवेश करने से [महिलाओं] को आत्मविश्वास, सम्मान और स्वायत्तता हासिल करने की अनुमति मिली है। फिर भी, कुछ अवसर पहले से मौजूद लिंग विचारधारा को चुनौती देने के लिए पैदा हुए हैं,... आखिरकार [महिलाओं की] चुनौतियां नव-उदारवादी राज्य की पितृसत्तात्मक विचारधाराओं की सीमाओं में समाहित हैं। (2008: 104)

इनमें से कुछ महिलाएं इन चुनौतियों का सामना कर सकती हैं और उनके ज़रिये सोच सकती हैं। यहाँ तक कि केवल उनके बारे में सोचने से भी यह असर पड़ेगा कि वे किस प्रकार अपना बाकी का जीवन निभाती हैं।

7

सन्निहित एजेंसी: लाभ, हानियाँ और अजन्मी आशाएं

जिन युवा महिलाओं की हम बात कर रहे हैं वे हमें अक्सर बहादुर और प्रेरणादायक लगती हैं। वे बाहरी दुनिया में और अपने परिवारों के भीतर भी, आत्म-पहचान का सम्मान प्राप्त करती हैं, जो उनके आगे आनेवाले जीवन को बहुत ही रोमांचक बना देता है। हम इस बात को भूल नहीं सकते कि इनमें से अधिकांश युवा महिलाओं को बहुत से अन्य लोगों से महत्वपूर्ण तरीकों से समर्थन मिलता है। उन्हें अपने अभिभावकों से, विशेष रूप से पिताओं से नैतिक समर्थन मिलता है। पिछले दो दशकों के दौरान प्रभाव में आयीं सार्वजानिक नीतियों ने भी बहुतों की सहायता की है। अधिकांश वर्तमान में फैले हुए वैश्वीकृत नवउदारवाद का भी लाभ उठा रही हैं, यह ऐसी तलवार है जो जीतने के साथ-साथ विभाजन भी करती है।

शहरों के ऊपर केंद्रित आर्थिक विकास की क्षमता वाला वैश्वीकृत नवउदारवाद, उन कुछ लोगों के लिए महत्वपूर्ण लाभ ला सकता है जो अभी हाल ही में मध्यम वर्ग में शामिल हुए हैं; जिनमें से कुछ लोग पहले से ही लंबे समय से पद पर बने हुए हैं; और अन्य लोग, जो सामाजिक रूप से कम लाभप्रद और गरीब हैं, जो शिक्षा, कौशल और नौकरी प्राप्त करने में सक्षम हैं। लेकिन वर्तमान की जो प्रवृत्ति है उसमें नुकसान भी हो सकता हैं जो मौजूदा पीढ़ी में कई अन्य लोगों की उम्मीदों को अपंग करता है। हालाँकि कुछ परिवारों और परिवार समूहों का सामाजिक-आर्थिक स्तर ऊंचा उठेगा, और एक ऐसे सुधारित स्तर तक पहुंचेगा जिसे बनाए रखने के लिए वे उत्सुक होंगे, नव-उदारीकरण की तुलना में रोजगार में वृद्धि की एक अधिक मजबूत, मोटे तौर पर आधारित प्रक्रिया की कमी संभवत: अन्य युवा लोगों और उनके परिवारों की महत्वाकांक्षाओं को विफल कर सकती है। बड़ी सामाजिक प्रावधान योजनाओं के लिए वित्त पोषण की वर्तमान छंटनी से दूसरों को नुकसान होगा। और ग्रामीण क्षेत्र में सामाजिक और आर्थिक विकास की कमी अधिक शहरीकरण के लिए बढ़ते दबाव

को जारी रखेगी, यह एक ऐसी प्रवृत्ति है जो सभी प्रकार के पर्याप्त स्तर केबुनियादी ढांचे के विकास केबिना भी हो सकती ही।

इस अध्याय में, हम इस अध्ययन की युवा महिलाओं में पाए जानेवाले विभिन्न प्रकार के लाभ और हानियों को देखेंगे। इनमें से बहुत सी कहानियां कीमती लाभ के विषयों पर पकड़ रखती हैं; हम यह भी पूछते हैं कि क्या वे इन युवा महिलाओं द्वारा खोजे जा रहे जीवन के नये तरीक़े से संबंधित नुकसान को दर्शाते हैं, या कमियों को प्रकट करते हैं। हम आत्म-परिभाषा के उन अखाड़ों की जांच करते हैं जिनका इनमें से ज़्यादातर युवा महिलाओं द्वारा विचार भी नहीं किया गया होता है, जो अक्सर उन लड़कियों के हिस्से में आता है जिनकी माएं नौकरी करती थीं। इसके बाद हम इस अध्ययन की नौकरी न करनेवाली माओं का और समय के माध्यम से उनके प्रक्षेपवक्रका विचार करते हैं और इस बात का चिंतन करते हैं कि किस प्रकार लिंग संबंधों की हमारी समझ में उनकी परिस्थितियां वृद्धि करती हैं। अंत में, हम अपने नमूनों की युवा महिलाओं की तरफ लौटते हीं और उनके परिवारों में उनकी गहरी सन्निहितता को, और साथ ही नव-उदार रुझान और भविष्य के लिए इसके निहितार्थ के संबंध को भी जांचते हैं।

लाभ और हानियाँ

मेरे सभी साक्षात्कारों में सबसे बड़ा लाभ था वडोदरा की *नीला* की कहानी में, जिसने अपना जीवन ही प्राप्त किया था—वह जीवन जो जीने का शायद उसे मौका भी नहीं मिलता। जब वह अपनी माँ के गर्भ में थी तब एक लिंग-चयनात्मक गर्भपात का विचार किया जा रहा था। लेकिन वह योजना पूर्ण नहीं हो सकी। जिसका परिणाम था दो होनहार बेटियों के साथ एक सुखी परिवार, जिसे बेटे की कमी का कोई पछतावा नहीं था।

अपनी पहली बेटी को जन्म देने के बाद, नीला की माँ से उनकी सास ने कहा कि अब वे दूसरी बेटी न होने दे। जब वह दूसरी बार गर्भवती हुई, तो अल्ट्रासाउंड के द्वारा उन्हें गर्भ में दूसरी बेटी होने का पता चला, और अपनी सास की इच्छानुसार उन्होंने गर्भपात करने की योजना बनाई। उसने मुझे यह सब तब बताया जब मैं उसके घर गई थी। "लेकिन मेरे पति ने मुझसे कहा, 'हम उन्हें नहीं बताएँगे कि हमें दूसरी बेटी होनेवाली है।' इसीलिए मैंने उस नियोजित भेंट को रद्द कर दिया।" जब इस जोड़ी ने अपने बच्चे को देखा, तो वे बहुत रोमांचित हुए, वे गए और गर्व से उसे सास को दिखाया। नीला की माँ ने मुझसे कहा, "आप देख रही हैं न वह कितनी सुंदर है? एक नवज़ात शिशु के तौर पर वह काफी सुंदर थी।"

मैं नीला से महाराज सयाजीराव विश्वविद्यालय के परिवार और सामुदायिक विज्ञान संकाय में मिली। उसका जन्म पटेल समुदाय में 1992 में हुआ था, वह लंबी, दुबली-पतली

और हरी आँखों वाली है। वह बी.एससी. फैशन डिजाईन के आखिरी साल में थी। उसने कहा, "मैंने विमान परिचारिका बनने के बारे में सोचा था, लेकिन समाज का मानना है कि विमान परिचारिकाएँ केवल परिष्कृत दासियाँ होती हैं।" उसे कलात्मक गतिविधियों जैसे डिजाईन और नृत्य में निपुणता प्राप्त है, और उसने थोड़ी मॉडलिंग भी कर रखी है। फैशन डिजाईन उसके लिए उपयुक्त है।

नीला के पिता के पास बी.कॉम. की पदवी है और वे एक बैंक प्रबंधक के रूप में काम करते हैं। हैदराबाद में शिक्षा प्राप्त कर रही उसकी माँ की पढ़ाई में पदवी पूरी होने से पहले ही व्यवधान उत्पन्न हो गया था। नीला ने बताया,

> मेरी माँ कुछ समय महाविद्यालय में गई और विवाह होने पर पढ़ाई छोड़ दी।
>
> उनके पिता हैदराबाद में पढ़ाते थे, लेकिन उनका परिवार गुजरात से है और इस पूरे क्षेत्र में संबंध हैं। उनके लिए लड़का हमारे समुदाय के पांच गावों में से चुनना था। मेरे पिता का परिवार एक गाँव से है, और मेरी माँ का दूसरे गाँव से।
>
> मेरी बड़ी बहन 26 साल की है और घर पर रहती है। वह दंतचिकित्सक है, और उसने अपनी पढ़ाई मंगलौर से पूरी की है, उसने अपना पांच साल का कार्यक्रम उसके क्षेत्र के सर्वश्रेष्ठ विद्यालय से पूरा किया है। जल्दी ही उसका विवाह तय कर दिया जाएगा। मेरा विवाह लगभग पांच या छह साल बाद होगा। मैं प्रेम विवाह को प्राथमिकता दूंगी, लेकिन अगर मेरे अभिभावक किसी से मेरा परिचय कराएँगे, तो मेरे पास उसे जानने के लिए बहुत समय होगा। मेरी बहन की भी यही अपेक्षा है। उसे किसी से मिलने के लिए कहा गया था, लेकिन निर्णय लेने के लिए समय बहुत कम था, और उसने ना बोल दिया। यह एक जिंदगीभर का निर्णय है! गलत निर्णय कभी-कभी धोखाधड़ी दिखाते हैं। हमारे अभिभावक कहते हैं, 'अगर तुम्हारा पुरुष मित्र गुजराती हिंदू है तो कोई समस्या नहीं है।' मेरी बहन भारत के बाहर जाकर आगे पढ़ना चाहती है; वह एक आजीविका-उन्मुख (करियर ओरिएंटेड) लड़की है। अगर उसका विवाह पहले नहीं होता, तो वह अकेली जा सकती है। लेकिन वह विवाह करके फिर विदेश जाने की आशा करती है। हमारे अभिभावक यह देखेंगे कि वह लड़का शिक्षित हो और स्वयं निर्वाह कर रहा हो।
>
> अभी मेरा कोई पुरुष मित्र नहीं है, लेकिन मैं चाहती हूँ कि एक पुरुष मित्र मेरा पति बने। मेरे मित्रों की मंडली में लड़के भी हैं। बहुत से लड़के मेरे मित्र हैं! मैं एक नृत्यांगना हूँ, और नृत्य की कक्षाओं में लड़के भी होते हैं। मैं उस नृत्य अकादमी में नृत्य सिखाती हूँ जहाँ मैंने शिक्षा ली है। मैं टीवी के एक कार्यक्रम में भारत के 30 शीर्ष नर्तक जोड़ों में से एक थी। मैं इस बारे में बहुत उत्साही थी, लेकिन अपनी पढ़ाई के लिए मैंने इसे छोड़ दिया है।

मैं सैद्धांतिक चीज़ों में अच्छी नहीं थी, और मुझे अच्छे अंक नहीं मिलते थे। लेकिन अब मेरे शिक्षकों को मुझपर गर्व है। पिछले वर्ष, मुझे एक जोड़ीदार के साथ एक फैशन डिजाईन की प्रतियोगिता में तीसरा स्थान प्राप्त हुआ था, और हमें एक साल के लिए नौकरी का अनुबंध मिला था—सूरत के बड़े साड़ी के ब्रांड के साथ सवेतन इंटर्नशिप। मैंने और मेरे भागीदार ने स्नातक होने के बाद शामिल होने के लिए बातचीत की। हम सूरत में किसी रिश्तेदार के यहाँ, या फिर अपने घर पर रहेंगे। इस नौकरी में 15 हज़ार रुपए महीना वेतन मिलेगा। अगर हम आगे भी वहीं काम करना चाहे तो वेतन बढ़ भी सकता है और पद भी स्थाई हो सकता है।

मैं आजीविका-उन्मुख (करियर ओरिएंटेड) हूँ, और मेरे अभिभावक भी मेरे घर पर बैठने के बजाय इसी को प्राथमिकता देते हैं। वे चाहते हैं कि मैं खुद का सहारा बनूँ। मेरी मुंबई में एक महीने की इंटर्नशिप थी और मैं वहां अकेली रहती थी। मेरे पिताजी हर मामले में समर्थन करते हैं। लेकिन अगर मैंने मित्रों के साथ छुट्टी पर जाने के बारे में पूछा होता तो उन्होंने मना कर दिया होता। अगर शिक्षा और आजीविका से संबंधित कोई दौरा होता, तो वे अनुमति दे देते। मेरे अभिभावक जानते हैं कि उनकी लड़कियां इतनी समझदार हैं कि अपनी सीमाओं में रह सकें। मित्र कई बार अच्छा व्यवहार नहीं करते, लेकिन हम उन्हें आंकते हैं। माँ मुझे मुंबई तक छोड़ने आयीं थीं—उन्होंने देखा कि यह एक सुरक्षित जगह है, और फिर सब ठीक था।

मैंने अभी तक बच्चों के बारे में नहीं सोचा है; लेकिन दोनों अभिभावकों को ही उनकी देखभाल करनी चाहिए। मैं संयुक्त परिवार में रहना पसंद करूँगी। मैं यह सुनिश्चित करूँगी कि मेरा पति यह जाने कि नौकरी करना एक चीज़ है जो मैं नहीं छोड़ूंगी, और यह बात उसे अपने अभिभावकों को बतानी होगी। आजकल के सास-ससुर को महिलाओं के काम करने से कोई समस्या नहीं होती है। मेरी माँ की उम्र की महिलाएं काम नहीं करती, लेकिन आज की पीढ़ी ज्यादा आजीविका-उन्मुख है। मेरी और मेरी माँ की उम्र के बीच की महिलाएं अब काम करती हैं। बदलाव तेज़ी से नज़र आ रहा है। लेकिन हम अपने घरों को अच्छे से संभाल सकते हैं! मैं अपने पैसों में से कुछ अपने अभिभावकों को दूंगी; उन्हें कोई बेटा नहीं है।

जब मैं वडोदरा में नीला के पारिवारिक घर में गई, तो उसकी माँ जो कि धाराप्रवाह अंग्रेजी बोल रही थीं, मेरे प्रति बहुत ही दोस्ताना थीं, और नीला ने भी हमें एक साथ समय बिताने के लिए छोड़ दिया था। नीला के घर पर मेरा अधिकांश साक्षात्कार उसकी माँ के साथ था।

नीला की माँ हैदराबाद में पली-बढ़ी थीं और सात वर्ष की आयु तक उनकी पढ़ाई घर पर ही हुई थी, जब तक कि उनके पिता के दोस्त ने उन्हें यह सुझाव दिया कि सामाजिक कारणों

के लिए उन्हें (नीला की माँ को) विद्यालय की योग्यता की आवश्यकता पड़ेगी। उनके पिता एक प्राध्यापक थे। वे एक होनहार छात्रा थीं, जिन्होंने अपनी उम्र से उच्च स्तर में विद्यालय में प्रवेश लिया, और जल्दी खत्म भी कर लिया। "मैं चिकित्सा विद्यालय में जाना चाहती थी। मेरे पिताजी ने मुझे बाहों में लिया और बताया कि तब मैं उन लड़कों के हिसाब से ज्यादा पढ़ी-लिखी हो जाउंगी, जिन्हें वे गुजरात में मेरे लिए ढूँढने की आशा करते थे।" उनके भाई ने उनके लिए उनके विवाह क्षेत्र में एक सुयोग्य, सफल व्यक्ति ढूंढ लिया। "हमारे अभिभावक जो भी करते थे उससे हम हमेशा खुश रहते थे। मेरे भाई ने लड़के को देखा और मुझसे कहा, 'यही है वह।' मेरे होनेवाले पति भारतीय स्टेट बैंक में एक अफसर के तौर पर काम करते थे, और उन्होंने पहले ही यह घर बनवा लिया था। मैं यहाँ रहने आ गई।" हम दोनों उसी घर में बैठकर बात कर रहे थे।

उन्होंने कहा, "अब, इस पृष्ठभूमि से आनेवाले सभी लोग उच्च शिक्षित होते हैं।"

> मेरे पति के परिवार में पांच भाई और एक बहन है। उन सब के बड़ोदा में अपने घर और नौकरियां हैं, सिवाय एक के जो आनंद में है। परिवार के कुछ लोग अब विदेश में हैं। मेरे ससुर की मृत्यु तभी हो गई थी जब मेरे पति गाँव में चौथी कक्षा में पढ़ते थे। उनके बड़े भाई बड़ोदा में नौकरी क़रते थे इसीलिए पूरा परिवार वहीं रहने चला गया और साथ में रहने लगा। गाँव शिक्षा के लिहाज़ से बहुत पीछे था। मेरे पति ने 10वीं कक्षा के बाद ही बैंक में काम करना शुरू कर दिया था। 1981 में उन्होंने ज़मीन खरीदी और यह घर बनवाया, और 1986 में हमारा विवाह हुआ।

जब उनका विवाह हुआ, वे 33 साल के थे। उनकी पत्नी उनसे 10 साल छोटी है। उन्होंने छोटी उम्र में बैंक में काम करना शुरू कर दिया था, और बाद में एक विराम लिया और स्नातक की पढ़ाई करने के लिए महाविद्यालय में प्रवेश लिया।

> शुरू से ही मैं चाहती थी कि जो मुझे नहीं मिला, वह मेरे बच्चों को मिले। नीला कहती है कि हम जिस युग अब रहते हैं उसे मैं अच्छे से समझती हूँ! यह एक रूढ़िवादी परिवार नहीं है; मेरी बेटियों का पालन-पोषण उस ढंग से नहीं किया गया है। नीला बास्केटबाल खेलने बाहर जाती है; विद्यालय में पढ़ते समय मैं भी यह खेल खेला करती थी।

नीला अब खेलने की पोशाक पहनकर दरवाजे पर आई और मुझे अलविदा कहा, और उसकी माँ के साथ मेरा साक्षात्कार जारी रहा।

> मेरे पति ने मुझसे कहा कि बच्चों को गढ़ना महत्वपूर्ण है। उन्होंने कहा, 'उन्हें नौकरों के हाथों से मत गढ़ने दो। अपनी बेटियों को अच्छे संस्कार दो।' मैं भी काम करना चाहती

थी, और चाहती थी कि मेरी सास मेरी मदद के लिए मेरे साथ रहें। लेकिन वह मेरी देवरानी के साथ उसके बच्चों की देखभाल के लिए रह रही थीं। मैंने यह सुनिश्चित किया है कि मेरी बेटियों को अच्छी शिक्षा मिले। मैं उसकी कक्षाओं में जाती थी और उसके शिक्षकों से मिलती थी, ताकि मैं इसके संपर्क में रह सकूँ। नीला और उसकी बहन बड़ोदा के एक अंग्रेजी माध्यम के सरकारी विद्यालय में पढ़ती थी। एक शिक्षक ने मुझसे कहा, 'क्या आप सच में पटेल हैं? पटेल महिलाएं शिक्षित नहीं होती हैं।'[1] लेकिन मैं अपनी बेटियों को शिक्षित और प्रशिक्षित करने में समर्थ रही हूँ, और मुझे कभी भी उनके लिए बाहर की ट्यूशन नहीं लगानी पड़ी! वे जो कुछ भी बन रही हैं उससे मैं संतुष्ट हूँ।

नीला के अभिभावक अपनी बड़ी बेटी, नीला की बड़ी बहन के लिए लड़के ढूंढ रहे हैं। उसकी माँ ने कहा, जिन कुछ लोगों से हम मिले, "वे उपयुक्त मेल नही थे। एक जोड़ीदार के रूप में कोई भी गुजराती व्यक्ति चलेगा; लेकिन दोनों ने एक-दूसरे को समझना चाहिए। पेशा उनकी प्राथमिकता होगी। मैं एक उच्च-शिक्षित लड़का चाहती हूँ, जो कि एक बहुत अच्छे परिवार से हो, यह लोग इतने शिक्षित नहीं हो तो भी चलेगा लेकिन अपनी बहू को समझने में समर्थ होने चाहिए। अब हर कोई शिक्षा और नौकरी को प्राथमिकता के तौर पर देखता है।" हालाँकि उनका यह आखिरी वक्तव्य उनके उस सच्चे अनुभव के विरोधाभास में है जो कि उन्हें तब मिला जब वे ऐसे परिवारों से मिलीं जिनके बेटे पेशेवर रूप से उतने उन्मुख नहीं थे, फिर भी उनका सामान्यीकरण उनकी तरफ से उनके समुदाय के लोगों की तरफ और साथ ही अन्य लोगों की तरफ भी यह आशावादी भाव रखता है, कि लोगों में आजकल शिक्षा का स्तर बढ़ रहा है।

मैं नीला की बहन और पिता से थोड़ी देर के लिए मिली; उनमें एक निश्चित परिष्कृत गुणवत्ता थी। उनका मध्यम आकार का घर आधुनिक फर्नीचर, उपयुक्तता और सजावट से सुसज्जित था। नीला की माँ टैक्सी लेने के लिए मेरे साथ बाहर तक आयीं और मुझसे फिर से मिलने आने का अनुरोध किया। यह एक उल्लेखनीय दौरा था। कन्या भ्रूणहत्या के खिलाफ एक पिता द्वारा लिया गया निर्णय मुझे अभूतपूर्व लगा। इसके बारे में जानने पर मेरे अनुसंधान में एक कोना तैयार हुआ, जिसने पहले खुद को इसी समुदाय के सदस्यों के बीच बच्चे का लिंग जानने की प्रक्रिया से संबद्ध कर लिया था (क्लार्क 1983)। वह प्रथा अभी भी जारी है, लेकिन यह परिवार (दूसरों के बीच) एक अपवाद बन गया है।

नीला की माँ, जिनके पिता एक प्राध्यापक थे और जिन्होंने अपने खुद के बच्चों को उनके बचपन में घर पर ही पढ़ाया था, खुद अपने बच्चों की शिक्षा में गहराई से शामिल हैं, और उन्होंने दो स्वतंत्र विचारधारा वाली युवा महिलाओं को उत्पन्न करने में मदद करी है।

[1] देखें टिप्पणी 2

उन्होंने अपनी सारी प्रतिभा के साथ खुद को इसमें डुबो दिया है। अपने पिता द्वारा चिकित्सा विद्यालय में जाकर पढ़ने की उनकी इच्छा को नकार देने के बावजूद भी उन्होंने किसी कड़वाहट का प्रदर्शन नहीं किया; बल्कि, उन्होंने तो यह बताया कि किस प्रकार उनके पिता ने उन्हें बाहों में लेकर यह समझाया कि ऐसा क्यों नहीं हो सकता। उन्होंने कहा, "हमारे अभिभावकों ने जो भी किया उससे हम हमेशा खुश थे।" उनकी स्वीकार्य संतुष्टि ने किसी भी दावों की पूर्ति का उल्लेख नहीं किया जो वे करना चाहती थी, बल्कि, यह उनके जीवन में आए पुरुषों द्वारा लिए गए शिक्षा के निर्णयों पर निर्भर करता था। उसके पति द्वारा अपनी बेटी के अस्तित्व के बारे में अपनी माँ के निर्देशों को ठुकराना एक उत्कृष्ट उदाहरण था।

नीला की कहानी में ज़बरदस्त लाभ है; उसकी आनुषांगिक हानि बहुत कम दिखाई देती है। यह सच है कि उसकी माँ की कहानी में निराशा है, लेकिन वे उम्मीदों में परिवर्तित हो गई हैं। लेकिन कुछ चीजें कम से कम छाया के रूप में चिह्नित हो सकती हैं। इस परिवार ने गाँव से जुड़ी अपनी जड़ों को खो दिया है। पिता के परिवारवाले गाँव छोड़ने के बाद शहर में एक साथ रहते थे और एक-दूसरे का सहारा बनते थे; बाद में वे सब अलग-अलग घरों में रहने और अलग-अलग जीवन जीने के लिए अलग हो गए। इस छोटे परिवार में शिक्षा और नौकरी प्राथमिकता बन गए। नीला और उसकी बहन अन्य जाति वर्गों में उच्चतर होने के कारण उनका पालन-पोषण भी वैसे ही हुआ था, हालाँकि कुछ लोग अभी भी यह मानते हैं कि उनकी पटेल पृष्ठभूमि (उनकी जाति का कम सम्माननीय भाग) के लोग अशिक्षित होते हैं। कुछ अन्य परिवार हैं जो अपने बेटों के लिए लड़की की उम्मीद से आते हैं, जिनकी प्राथमिकताएँ दरअसल इन अभिभावकों की तरह नहीं होती हैं। उनकी बेटियों के लिए उम्मीदें अब जाति पर निर्भर नहीं रह सकती, बल्कि अब उन्हें व्यावसायिकता पर निर्भर रहना है।[2] नीला की आजीविका (करियर) के प्रति उन्मुखता एक ज़रूरत है; अपनी बेटियों की नौकरी हो यह उसके पिता की इच्छा भी है और ज़रूरत भी। ऐसा इसीलिए नहीं है कि बुढ़ापे में अभिभावकों को आर्थिक मदद की ज़रूरत होगी, नीला के इस प्रण के बावजूद भी कि वह अपना कुछ पैसा उन्हें देगी; उनकी भावनिक ज़रूरतें होंगीं, और उन्हें पूरा करने के लिए कोई बेटा नहीं होगा और इसीलिए वे चाहते हैं कि उनकी बेटियों के पास विचारों की स्वतंत्रता हो, और खुद के अभिकर्तृत्व की भावना हो। उन्हें एक सामान्य शिक्षित

---

2 नीला का परिवार मध्य गुजरात के लेवा पाटीदारों से ताल्लुक रखता है। इस जाति में प्रतिष्ठा का पदानुक्रम है जिसके भीतर इस परिवार का विवाह का क्षेत्र बहुत निचले स्तर पर है। बेटी का विवाह अगर ऊँचे कुल में करना है, जिसमें ज़्यादातर उच्च शिक्षित लोग होते हैं, तो बहुत सा दहेज़ देना होगा जो कि बैंक में प्रबंधक पिता के लिए भी बहुत महंगा साबित होगा। किसी भी मामले में, ऐसे परिवार इस परिवार को नहीं चुनेंगे, यही यह कहानी दर्शाती है।

शहरी मध्यम वर्ग के सदस्य के रूप से बाहर निकलना चाहिए, और अपनी बेटियों के लिए शिक्षित, व्यापक विचारों वाले पतियों की तलाश करने की कोशिश करनी चाहिए। उपयुक्त जोड़ीदार ही यह तय करेगा कि क्या बेटियां खुश हैं, और क्या अभिभावक भी खुश हैं। यह संभव है कि उन्हें इन दोनों लड़कियों के लिए उपयुक्त जोड़ीदार तलाश करने के लिए अपनी जाति से बाहर जाना पड़े।

लाभ और हानियों का सारांश यह है कि, जो नीला की माँ के पास नहीं था, उन्होंने अपनी बेटियों के लिए संभव बना दिया; चौकस जाति के सदस्यों के लिए उपलब्ध गहरे संबंधों की हानि ने इस परिवार के लिए एक नए तरीक़े से रहना संभव बना दिया है; कुल मिलाकर, भविष्य एक अनिश्चित रूप में आगे खड़ा है, और इन अभिभावकों का निर्धारण है कि उसका ख़ुशी से सामना करना चाहिए।

मुंबई की उर्मिला आत्मविश्वास का और साधित क्षमता के रूप में दृढ़ता का एक असाधारण उदाहरण है। तथापि उसकी यह ताकत एक प्राथमिक पहचान का समर्थन करती है जो पूंजीपति जीवनशैली की अनुमति नहीं देती, या महिला संस्था और स्वायत्तता को समेकित करते हैं, जिसमें पर्याप्त मात्रा में पैसे होते हैं। उर्मिला अपने पेशे में बहुत सा पैसा नहीं कमाएगी, लेकिन वह शिक्षिका बनने की अपनी महत्वाकांक्षा को लेकर उत्साहित है। वह अभी ही ट्यूशन पढ़ाती है; वह बच्चों से प्यार करती है और बच्चे उससे। वह जुनून के साथ परिवार की एकजुटता को महत्व देती है, वह केवल अपने अभिभावकों को सहारा ही नहीं देना चाहती, जो कि उसे करना ही है, लेकिन अपने पूरे समुदाय के साथ घनिष्ठता बनाए रखने की भी उसकी लालसा है।

जब मैं उर्मिला से मिली तब वह 21 साल की थी, और मुंबई विश्वविद्यालय से संबद्ध एक महाविद्यालय में बी.ए. समाजशास्त्र में तीसरे वर्ष की छात्रा थी। उसने मुझपर एक गहरा प्रभाव छोड़ा; वह बहुत ही खुशमिजाज थी, और उनकी आवाज़ में एक खनक थी; वह खुद के और भविष्य की अपनी योजनाओं के बारे में बहुत निश्चित थी। वह मुंबई के ही एक इलाके में अपने परिवार के साथ रहती थी, जहाँ वह बड़ी हुई थी। उसके पिता 53 साल के हैं, उनकी शिक्षा 10वीं कक्षा तक हुई थी। वह बच्चों के कपड़े और गणवेश उपलब्ध करानेवाली एक दुकान में काम करते हैं, और उनमें मामूली विकलांगता है। उसकी माँ 50 साल की हैं, 10वीं उत्तीर्ण है और एक गृहिणी है। उसके अभिभावकों का विवाह 25 और 22 साल की उम्र में हुआ था। पिता का परिवार मूलतः जामनगर से है; वे एक गुजराती वैष्णव भाटिया हैं जो कृष्ण की पूजा करते हैं। जब उर्मिला के पिता ने काम करना शुरू किया, तब उनके पिता की मृत्यु हो चुकी थी, और अपने बड़े भाई के साथ, उनकी दो छोटी बहनें थीं जिन्हें सहारा देना था और उनका विवाह कराना था। उर्मिला के संयुक्त परिवार में अब आठ लोग हैं, जिनमें उसके ताउजी और उनका परिवार भी शामिल है।

> मैं अपने संयुक्त परिवार की सबसे छोटी सदस्य हूँ, और मेरे कोई भाई-बहन नहीं हैं। मैं अध्यापन क्षेत्र में जाना चाहती हूँ। 10वीं कक्षा के बाद से ही मैं ट्यूशन पढ़ा रही हूँ। मैं 2015 में बी.एड. की परीक्षा दूंगी, जिससे मैं 12वीं कक्षा तक पढ़ाने के लिए योग्य हो जाउंगी। उसके बाद मैं एम.एड. की परीक्षा दूंगी। मुझे एक पदवी महाविद्यालय में पढ़ाने के लिए एम.ए. भी करना होगा, लेकिन मैं वह नहीं करना चाहती। मैं 5वीं से 10वीं कक्षा तक पढ़ाना चाहती हूँ। मेरे अभिभावक हमेशा मुझे बेहतरीन शिक्षा देना चाहते हैं। उन्होंने मुझे मेरा मार्ग चुनने की पूरी आज़ादी दी है। उन्होंने कहा है, "तुम जो भी करो, हमें बता दो। हमें जानकर अच्छा लगेगा।" मैं ट्यूशन पढ़ाती हूँ और मेरा शुल्क स्वयं भरती हूँ, इसीलिए मेरे पास थोड़ी आज़ादी है। जैसे ही मैं कक्षाओं से लौटकर घर आती हूँ, मैं सीधे ऊपर जाकर अपनी ताईजी से मिलती हूँ, वे 56 साल की हैं; हम बहुत करीब हैं, इतने कि कई बार तो हम एक जैसे कपड़े भी पहनते हैं। अगर मैं सही हूँ तो वे हमेशा मेरा समर्थन करती हैं। मेरे अभिभावकों से भी ज्यादा वह मुझे प्रभावित करती हैं, क्योंकि वे बड़ी हैं। उनके पति 63 साल के हैं; उनके बेटे और बहू के एक बच्चा है। हम सब साथ में रहते हैं।
>
> मेरी माँ कहती हैं, "तुम्हें हमारी तरह अपने पति के ऊपर निर्भर नहीं रहना चाहिए।" मेरे पिता का वेतन कम था, इसीलिए आर्थिक ज़रूरत के समय मेरी माँ ने कुछ ढाबेवालों के लिए खाना भी बनाया था। उन्होंने मुझे इतना शिक्षित कर दिया कि मैं 10वीं कक्षा के बाद कमाई कर सकूँ। उन्होंने मेरे शिक्षिका बनने की योजना पर प्रश्नचिह्न उठाया था, लेकिन मेरी ताईजी ने उन्हें समझाया। ससुरालवालों को इस पेशे से कोई समस्या नहीं होगी। वे सोचेंगे कि कार्यालय में जाना यानि बहुत से पुरुषों के साथ मिलना-जुलना होगा, और शिक्षण अधिक रूढ़िवादी पेशा है। मैं रूढ़िवादी नहीं हूँ—मुझे केवल पढ़ाना पसंद है! मुझे ट्यूशन पढ़ाना पसंद है।

उसके परिवार को पता है कि उसका पुरुष मित्र रह चुका है और वह उसके साथ एक महीने तक घूम चुकी है लेकिन वह उस रिश्ते के प्रति गंभीर नहीं थी। लेकिन वह प्रेम विवाह के प्रति गंभीर नापसंदगी व्यक्त करती है। वह कहती है,

> मैं प्यार और इन सब बेकार की बातों में नहीं पड़ना चाहती! मैं प्रेम विवाह भी नहीं करना चाहती, हालाँकि मेरे चचेरे भाई और उसकी पत्नी का प्रेम विवाह हुआ है, और मेरे अभिभावक इसकी इजाज़त भी दे देंगे। मैं अपनी ही जाति में विवाह करना चाहूंगी, क्योंकि मुझे मेरी संस्कृति और धर्म पसंद है। मैं गिरजाघर में भी जाती हूँ। मैं गणेशजी के मंदिर में प्रार्थना करती हूँ, और गुरुद्वारा में भी प्रार्थना के लिए जाती हूँ। लेकिन मुझे अपनी संस्कृति से प्यार है।
>
> विवाह के बाद मेरा परिवार एकल या संयुक्त हो सकता है, लेकिन मैं चाहती हूँ कि मेरे अभिभावक मेरे लिए पति ढूंढें। वह मुझसे बड़ा, लंबा और मुझसे ज्यादा शिक्षित होना

चाहिए। उसे मेरे माता-पिता को अपने माता-पिता की तरह मानना चाहिए, क्योंकि मेरे माता-पिता के कोई बेटा नहीं है। हम एक ही घर में नहीं रहेंगे, लेकिन वह जैसा व्यवहार अपने माता-पिता के साथ करेगा, वैसा ही व्यवहार उसे मेरे माता-पिता के साथ करना चाहिए। पैसों के बारे में हम दोनों मिलकर निर्णय लेंगे। एक वेतन घरखर्च के लिए होना चाहिए, और एक बचत के लिए। अगर मेरे पति का वेतन मुझसे ज्यादा हुआ तो यह लाभप्रद होगा, लेकिन ऐसा होना ज़रूरी नहीं है। लेकिन मेरे वेतन से, कुछ भाग मेरे अभिभावकों को जाएगा। मैं उनका बेटा हूँ। मैं पहले से ही उनके बुढ़ापे के लिए बचत कर रही हूँ, जिसका सूद 25 साल बाद मिलेगा। मैं 8000 से 9000 रुपए प्रति महीना कमाती हूँ, जिससे मैं अपना शुल्क भरती हूँ, और थोड़ी बचत भी कर लेती हूँ। अगले साल, अपने बी.एड. के लिए मैं एक पैसा भी शुल्क के लिए नहीं मांगूंगी।

हमारे फ्लैट की पहली मंजिल पर एक कमरा है, और दूसरी मंजिल पर दो कमरे हैं। हम सभी आठ लोग इन तीन कमरों में रहते हैं। आज की पीढ़ी की तरह, मैं शायद अपने बच्चों को थोड़ी और सहूलियत देना चाहूंगी; मैं चाहूंगी कि मेरे बच्चों के पास खुद का कमरा हो। मैं कम से कम एक बच्चा तो चाहूंगी, आशा करती हूँ कि वह लड़की होगी, वैसे अगर लड़का भी हुआ तो भी ठीक है। मैं शायद अपने बच्चों समेत अपने सास-ससुर के साथ रहूंगी। अगर सास-ससुर नहीं हुए, तो मेरे अभिभावक मेरे काम पर रहते समय बच्चों की देखभाल कर सकते हैं। एक बार फिर, शिक्षण पेशा चुनने का यह कारण नहीं है। बच्चे मुझे बहुत पसंद करते हैं! और जो भी मेरे पास है उससे मैं बहुत कुछ कर सकती हूँ—मुझे एक विलासपूर्ण जीवनशैली नहीं चाहिए। मैं अमीर लोगों की तरह नहीं बनना चाहती, जिन्हें अपने परिवार की ज़रूरत नहीं होती है। हम एक-दूसरे से जुड़े हुए होंगे।

मैं बी.एड. करते समय स्वयंसेवी संस्था में और टीच फॉर इंडिया में पढ़ाना चाहूंगी—ताकि ज़रूरतमंद लोगों को पढ़ा सकूँ, और उन लोगों को जो यह नहीं समझते कि आपको लड़की को पढ़ाना चाहिए। 70 साल पहले, मेरी दादी को भी अधिक शिक्षा चाहिए थी। उनके सभी बच्चे उच्च शिक्षित हैं।

उर्मिला ने मुझपर न केवल अपने परिवार के प्रति मुखर निष्ठा से बल्कि अपने परिवार की जाति और धार्मिक मान्यता से भी वार किया। वह यह सब कुछ किसी भी विरोधाभास की भावना के बिना करती है, हालाँकि मैं उससे उसकी समाजशास्त्र की शिक्षिका की कक्षा में मिली थी, जो कि एक तेज़-तर्रार युवा नारीवादी है जिसके पास हर प्रश्न का उत्तर है। उर्मिला एक नारीवाद विरोधी के रूप में सामने नहीं आती; वह लड़कियों और लड़कियों के परिवारों की शिक्षा के प्रति प्रतिबद्ध है। हालाँकि, जैसा दिखाया गया है, वह प्रेम विवाह में विश्वास न होने के बारे में प्रखरता से बोलती है। वह कुलीनता-विरोधी, उपभोक्तावादी-विरोधी और व्यक्तिवादी-विरोधी थी। वह बच्चों से प्रेम करती है, और उन्हें प्यार करने और पढ़ाने के पक्ष में है, वह अपनी प्यारी ताईजी के साथ एक जीवंत रिश्ता बनाने के पक्ष में है, वह एक बेटे

की तरह अपने अभिभावकों को सहारा देने के पक्ष में है, और एक बहुत छोटे घर में रहने के पक्ष में है। वह जहाँ भी हो सके प्रार्थना करने के पक्ष में है: चाहे गिरजाघर में हो, गुरूद्वारे में हो, या अन्य मंदिरों में हो, या फिर अपने पारिवारिक मंदिरों में हो।

उर्मिला महिलाओं और लड़कियों के भी पक्ष में है। अपने माता-पिता की इकलौती संतान होने के नाते वह उनकी समर्पित बेटी बनना चाहती है, और उसकी योजना उन्हें अभी, बाद में, और उनके बुढ़ापे में सहारा देने की है। अगर उसके एक ही बच्चा हुआ तो वह खुद भी बेटी को जन्म देना चाहती है। जो लोग यह समझते हैं कि बेटियों को शिक्षा की आवश्यकता नहीं है, ऐसे लोगों को भी वह समझाना चाहती है। वह ऐसी महिलाओं के लिए उदाहरण बन रही है जो शिक्षा प्राप्त करना और शिक्षा देना चाहती हैं।

उर्मिला के पेशेवर चुनावों में कुछ भी नया या अनोखा नहीं है। महिलाएं दशकों से शिक्षिकाएं होती आ रही हैं, जिन्हें हालाँकि वेतन कम दिया जाता है और उनका मूल्य भी कम आँका जाता है, लेकिन फिर भी वे आवश्यक होती हैं। लेकिन अनुसंधान की अन्य लड़कियों की तरह उर्मिला भी ऊँचा उड़नेवाली है। जया, विमला, और वासंती की तरह ही वह भी अपने अभिभावकों और परिवार के अन्य सदस्यों का मूलभूत सहारा बनना चाहती है, और उन्हें आज के आर्थिक स्तर की तुलना में उच्च स्तर तक पहुँचने में मदद करना चाहती है, उन्हें सुरक्षा प्रदान करना चाहती हैं, और गर्व महसूस कराना चाहती हैं। उसकी महत्वाकांक्षा है एक शिक्षित व्यक्ति को उपलब्ध पूर्ण पेशेवर स्तर हासिल करना और अपने लोगों का सहारा बनना। उसके दिमाग में बहुत स्पष्ट है कि उसे क्या करना है। वह शैक्षिक योग्यताएं प्राप्त करने के बाद 5वीं से 10वीं के बच्चों को पढ़ाने की महत्वाकांक्षा को पूर्ण करना चाहती है। उसे पूरी आज़ादी दी गई है कि वह कौनसा पेशा चुने, किसी के साथ घूमे या नहीं, मर्ज़ी से विवाह करे या नहीं, अलग-अलग पूजा स्थलों पर प्रार्थना करे, किसको देखे और कहाँ जाए। वह इस आज़ादी का उपयोग उन लोगों के साथ रहने में लगाती है जिनसे वह प्रेम करती है, तीन कमरों में आठ लोग।

इसमें दोष क्या है? उसकी दृष्टि का सामाजिक क्षेत्र बहुत कमजोर है, और उस जाति और समुदाय के प्रति बहुत निष्ठावान है, जिसे वह अपनी संस्कृति कहती है। उनकी पूरी इमारत में एक ही जाति के लोग रहते हैं। इसके लिए जो कारण वह देती है वह बहुत ही धार्मिक है: वह कहती है कि यह वैष्णव बनने के लिए बहुत महत्वपूर्ण है और कृष्ण की पूजा करनेवाले विश्वासियों के एक समुदाय के अंदर ही रहते हैं। उसकी धार्मिक भावना विशिष्ट नहीं हैं, विभिन्न पूजा स्थलों पर की जानेवाली उसकी प्रार्थनाएँ इसका उदाहरण हैं। वह नैतिक शुद्धता और व्यक्तिगत प्रतिबद्धता चाहती है। सुरक्षा के इस गढ़ के भीतर, वह बहुत आत्मविश्वासी है।

सार्वजानिक विद्यालयों में पढ़ाने की उसकी प्रतिबद्धता भविष्य में उसकी सामाजिक सीमाओं को जांच सकती है। विवाह के बाद जिस परिवार में वह जाएगी वह उसकी कुछ

धारणाओं को चुनौती देंगे। यह कहना ठीक है कि ससुरालवाले रूढ़िवादी होंगे, लेकिन वह नहीं है; हालाँकि इन परिस्थितियों में तो ऐसा लगता है कि वह भी रूढ़िवादी बन जाएगी। उसकी प्राथमिकता है बच्चों और अपने माता-पिता की सेवा करना; लेकिन एक बार विवाह हो जाने के बाद, यह प्रतिबद्धताएं कुछ हद तक नए परिवार में जाने की वजह से कम हो जाएँगी।

यह कहानी कुछ शक्तिशाली लाभों का भी प्रतिनिधित्व करती है। उर्मिला का उजला दृष्टिकोण और दृढ़ आत्मविश्वास यह संभव बनाता है कि हम उसे एक मंच पर खड़ा होकर अनुयायियों को अच्छा करने के लिए प्रोत्साहित करने की कल्पना करें। वह महत्वाकांक्षा की विरासत का एक हिस्सा है, जो अपनी माँ से बहुत आगे निकल आई है, और उसका झुकाव अपनी ताई के प्रोत्साहन में ज्यादा है। हालाँकि, हमें यह लगता है कि जिस अच्छे की उम्मीद वह भविष्य के लिए करती है, क्या वह सभी पृष्ठभूमियों के लोगों के लिए होगा। हम केवल यह उम्मीद कर सकते हैं, लेकिन हम यह सुनिश्चित नहीं कर सकते कि महिलाओं की समानता को बढ़ावा देने की उसकी इच्छा में सभी समुदायों के लोगों के लिए समानता की इच्छा भी शामिल होगी या नहीं।

इलाहाबाद की *रैना* से जब मैं पहली बार मिली, तब वह 19 साल की थी और बी.ए. के अपने कार्यक्रम के पहले साल में थी। वह पत्रकार बनना चाहती है। वह धाराप्रवाह अंग्रेजी बोलती है, वह कान्वेंट स्कूल में पढ़ती थी जहाँ उसे वाद-विवाद में निपुणता हासिल थी। वह अपनी विचारधारा रखनेवाली, मुखर, और आत्मविश्वासी आधुनिक मुस्लिम लड़की है। वह अपनी जाति शिया मुस्लिम बताती है। जब उससे उसके स्तर के बारे में पूछा जाता है, तो उसका जवाब था, "मैं कहूँगी कि हम उच्च-मध्यम वर्ग से ताल्लुक रखते हैं।"

> घर पर मेरा एक छोटा भाई है, जो 16 साल का है, और एक बड़ी बहन है जो 23 साल की है। मेरी बहन ने एम.कॉम. और बी.एड. किया है, और अब अंतर-महाविद्यालय स्तर पर पढ़ा रही है। मेरे पिताजी सात भाई-बहनों में से एक थे, और मेरी माँ चार भाई-बहनों में से एक थीं। मेरे पिता 55 साल के हैं और मेरी माँ 47 साल की हैं। उन्होंने स्नातक के बाद बी.एड. किया था, लेकिन कभी पढ़ाया नहीं। मेरे पिता अंग्रेजी बोलते हैं, लेकिन माँ नहीं बोलतीं। मेरे पिता के पास प्रबंधन का प्रशिक्षण है, और वे क़तर में काम कर चुके हैं। वे वापस आए क्योंकि मेरी माँ को तीन बच्चों को अकेले संभालने में बहुत परेशानी हो रही थी। अब उनकी एक दुकान यहाँ पर है और एक दिल्ली में। दिल्ली की दुकान में एक प्रबंधक है, और वे महीने में एक या दो बार एक रात के लिए ट्रेन से वहां जाते हैं।
>
> मैं एक पत्रकार बनना चाहती हूँ। मैं चाहती हूँ कि इसमें आगे बढ़ूँ। पांच से दस साल पहले, पत्रकारिता का पेशा केवल लड़कों का माना जाता था। जब कारगिल युद्ध चल रहा था, तब ख़ताब नामक एक महिला पत्रकार सीमा पर गई थी, और संचार माध्यम इस बात पर बहुत

> ध्यान दे रहे थे। ऐसा माना जाता है कि महिला पत्रकारों का लैंगिक शोषण हो सकता है, इसीलिए परिवारों को आपत्ति होती है। वे चाहते हैं कि बेटियां स्टूडियो में बैठें और लिखें, बाहर सीमा पर जाकर लोगों का साक्षात्कार न लें। क्या मैं ऐसा करना चाहती हूँ, या नहीं? यह पहली चीज़ थी जिसके बारे में मैंने अपने अभिभावकों से बात करी थी। मेरे पिता ने कहा, "अपने लिए चुनाव खुद करो। लेकिन इसके बारे में बहुत सोचो, हर चीज़ के बारे में सोचो, उसके बाद निर्णय लो और हमें बता दो।" मेरी माँ ज्यादा दुविधा में थी। मैंने उनसे कहा, "अगर मैं एक पत्रकार हूँ, तो मैं वह सब कुछ करूंगी जो एक अच्छे पत्रकार को करना चाहिए। अगर आप इसके लिए तैयार नहीं हैं, तो मुझे अभी बता दें, और मैं किसी और चीज़ का चुनाव कर लूंगी, क्योंकि मैं आपको निराश नहीं करना चाहती हूँ। अगर मैं एक पत्रकार बन जाऊं और फिर आप मुझे सीमाओं में बाँधने की कोशिश करेंगे, तो वह नहीं चलेगा। बाहर जाना मेरी ज़रूरत होगी। अगर मुझे कोई काम सौंपा जाएगा, तो मुझे जाना पड़ेगा।" तो अब मेरे माता-पिता जानते हैं कि मैं कितनी गंभीर हूँ। मुझे वही करना है जिसका मुझे जुनून है। मेरी माँ जानती हैं कि उन्हें तैयार रहना है। मुझे लगता है कि मेरे माता-पिता अपवादात्मक हैं।

यह युवा महिला कुछ शक्तिशाली लाभों का प्रदर्शन करती है, जो अब अमीर लेकिन परंपरागत परिवारों की लड़कियों के लिए पहले की तुलना में अधिक सुलभ हो गए हैं, जिनकी खुद की प्रथाएँ स्थिर हैं, लेकिन जो अपने बच्चों के लिए बदलाव को स्वीकार करना चाहते हैं। वह कहती है,

> विश्वविद्यालय के वातावरण से मुझे थोड़ी परेशानी हुई थी। लोग यहाँ उतनी व्यापक विचारधारा के नहीं हैं जितने कि वे मेरे विद्यालय में थे। मैं लड़कों के साथ अच्छे से घुलमिल जाती हूँ: मेरे सबसे अच्छे मित्र दूसरे महाविद्यालय के दो लड़के हैं। उनका महाविद्यालय मेरे महाविद्यालय के बगल में था। हम वाद-विवाद में भाग लेते थे, और प्रतियोगिताएं में मिलते रहते थे। मैं कभी भी, कहीं भी वाद-विवाद कर सकती हूँ।

रैना बहुत ही अर्थपूर्ण थी। जो भी विषय उसके पास आता था उस पर वह विभिन्न दृष्टिकोणों से वाद-विवाद करती थी। वह एक उत्कृष्ट वक्ता थी। मैंने यह महसूस किया कि उसके माता-पिता ने जो उसे आज़ादी दी है वह इसीलिए क्योंकि उनको उस पर पूर्ण विश्वास है। हालाँकि, मैंने उससे पूछा कि आखिरकार वह किस प्रकार अपने मिशन को पूर्ण करेगी। 19 साल की उम्र में बी.ए. के केवल पहले वर्ष में होने के कारण, अगर ज़रूरत पड़े तो सेना की सीमा पर जाकर पत्रकारिता करने में अभी बहुत साल बाकी थी। हालाँकि, ऐसा करना उसकी सच्ची महत्वाकांक्षा नहीं थी, यह तो उसके माता-पिता के साथ बहस में एक सीमित कारक के रूप में अलंकारिक रूप से समझाया गया था। उसने वास्तव में एक ऐसी आजीविका की

कल्पना की थी जो आम तौर पर ज्यादा सुरक्षित हो। "मेरी योजना इलेक्ट्रॉनिक संचार माध्यम में जाने की है, और इस प्रकार से मैं विभिन्न अखबारों के लिए आसानी से लिख सकती हूँ बल्कि अगर मैं प्रिंट संचार माध्यम में गई तो ऐसा नही हो पाएगा। और मैं घर से भी काम कर सकती हूँ।" उसे दो या ज्यादा से ज्यादा तीन बच्चे चाहिए।

> मेरी प्राथमिकता दो ही बच्चे होगी, लेकिन अगर मेरा पति चाहेगा, तो तीन में भी मुझे कोई समस्या नहीं होगी। मैं केवल एक ही बच्चा नहीं चाहती हूँ। प्रत्येक बच्चे के लिए, मैं कम से कम एक साल तक घर पर रहूंगी। अगर मेरी संस्था मुझे अनुमति देगी, तो मैं उस दौरान घर से काम करूंगी। पत्रकारिता में ऐसा होता है। मैं चाहूंगी कि मेरा पति बच्चों को सँभालने में मेरी मदद करे।
>
> इस पीढ़ी में, मैं लड़कों के साथ-साथ लड़कियों में भी बदलाव देखती हूँ। मुझे लगता है मैं वहां पहुँच रही हूँ। उनकी माताओं द्वारा सामना किये जा रहे बंधनों के कारण, वे जानते हैं कि उनकी अपनी सीमाएं हैं। वह किसी ऐसी को ढूंढेगा जो शिक्षित हो, और जिसने दुनिया देखी हो। मैं यह नहीं कह सकती कि मुझे एक ऐसा लड़का मिलेगा जो सच में उदारवादी हो। वे समायोजन करने की कोशिश करते हैं, लेकिन यह उनके स्वभाव में नहीं है! वे एक आधुनिक लड़के की छवि प्राप्त करने की कोशिश कर रहे हैं। वे जानते हैं कि उन्हें अपनी बहनों के लिए भी समायोजन करना पड़ेगा, और उन्हें यह नहीं बताना चाहिए कि उन्हें क्या करना चाहिए।
>
> यह न्यायोचित तो नहीं होगा कि मैं घर का ज़्यादातर काम करूँ (हंसते हुए), लेकिन मैं शायद करुँगी। मैं घर में अकेले काम कर रही होऊंगी, तो मैं इसे संभाल लूंगी। मैं कहूँगी, "मैं तुम्हारे जितना ही काम करती हूँ। मैं खाना बना लूंगी, लेकिन तुम कम से कम खाने की मेज़ तो लगा सकते हो।" मुझे अच्छा लगेगा अगर वह खाना बनाए, लेकिन मुझे खाना बनाना पसंद है। अगर मैं सारा प्रबंधन अच्छे से कर रही हूँ, तो अगर कभी वह किसी मदद की पेशकश रखे तो यह अच्छा होगा। इस प्रकार से वह दर्शा सकता है कि वह मुझसे प्यार करता है! महिलाओं को तो सब संभालना ही पड़ता है। शायद आज से 7 या 8 साल बाद लड़के ज्यादा समायोजन कर पायें। तब हम यह देखेंगे कि हम जिन चीज़ों की मांग कर रहे हैं, उसपर उनकी प्रतिक्रिया कैसी होगी, जैसे: "क्या तुम बच्चों की थोड़ी देखभाल करना चाहोगे?" विवाह में और किसी भी रिश्ते में समझौता बहुत ही ज़रूरी है।
>
> अगर मुझे कोई पुरुष मित्र मिल गया, तो मैं चाहूंगी कि वह भी मेरे लिए उतना ही समायोजन करे जितना मैं उसके लिए करती हूँ। अगर सब कुछ उम्मीद के अनुसार नहीं हो रहा होगा तो मैं ऐसा ज़रूर कहूँगी। वह भी मेरे साथ उतना खुश नहीं होगा, क्योंकि मैं किसी की गुलाम नहीं बन सकती। भावनात्मक रूप से हमें एक दूसरे के साथ अच्छा होना पड़ेगा।

रैना और मैंने उसके घर जाने की योजना बनाई थी, लेकिन ऐसा कभी हुआ नहीं क्योंकि उसने बाद में मेरे फ़ोन का जवाब ही नहीं दिया। वह इतनी खुली और जोशीली थी, और मैंने इतने सारे प्रश्न पूछ लिए, कि जब उसने अपनी माँ को उन सबके बारे में बताया, तो ऐसा लगता है सारा खुलापन खत्म हो गया।

महिलाओं के लिए जीवन के एक नए तरीक़े की कमी जो रैना द्वारा अचूक बताई गई, वह थी: पत्नी से उसकी इच्छा न होते हुए भी नौकरी कराने का खतरा। उसने मुझे बताया,

> पैसा इतना ज़रूरी नहीं है, लेकिन एक पति को स्थापित होना चाहिए। मेरे अभिभावक कहते हैं, "अगर तुम नौकरी करती हो, तो इससे मदद होगी। लेकिन हम नहीं चाहते कि तुम पैसा कमाने की मशीन बन जाओ!" यह भारत की एक नई समस्या है—जहाँ पत्नी को नौकरी करनी है। क्या हो अगर आप नौकरी नहीं करना चाहो? या फिर आप कुछ सालों का विराम लेना चाहो? मेरी बहन की योजना अध्यापन करने की और फिर कुछ सालों का विराम लेने की है। विवाह के पहले आपके पास विकल्प होता है कि आप नौकरी करना चाहते हैं या नहीं। विवाह के बाद भी ऐसा भी होना चाहिए।

"पैसा कमाने की मशीन" बनने का यह खतरा आज की प्रणाली के हिसाब से महिलाओं को एक संसाधन की तरह इस्तेमाल करता है, इस मामले में बेटी की तरह नहीं, बल्कि पत्नी की तरह। जहाँ पुरुषों से यह उम्मीद की जाती है कि वे अपने परिवार के लिए कमाएं, और इस संबंध में यह शिकायत करें कि उनका इस्तेमाल एक साधन के रूप में हो रहा है, महिलाओं के लिए जो खतरा है वह संभवत: अधिक दमनकारी है। उस सीमा तक कि महिलाओं को अपने परिवारों और समुदायों में पुरुषों की तुलना में कम आँका जाता है, महिलाएं अपने वैवाहिक जीवन में अधीनस्थ हो सकती हैं और उनपर वर्चस्व रखा जा सकता है। कमाने के लिए मजबूर किया जाना उस वर्चस्व का केवल एक रूप होगा। हालाँकि, रैना के मामले में, उसकी स्वयं की आर्थिक गणना को भी जांचा जाना चाहिए। रैना पति के चुनाव में पैसे को सबसे ऊपर नहीं रखती। वह पूरे समय काम न करने की आज़ादी, बच्चों के लिए विराम लेने की आज़ादी, दबाव में न आने की आज़ादी भी चाहती है। इसका मतलब है किसी ऐसे व्यक्ति से विवाह करना जो अपेक्षित स्तर तक पैसा कमाता हो।

उनके समुदाय के भीतर, क्या उसके माता-पिता के लिए (या स्वतंत्र रूप से, उसके लिए) उसकी इच्छानुसार, पति और उसके परिवार में, अच्छी कमाई और उदारवाद, दोनों का मिश्रण ढूंढ पाना संभव हो पाएगा?

> आजकल युवा लोग उदारवादी हैं; लेकिन समस्या तो ऐसे परिवार को ढूंढने की है जो उदारवादी हो। उस परिवार को खुले विचारों का होना चाहिए। 50 या 60 साल के लोगों को समस्या होती है जब युवा जोड़ा अलग रहने का निर्णय लेता है। वे कहेंगे, "मेरा बेटा मेरे

इतने करीब था, लेकिन अब उसकी पत्नी सारे निर्णय ले रही है। यह धोखा है। हमारी मदद करना उसकी पत्नी की ज़िम्मेदारी है।"

बुढ़ापे में माता-पिता की देखभाल करना यहाँ का विषय बन गया था और उसने कहा, "हम इस बारे में बहुत बार सोचते हैं! हम बच्चे कहते हैं, 'अपनी बहू को पूरे समय अपने पास मत रखो। हम तीन लोग हैं। हम मिलजुलकर आपकी देखभाल कर सकते हैं। आपकी बहू को भी छुट्टी चाहिए।' मैं अपने पति से कहूँगी, मुझे कुछ समय अपने माता-पिता के साथ बिताने की भी अनुमति दीजिए। लेकिन यह सभी चर्चाएँ सगाई के पहले ही हो जानी चाहिए!"

भविष्य के जैसे सपने वह देख रही थी, उसके पूरे होने की आशंकाएं, और परिवार द्वारा दी जानेवाली सीमित आज़ादी के बारे में वह झल्लाकर कहती है, "समाज अभी तक महिला के इतना खुले होने के विचार से सहज नहीं है। समाज इससे आश्चर्यचकित हो जाता है। दूसरी लड़कियां मेरे माता-पिता को देखकर हैरान हो जाती हैं और सोचती हैं कि उन्हें कितना समायोजन करना पड़ेगा।"

हम यह सुनिश्चित नहीं कर सकते कि इनमें से किसी भी युवा महिला को विवाह के बाद नौकरी करने की अनुमति या प्रोत्साहन दिया जाएगा या नहीं क्योंकि हम नहीं जानते कि उनके ससुरालवाले कैसे होंगे। यह थोड़ा बहुत इस बात पर निर्भर करेगा कि यह लड़कियां विवाह के पहले कैसी शर्तें लगाती हैं और उनके माता-पिता उनका कितना समर्थन करते हैं।

अजन्मी उम्मीदें

इस पुस्तक की अधिकतर युवा महिलाओं ने या तो विवाह के बाद अपनी नौकरी में आगे बढ़ने के संघर्ष का विचार नहीं किया है, या फिर उन्हें यह डर है कि उनकी नौकरी एक मुश्किल काम हो जाएगी। उदाहरण के लिए, महिलाओं को प्रशिक्षण पर जाने का, पदोन्नति पाने का, और जिम्मेदारियां मिलने का अवसर प्राप्त होगा। इनमें से कुछ जिम्मेदारियों की पूर्णता के लिए शहर से बाहर भी जाना पड़ेगा। क्या यह महिलाएं ऐसा कदम उठा पाएंगी? यह सब पेशेवर जीवन के क्षेत्र हैं जिनके बारे में उन लड़कियों को पता होगा जिनकी माएं नौकरी करती थीं। जिन महिलाओं के पास इसका ज्ञान नहीं है वे शायद विवाह की योजना बनाते समय या अपने वैवाहिक परिवारों से इस बारे में बातचीत करते समय एक मज़बूत स्थिति में नहीं होंगी।

नौकरी करनेवाली महिलाएं जो माएं भी हैं वे ऐसी बहुत सी बातें जानती हैं जिसके बारे में उन माताओं को कुछ भी नहीं पता होगा जिन्होंने कभी नौकरी नहीं की है। अगर आज की

नौकरी वाली माताओं को ऐसा फिर से करना पड़े, तो उनमें से कुछ शायद उसी पति के साथ विवाह नहीं करना चाहेंगी। वे सोचेंगी कि काश हमें कोई ऐसा मिला होता जो हमारे लिए ज्यादा अनुरूप होता और जिसके साथ हमें भावनात्मक सहारा मिलता, जब वे परिवार में किसी के समर्थन के बिना सभी भूमिकाएं बखूबी निभा रही थीं। इस नमूने की सभी लड़कियों की माताएं नौकरी के प्रति अपनी बेटियों की मांगों का समर्थन करती हैं।

हालाँकि, विवाह के लिए जोड़ीदार चुनने में चाहे जो भी मापदंड रखा गया हो, अगर एक महिला पर उसका पति या परिवार वर्चस्व स्थापित करता है या उसका सम्मान नहीं करता तो इसके खिलाफ कोई सच्ची सुरक्षा नहीं है। एक आदर्श परिस्थिति जहाँ सभी रिश्तेदार उस परिवार में साथ में रहते हों जहाँ लड़की का विवाह हुआ है, तो यह भी हर जगह नहीं पाई जाती है। अगर अच्छा परिवार और समर्थक रिश्तेदार हो तो भी कई बार नौकरी की उम्मीदें पीछे रह जाती हैं क्योंकि घर की परिस्थिति के हिसाब से ज़रूरते तब तक पूरी नहीं होती जब तक कि पत्नी अपनी नौकरी त्याग नहीं दे।

रोज़गार के एक स्रोत के रूप में नौकरी के होने से ज्यादा ज़रूरी है एक पेशेवर पहचान होना। पेशा एक ऐसी सेवा के रूप में देखा जाता है जहाँ व्यक्ति के नैतिक और बुद्धिजीवी संसाधनों का उपयोग करने की ज़रूरत पड़ती है। जिस महिला का झुकाव पेशेवर पहचान की तरफ है उसे अपने नौकरी के चुनाव से प्यार होना चाहिए, और उसे निभाने की पूरी क्षमता भी होनी चाहिए, ताकि वह इसके प्रति अपनी प्रतिबद्धता को श्रेष्ठ तरीक़े से पूर्ण कर सके।

पीछे रह गई माताएं

पारिवारिक इतिहास को सामाजिक इतिहास की तरह देखते हुए, पिछली पीढ़ी की महिलाओं को पीछे हटा देना ज़रूरी है ताकि आजकल जो रहे बदलावों को स्थान दिया जा सके। यहाँ मैं अनुसंधान की गई लड़कियों की माताओं पर ध्यान देती हूँ। तीन माताएं जिनसे मैं मिली उनका वर्णन विस्तार से किया गया था: श्रुति, तानिका और नीला की माताएं।[3] जया, विमला, और तमारा की माताओं का उत्साही रवैया का अनुभव मैंने खुद लिया; जो रीता ने मेरे साथ साझा किया उससे मुझे उसकी माँ की दर्दनाक पहेली का वर्णन करने की अनुमति मिली। बाकी की माएं बेटी के साथ साक्षात्कार के ज़रिये ही नज़र आयीं। बहुत सी युवा महिलाएं है जिनकी खुद की कहानियों को पुस्तक में प्रयोग नहीं किया गया, लेकिन उनकी माताओं के भाग को महत्वपूर्ण माना गया और उसपर विचार किया गया। यहाँ मैंने

[3] क्रमशः अध्याय 5, अध्याय 2 और 6, और अध्याय 7।

कहानियों को उच्च शिक्षित, अच्छे घरों की नौकरी न करनेवाली माताओं से लेकर कम शिक्षित और गरीब माताओं के क्रम में लगाया है।

वडोदरा के एक धनी घर में रहनेवाली युवा महिला ने मुझे अपनी महत्वाकांक्षी योजनाओं के बारे में बताया। उसकी माँ, जो स्नातक की पदवी प्राप्त एक गृहिणी थी, बीमार थी, और घर के काम में उसकी मदद चाहती थी। घर में पैसे की कमी नहीं थी, लेकिन माँ ने अपने अमीर पति से एक नौकरानी रखने के लिए नहीं कहा क्योंकि उन्हें लगता था कि बाहर के लोग घर का काम ठीक से नहीं करते। इस लड़की की छोटी बहन, जो कि ज्यादा महत्वाकांक्षी नहीं थी, माँ के ज्यादा करीब थी और माँ की मदद करती थी, जबकि यह लड़की पिता के ज्यादा करीब थी और अपनी पढ़ाई पर ध्यान केंद्रित करती थी।

एम.ए. की हुई एक नौकरी न करनेवाली माँ ने प्रेम विवाह किया था; उसके पिता उन्हें माध्यमिक विद्यालय में पढ़ाया करते थे। इस माँ की दो बेटियां हैं, इसने जोर दिया कि दोनों बेटियों को कॉन्वेंट स्कूल में ही पढ़ाया जाए। उसने उन्हें अतिरिक्त गतिविधियाँ जैसे कला, चित्रकारी और नृत्य करने में भी प्रेरित किया। यह माँ अब कहती है कि वह प्राथमिक विद्यालय की शिक्षिका बनना चाहती है।

मुंबई की एक महाविद्यालयीन छात्रा का बहुत समय का पुरुष मित्र एक मोटरसाइकिल दुर्घटना में मारा गया। उसकी माँ अब उस पर दबाव डाल रही है वह फिर से कोई दूसरा साथी ढूंढें। यह लड़की जो कि एक ईसाई परिवार से है, माता-पिता द्वारा तय किया गया विवाह नहीं करेगी, और उसका परिवार उम्मीद करता है कि वह कोई साथी भी ढूंढेगी और आजीविका (करियर) पर भी ध्यान केंद्रित करेगी। वह कहती है, "मेरी माँ चाहती है कि मैं पदवी पूर्ण करूँ, क्योंकि वह अपनी महाविद्यालय की पढ़ाई पूरी नहीं कर पाई थी। उसे मुझसे बहुत उम्मीदें हैं!" यह लड़की दबाव महसूस करती है।

राजस्थान की एक युवा लड़की अपनी छोटी बहन के साथ मुंबई में रहती है, जहाँ दोनों पढ़ाई करती हैं। वे दोनों खुद से एक घर में रहती हैं। उनकी माँ, को मुंबई में ही पली-बढ़ी, ने 12वीं कक्षा उत्तीर्ण की, लेकिन उसके ससुरालवालों ने उसे आगे पढ़ने की अनुमति नहीं दी। इस लड़की का परिवार पहले मुंबई में रहता था, लेकिन फिर राजस्थान में चला गया, जहाँ अब उसके पिता का व्यापार है। इस माँ के पांच बच्चे हैं, बाकी के तीन इन दोनों लड़कियों से छोटे हैं। माँ घर पर बहुत बंधन महसूस करती है। वह आज़ादी चाहती है और दुनिया घूमना चाहती है। यह लड़की कहती है, "मुझे केवल एक ही बात से फर्क पड़ता है कि मेरे माता-पिता मेरे बारे में क्या सोचते हैं। उन्हें हम पर गर्व है, खासकर मेरी माँ को। मेरी माँ के विचार उनकी माँ के विचारों से भिन्न हैं। वह कहती है, 'हमेशा खुद के लिए खड़े रहो। हम जानते हैं कि तुम सही हो।' वह बहुत करती है।" यह बेटी विवाह करने से भी ज्यादा अपनी माँ को खुश देखना चाहती है।

वडोदरा की एक छात्रा कहती है, "मेरा परिवार बहुत समर्थक है, लेकिन पैसा ज्यादा नहीं है।" उसकी माँ ने 12वीं कक्षा उत्तीर्ण की, और जब पति का व्यापार इतना अच्छा नहीं चल रहा था तब भी कोई छोटी नौकरी नहीं की; लेकिन इस लड़की की बड़ी बहन ने मदद करने के लिए एक कॉल सेंटर में अस्थाई नौकरी कर ली। यह छोटी बहन कहती है, "मैं दो साल के लिए परिवार के लिए काम करना और पैसे कमाना चाहती हूँ। विवाह के बाद, मैं अपनी थोड़ी कमाई मेरे माता-पिता को देना चाहती हूँ। मेरी माँ मुझसे कहती है, 'तुम्हे स्वतंत्र बनना है। अब संस्कृति और परंपरा बदल रही है।' " यह विडंबना थी कि जब ज्यादा पैसे की ज़रूरत थी तो माँ ने काम करने से मना कर दिया था।

मुंबई की एक छात्रा के माता-पिता एक दूसरे को बचपन से जानते थे, जो एक ही इमारत के अलग-अलग घरों में रहते थे। यह एक प्रेम विवाह था, लेकिन एक ही जाति में किया गया था। उसकी माँ ने केवल 10वीं कक्षा उत्तीर्ण की है। "अभी भी उसे लगता है कि उसे आगे पढ़ना चाहिए था। अब वह अंग्रेजी सीखने की कोशिश कर रही है, और हम उसकी मदद करते हैं।"

एम.ए. करने की योजना बनानेवाली एक छात्रा अपनी तलाकशुदा माँ के साथ रहती है। वह अपने अभिभावकों की इकलौती संतान है, उसके माता-पिता का प्रेम विवाह था, और वे भिन्न क्षेत्रों से थे। यह माँ शिक्षित नहीं है, लेकिन पढ़ सकती है। वह अपनी बेटी की आजीविका (करियर) का समर्थन करती है, चाहती है कि वह अपना साथी खुद ढूंढें, और उसे बाहर जाकर पुरुष मित्रों के साथ घूमने की पूरी आज़ादी दी है। यह बेटी अपनी माँ को सहारा देती है।

मुंबई की एक अन्य छात्रा कहती है, "मेरी माँ को लगता है कि उन्हें और शिक्षा लेनी चाहिए थी, खासकर अंग्रेजी की। वह महसूस करती है कि अगर वह और ज्यादा शिक्षित होती, तो वह भी परिवार के लिए कमा सकती। यहाँ तक कि उसे मोबाइल से फ़ोन करने में अंक दबाने के लिए बच्चों से कहना पड़ता है।"

इलाहाबाद की एक लड़की कहती है, "मेरी माँ एक अच्छी गृहिणी है, जो मेरे और मेरी बहन के लिए सारे त्याग करती है।" यह दोनों लड़कियां उत्साहपूर्वक अपने अभिभावकों को सहारा देना चाहती हैं।

इनमें से अधिकांश माताएं यह महसूस करती हैं कि उनके जीवन में कुछ कमी है। उनकी खुद की माताओं ने बहुत ही कठोर प्रथाएँ पाली थीं। यह देखते हुए यह माताएं अपनी बेटियों पर भारी उम्मीदें लगाने को न्यायसंगत ठहराती हैं। एक माँ अपवाद है जिसने अपनी बेटियों के विद्यालय और अन्य गतिविधियों पर ध्यान केंद्रित किया, और अब उसे ऐसा लगता है अभी भी उसके आगे बहुत जिंदगी बाकी है और वह देर से ही सही लेकिन प्राथमिक विद्यालय में अध्यापन कर सकती है। दूसरी तरफ, एक शिक्षित माँ है जो खुद बीमार है

लेकिन फिर भी घर के काम को लेकर इतनी अधिकारात्मक है कि उस पर दया आती है। एक माँ जो चाहती है कि उसकी बेटी दु:ख से जल्दी से उबरकर दूसरा साथी ढूंढ ले, बहुत ही असंवेदनशील लगती है। मुंबई में पली-बढ़ी माँ राजस्थान में फंसी हुई महसूस करती है और अब जीवन के हर आनंद के लिए अपनी दोनों बड़ी बेटियों पर निर्भर करती है, जिसकी वजह से उसकी पहली संतान को (अस्थाई रूप से ही सही) विवाह से घृणा हो गई है।

इस विषय में दिखाए गए दो संदेश हैं जो यह माताएं अपनी बेटियों को देती हैं। वे हैं, "जो मैं कभी नहीं कर पाई, वह सब मैं तुम्हे दूंगीं।" और दूसरा है, "मैं चाहती हूँ कि न सिर्फ खुद का सहारा बनो, बल्कि मुझे जिन चीज़ों की ज़रूरत है वह भी तुम मुझे मुहैया कराओ।" इन दोनों संदेशों में से, एक पर अधिक जोर दिया जाता है, लेकिन अक्सर उनका मेल हो जाता है। अधिकांश अंश इस संयोजन को स्पष्ट रूप से दिखाते हैं। प्रत्येक लड़की यह अच्छी तरह से जानती है कि उसका अपनी माँ के प्रति केवल प्रेम ही नहीं बल्कि कर्तव्य भी है; यह कि वह अपनी माँ के लिए केवल भावनात्मक कारणों से ही नहीं बल्कि उसे सेवा उपलब्ध कराने के लिए भी ज़रूरी है। एक कमजोर स्थिति से, यह माताएं अपनी बेटियों पर निर्विवाद शक्ति रखती हैं।

इन संदेशों में देखभाल की नारीवादी भूमिका पर अत्यधिक बल दिया गया है। जब वे पढ़ती हैं या सपने देखती हैं तब भी परिवार के प्रति निष्ठा उन्हें बांधे रखती हैं। जब वे अपने माता-पिता को गर्व महसूस कराना चाहती हैं, तब भी वे उन त्यागों और हानियों का ध्यान रखती हैं जिनका सामना उनकी माताओं ने किया है। वडोदरा की प्रिया इस बारे में बताती है कि कैसे उसकी माँ एक राजस्थानी परिवार के हिसाब से सारे सही तौर-तरीक़े अपनाती है, जैसे घर के पुरुष सदस्यों के सामने सिर ढकना आदि, जबकि प्रिया के परिवार के अन्य सदस्य (उसके पिता, उसकी बहनें और वह) अपने कार्य में आगे बढ़ते जा रहे हैं और एक अधिक प्रगतिशील वातावरण में पढ़ते हैं। बेटियों के एक हिस्से को अपनी माँ की परिस्थितियों से पूरी सहानुभूति है। और एक हिस्सा सोचता है कि यह तो उनका दायित्व है।

इन युवा महिलाओं द्वारा खोजी गई आत्म-पहचान है जो उन्हें अपने परिवारों से जोड़े रखती है। आत्म-पहचान की यह भावना गैर-व्यक्तिपरक है; उनकी अपनी संस्था परिवार के प्रति स्नेह, निष्ठा, और जिम्मेदारी के एक क्षेत्र के बीच घूमती रहती है। उन्हें विभाजित होना और खुद का एक नया जीवन नहीं बनाना है; उनका लक्ष्य है कि भारतीय परंपराओं के हिसाब से, लेकिन एक नए तरीक़े से पीढ़ियों को मिश्रित किया जाए। यह नया दृष्टिकोण केवल उनका ही नहीं, बल्कि उनके अभिभावकों का भी है।

एक बार जब युवा महिलाओं का विवाह हो जाता है, तो चाहे उनकी शिक्षा और आजीविका की तैयारी कितनी ही उच्च्च क्यों न हो, और चाहे उन्होंने कितनी ही सोच समझकर अपने वैवाहिक परिवार को चुना हो, रूढ़िवादी लैंगिक भूमिकाएं खुद का

पुनर्मूल्यांकन कर ही सकती हैं, शायद पति और सास की उन उम्मीदों की वजह से कि पुरुषों को घर की जिम्मेदारियों में ज्यादा भाग नहीं लेना पड़ता (मुखोपाध्याय और सुदर्शन 2003: 117)। हालाँकि, इनमें से कुछ महिलाएं एक मध्यम वर्ग का स्तर हासिल कर लेंगी जिसमे वे अपनी आवश्यकतानुसार घरेलू नौकरानी रख सकती हैं। एक बदलता और उत्कीर्ण वर्ग पदानुक्रम इस प्रकार से एक जीवन शैली को बनाए रखने में मदद करेगा जो अधिक ऊँचे वर्ग से संबंधित लिंग पदानुक्रम को चुनौती देता है। यह कोई विडंबना नहीं है; यह एक उपयुक्त, तार्किक परिणाम है—एक वर्ग के गठन का परिणाम (जिसे फर्नांडिस 2006 में भी सूचित किया गया है)

सन्निहितता और आर्थिक दबाव

सन्निहित संस्था की ओर देखते हुए, यहाँ दिए गए अनुसंधान का करीबी संबंध सावला (2010), वाल्ड्रोन (2012), राधाकृष्णन (2011), रॉय (2014), और अन्य से लगाया जा सकता है। यह सभी कार्य एक उदार कथा साक्षात्कार पद्धति का प्रयोग करते हैं, जिसमें साक्षात्कारकर्ता को विषय की जीवन की दुनिया, चुनौतियों और बातचीत की रणनीतियों के करीब लाया जाता है। इन सभी वर्तमान कामों मेंमहिलाओं की अत्यधिक सन्निहित संस्था एक विषय है, जो परिवारों पर अभी भी शासन करता है। जैसे कि रॉय (2014) लिखते हैं, एक महिला की "संस्था एक बार में ही सन्निहित और परिवर्तनकारी होती है। मतलब, संस्था और प्रतिरोध को शक्ति संबंधों के स्थान के भीतर होने के रूप में देखा जा सकता है और न कि शक्ति के बाहर किसी 'शुद्ध' जगह के रूप में" (2014: 175)।

सन्निहित होने के बहुत से बाह्य परिणाम भी होते हैं। जैसा कि लगभग अनियमित पूंजीवादी विश्व व्यवस्था का दबाव विश्व के हर कोने में पहुंच गया है, उसी प्रकार बेटियों का पालन-पोषण करके उन्हें एक पेशेवर माहौल में ले जाना और सफल कराना एक नई प्रतिक्रिया है। इसे ठीक से चलाने के लिए अभिभावक-बेटी का एक गहरा संबंध ज़रूरी है। हालाँकि, जो हम अभी देख रहे हैं, वह केवल परिवारों का एक नया तरीका है अपने सदस्यों को तैनात करने का ताकि पूरे परिवार के कल्याण को सुनिश्चित किया जा सके। एक परिवार को अपने बच्चों को आर्थिक क्षेत्रों में तैनात करने में मदद करने की भूमिका निभाती है शिक्षा। जो बदला है वह है *बेटियों* की तैनाती का तरीका।

पिछले कुछ दशकों की उभरती हुई वैश्वीकृत रोज़गार की तस्वीर की युवा महिलाओं के माता-पिता 1980 और 1990 के दशक में, जब उनके बच्चों का जन्म हुआ था, कल्पना भी नहीं कर सकते थे। हालाँकि, इन परिस्थितियों में, बेटियों की शिक्षा और आज़ादी में किये

गए निवेश के लाभ अभिभावकों को भी मिलते हैं। यह प्रयोग आगे आनेवाले अभिभावकों के लिए एक उदाहरण साबित होगा। इससे अन्य लोगों के बीच लैंगिक अपेक्षाओं में संशोधन करने में मदद मिल सकती है, जो कि सिर्फ युवा वयस्क बेटियों को अधिक वर्षों तक घर में रहने का मौका देने की शुरुआत कर रहे हैं। ज़रूरी नहीं कि ऐसे समूह केवल शहरी ही हों बल्कि ग्रामीण भी होते हैं, जहाँ अभिभावक अपनी बेटियों को माध्यमिक स्तर तक अंग्रेजी के अच्छे ज्ञान से शिक्षित करा सकते हैं, और उन्हें महाविद्यालय में दाखिला लेते देख सकते हैं। लड़कियों के लिए नए अवसरों की भावना, बेटियों के मूल्यों के नए कारणों का मूल्यांकन, इस प्रकार से देश का नई परतों में प्रवेश होता है।

आबादी के दबाव और तंग आर्थिक प्रतिस्पर्धा के साथ-साथ शिक्षा, शहरीकरण, वैश्वीकृत श्रम बाजार में बदलाव, और प्रजनन में तेज़ी से गिरावट, सभी मिलकर नए परिवारों के उत्तरजीविता रणनीति को चित्रित करने का काम करते हैं। समूह की मदद करने के लिए परिवार के सदस्यों की तैनाती का अभ्यास, हालांकि इसके कुछ विवरण में परिवर्तन होता है, गायब नहीं होता है। बेटियां घर पर या जन्मजात परिवार की परिधि के भीतर रहकर जन्मजात परिवारों को या जिन परिवारों में उनका विवाह होता है उनको लाभ प्रदान कर सकती हैं। जो दूर तक और व्यापक तरीक़े से फैलेगी, वह यह उम्मीद होगी कि लडकियां केवल इस विश्व में ही नहीं बल्कि अपने परिवारों की परिधि के भीतर भी सम्मान प्राप्त कर सकेंगी।

8

सामाजिक पुनरोत्पादन और पेशेवर कल्पनाएं

कुछ युवा महिलाएं अब अपनी आत्म-पहचान खोज रही हैं जो वे पहले नहीं खोज सकती थीं। एक नए प्रकार का महिला स्वत्व पृष्ठभूमियों से बाहर निकलकर आ रहा है जहाँ पहले वह फल-फूल नहीं सकता था। इस अध्याय में, मैं यह स्थापित करना चाहती हूँ कि कैसे यह नयापन उन महत्वाकांक्षी परिवारों से निकलकर आ रहा है जो अपनी बेटियों को आजीविका (करियर) बनाने के लिए प्रेरित करते हैं, और उसी समय सामाजिक-आर्थिक बलों के नीचे दबे हुए भी होते हैं।

पहले, हम उन युवा महिलाओं की तरफ पीछे मुड़कर देखेंगे जिनकी कहानियों पर बढ़ती पेशेवर काल्पनिकता के प्रकाश में विचार किया जा चुका है। इस घटना में महिलाएं पुराने और नए दोनों मध्य वर्गों में स्थित हैं, और इसलिए हम मध्यवर्गीय पहचान के विकास के लिए विभिन्न तरीकों की जांच करते हैं। फिर यह अध्याय सामाजिक पुनरोत्पादन के विचार में बदल जाता है क्योंकि तब यह प्रणालीगत परिवर्तन से गुजरना शुरू हो जाता है। अंत में, यह आत्म-पहचान के उभरते स्वरूप की तस्वीर खींचने का काम करती है जिसे युवा शहरी महिलाओं द्वारा आकार दिया और ढाला जा रहा है और महिलाओं के भविष्य के लिए इस विकास के कुछ प्रभावों की कल्पना करनी है।

महिलाओं की महत्वाकांक्षा की वंशावली

भारत में 1960 और 1970 के दशक में रहने के दौरान, मैंने उस बड़े अंतर का अनुभव लिया है शिक्षित महिलाओं की महत्वाकांक्षा और आजीविका की ख्वाहिशों की वंशावली में अस्तित्व में है। मैं उन शिक्षित महिलाओं से अच्छी तरह से परिचित हूं जो आज की महाविद्यालय की महिलाओं की माँ और दादी की पीढ़ी के सदस्य हैं; और उस समय

स्नातक होने का मतलब था कि वे कुलीन और उच्च कुल की पृष्ठभूमि से आती थीं। यदि वे नौकरी करती थीं तो यह अक्सर पारिवारिक कारणों की वजह से और मध्यवर्गीय स्तर का समर्थन बनाए रखने के संकल्प के कारण होता था। बेशक, जिनके पास पी.एचडी और अन्य अत्यधिक उन्नत पेशेवर डिग्री योग्यताएं थीं उनकी बात अलग थी। लेकिन मेरी पहचान के शहरी मध्यम वर्ग परिवारों की बहुत सी महिलाएं, उच्च शिक्षित होने के बाद भी केवल गृहिणी बन गई और कभी भी कुछ और करने के बारे में नहीं सोचा। ऐसे परिवार आसानी से अपनी बेटियों को स्नातकोत्तर करवा सकते थे और फिर उनका विवाह करवाकर उन्हें गृहिणी बना सकते थे। इस नए युग में, हम उस वंशावली के अंतर को पाटकर उन महिलाओं को देख सकते हैं जिनकी माताएं, उच्च शिक्षित होने के बाद भी नौकरी नहीं करती थी; बेटियां जो स्वयं अब आजीवन व्यावसायिकता (पेशेवर होने) की मांग कर रही हैं। इसके अलावा, आज की आकांक्षाओं में नए लोग शामिल हैं, जो मध्य वर्ग के नए बढ़ते हिस्से के सदस्य हैं। इसमें वह युवा महिलाएं शामिल हैं जो उच्च कुल या उच्च वर्ग की पृष्ठभूमि से नहीं आती हैं, और जिनकी माताओं का शिक्षण बहुत कम था।

इस परियोजना के छात्र अंग्रेजी में बात करते हैं और उनकी पढ़ाई भी अंग्रेजी माध्यम से ही हो रही है। उनका पसंदीदा शब्द है "अनावरण" जिसका मतलब वैश्विक जागरूकता से है। इस नई पीढ़ी की महिलाएं संचार माध्यमों के द्वारा एक व्यापक विश्व से जुड़ी हुई हैं। यह महत्वपूर्ण है कि इन संबंधों की वैश्विक पारदर्शिता को अतिरंजित नहीं किया जाए, क्योंकि बहुतों के लिए, वे जिस वैश्विक दर्पण में देखते हैं उसमें विश्व के अन्य देशों या क्षेत्रों का स्पष्ट या सटीक दृश्य दिखाई नहीं देता है। इसकी छवियों को कुछ उम्मीदों और विभिन्न पूर्वाग्रहों के माध्यम से अपवर्तित किया जाता है। लेकिन यह दर्पण महिलाओं की ऊंची चढ़ाई को भी प्रतिबिंबित करता है। दुनिया में और भारत की महिलाओं में से ऐसी कौन है जो इस वृद्धि का आनंद नहीं ले रही है, यह एक ऐसा सवाल है जो हमेशा ध्यान में रखा जाना चाहिए। लेकिन इंटरनेट की मदद से, यह वैश्विक अनावरण विश्व स्तर पर महिलाओं की अत्यधिक दिखाई देने वाली चीजों को और अधिक शक्तिशाली बनाने के रूप में देखा जा सकता है।

मध्यम वर्ग और संभावित मध्यम वर्ग की महिलाओं के जीवन और आशाओं का अध्ययन करना, यह नारीवाद से भी व्यापक दोनों परिप्रेक्ष्य में ज़रूरी है। आज भारत में साधारण लोक की बढ़ती धारणा का एक बड़ा इतिहास है। 19वीं और 20वीं सदी में वापस जाते हुए, हम देखते हैं कि आम ग्रामीण जीवन का जोर लोगों को गांवों, जातियों और समुदायों में इकट्ठा करने के लिए शक्तिशाली था। शहरी जीवन की अग्रिम प्रवृत्तियों से काम करने वाले लोगों को व्यवस्थित करना, व्यापारिक हितों को मजबूत करना और औपनिवेशिक के तहत मजबूत संस्थान विकसित करना और बाद में सबको राष्ट्रीय स्तर पर एक साथ लाना शामिल था। यह पितृसत्तात्मक परियोजनाएं थीं, जिनसे वास्तव में पुरुष वर्चस्व में काफी वृद्धि हुई थी, जबकि समुदायों को उस प्रभुत्व के अंतर्गत आगे बढ़ाना था। एक ऐतिहासिक संदर्भ में, भारत में शहरी मध्यम वर्ग की वृद्धि और विस्तार आज भी अलग है। पहले की कल्पना से भी कहीं अधिक

व्यापक और दूर तक पहुंचनेवाला, इसकी नवीनता का हिस्सा महिलाओं के लिए और अधिक जटिल जीवन और पहचान रखने की अधिक संभावनाएं रखती है।

ऐतिहासिक विवरण में, जिसका उल्लेख ऊपर किया गया है, राष्ट्रवाद, साम्राज्यवाद विरोधी भावना अथवा धार्मिक सांप्रदायिकता के बारे में चयनात्मक रूप से बहुत कम बातें कही गई हैं। अपने दम पर 'महिला पूंजीपति' बनने की दिशा में स्वयं के व्यक्तित्व का निर्माण करने एवं उसे आकार देने की प्रवृत्ति बढ़ी है, जो एक प्रकार से जनसांख्यिकी एवं आर्थिक परिवर्तनों से अधिक प्रभावित प्रतीत होती है, और इसके परिणामस्वरूप सांस्कृतिक एवं राजनीतिक परिवर्तन का मार्ग प्रशस्त हुआ है। 1980 के दशक तक, उच्च मृत्यु दर एवं प्रजनन क्षमता के साथ-साथ धीमी गति से आर्थिक विकास के कारण भारत बड़ी संख्या में व्यक्तियों की प्रगति के लिए नए-नए अवसरों हेतु योजना निर्माण करने और अपनी अर्थव्यवस्था में यथेष्ट विविधता लाने में असमर्थ था। तत्पश्चात, राष्ट्रवाद एवं धार्मिक सांप्रदायिकता और ऐसी प्रवृत्तियों में वृद्धि के बाद इस दिशा में कार्य प्रारंभ किया गया, जिसके कारण अनिष्टकारी शक्तियां संचित होने लगी। वास्तव में, 1800 ई. से पूर्व और इसके बाद के इतिहास का कोई ऐसा चरण नहीं है, जिसमें बड़े या छोटे पैमाने पर इस प्रकार के चिह्न मौजूद नहीं है - जो कभी-कभी अदृष्ट होते हैं - और इस प्रकार की प्रवृत्ति से उनके लिए भयानक संघर्ष की स्थिति उत्पन्न हो सकती है। हालांकि, तीव्र आर्थिक विकास अपने आरंभिक चरण में है, जो लगभग 1993 से 2008 के अवधि में कई अन्य राष्ट्रों से बेहतर है, परंतु कालांतर में इसकी गति धीमी पड़ जाती है। पंद्रह वर्षों तक तीव्र विकास के बाद वैश्विक मंदी का दौर आया, जो इस कालखंड में अधिकाधिक वैश्विक एकीकरण का प्रतिफल था।

हाल ही में मंदी और स्थगित वसूली में कई युवा शिक्षित मध्यमवर्गीय और नव मध्यम दर्जे की महिलाओं को महत्वपूर्ण स्थान पर रखा गया है। वे अपने पुरुष साथियों की तरह पेशेवर नौकरियां चाहती हैं, और एक समर्थक और अच्छी नौकरी वाला पति भी चाहती हैं। जिन पुरुषों से उनका परिचय कराया जाता है वे मुख्य रूप से नौकरी करनेवाली पत्नी चाहते हैं। दोनों में से एक या दोनों ही अच्छी नौकरी में होने चाहिए; वह आमतौर पर पत्नी नहीं होती। महिलाओं की नौकरियां पुरुषों की तुलना में अधिक उपभोजित हैं, और पुरुष रोजगार निर्विवाद पितृसत्तात्मक परिस्थितियों में एक विश्वसनीय आधार पर बने हुए हैं। वे ऐसे ही रह सकते हैं; या नष्ट भी हो सकते हैं।

पेशेवर होना

पेशेवर होना एक लोचदार, नवीकरणीय और बहुगुणनीय श्रेणी है, जो इस वैश्विक अवधि में मूल्यांकन करने के लिए बहुत उपयोगी है। यह आत्म-पहचान बनाने में भी एक महत्वपूर्ण

कारक है। इस अनुसंधान में व्यवसायों की चर्चा उन भूमिकाओं तक सीमित है, जिन्हें महाविद्यालय या इससे बेहतर शिक्षा की आवश्यकता होती है। यह भूमिकाएँ हाल ही दिनों में और व्यापक हुई हैं। 1980 के उत्तरार्ध से, भारत ने स्त्री-पुरुषों और विविध पृष्ठभूमि के सभी शिक्षित लोगों के लिए नए और अधिक विविध व्यावसायिक अवसरों का निर्माण करना शुरू किया। पहले के अध्यायों में संदर्भित व्यापक बेरोजगारी की स्थिति एक गंभीर चुनौती है, लेकिन रोज़गार के अंतर्गत, बहुत से विकल्प हैं और निभाने को बहुत सी भूमिकाएँ हैं, अगर आपके पास एक विशिष्ट नौकरी के अवसर के लिए हुनर, कौशल, और प्रशिक्षण हो और आप सही जगह में हो। शिक्षित आजीविका (करियर) के लिए शहरी केंद्र सबसे अच्छी उम्मीद है, हालांकि विस्तारित भूमिकाएं निजी कंपनियों, सरकारी नौकरियों, और गैर सरकारी संगठनों के ग्रामीण प्रबंधन में भी मौजूद हैं।

पेशेवर होने को प्रमाण पत्र रखने और एक नौकरी जीतने से ज्यादा भी कुछ माना जाता है। किस प्रकार से एक पूर्ण व्यावसायिक आत्म-पहचान का गठन किया जाता है और उस तक पहुंचा जाता है, और फिर जीवनभर उसे मजबूती से पकड़े रखा जाता है, यह इन लड़कियों के लिए एक बड़ी चुनौती होगी।[1] इसमें कौशल का विकास, उपलब्धियां, और पेशेवर उन्नति बढ़ाने के लिए प्रतिबद्धता का आजीवन कार्य शामिल है। यह कार्य मेरे सभी सहयोगियों—प्रोफेसरों, लेखकों, कार्यकर्ताओं द्वारा किया गया है—जो लगभग सभी कुछ फायदे के साथ शुरू हुआ है। आज के युवा पेशेवर उम्मीदवार सामाजिक लाभ के साथ शुरू कर भी सकते हैं या नहीं भी। वे आकर्षक पेशों की तलाश कर भी सकते हैं और नहीं भी। लेकिन लेकिन वे सार्थक जीवन की तलाश कर रहे हैं, ऐसा पेशा चाहते हैं जो सेवा प्रदान करे, ज्ञान प्रदान करे, सम्मान प्राप्त करें, और नैतिक बल के मूल को भी पकड़कर रखे।

नई भूमिकाओं के विस्तार के लिए महिलाओं के लिए नए प्रकार की आत्म-पहचान बनाने की संभावनाएं किस प्रकार हैं, यह मैं *अमृता* के मामले से समझाउंगी, जो वडोदरा के महाराज सयाजीराव विश्वविद्यालय में इच्छुक पुरातत्वविद् है (इसी संकाय की कुसुम, अध्याय 4 में आई थी)। अमिता की कहानी ऐसी है जो माँ और बेटी के बीच में आत्मनिष्ठता, मुखरता, स्वतंत्रता और कर्तृत्व के बड़े अंतर को दर्शाती है। वह 21 साल की है और एम.ए. के पहले साल में है। उसका विषय है ललित कला—संग्रहालय विज्ञान। उसने पुरातत्व विज्ञान में बी.ए. किया है और एक पुरातन संग्रहालय में संग्रहाध्यक्ष बनना चाहती है। पास ही स्थित बड़ोदा संग्रहालय[2] में एक पुरातत्व विभाग है, और महाराज सयाजीराव

---

[1] पूनाचा और गोपाल (2004) विज्ञान में पेशेवर महिलाओं के सामने आजीवन आने वाले मुद्दों का उत्कृष्ट विश्लेषण प्रदान करते हैं।

[2] संग्रहालय का नाम अपने पुराने रूप से अपरिवर्तित है।

विश्वविद्यालय के संग्रहालय विज्ञान विभाग में भी अपना खुद का संग्रहालय है जहाँ कीमती पुरातन चीज़ें रखी हुई हैं, इसीलिए यहाँ प्रोत्साहन बहुत समृद्ध है।

अमृता कहती है, "मैंने पुरातत्व दिलचस्पी के कारण चुना। विद्यालय के एक दौरे के दौरान, हम जिन जगहों पर गए थे वहां मैंने सूचना-पट्टी देखी, और इंटरनेट पर उस शब्द का अर्थ ढूंढा। मेरे अभिभावकों ने कहा, 'जैसा तुम चाहो वह क्षेत्र चुनो। लेकिन तुम्हे उस क्षेत्र में आगे बढ़ना होगा।' "

यह जानने का तरीका कि कोई किसमें रुचि रखता है, पूरी तरह समकालीन है, जो कि इंटरनेट की उपलब्धता के कारण संभव हो पाया है। यह समेकित तरीक़े से "अनावरण" है, और वास्तविक पसंद भी है। अगर किसी के माता-पिता लचीले हैं, तो आज लोगों के पास पेशों का एक पूरा व्यापक विश्व उनके घर के दरवाज़े पर उपलब्ध है। अमृता के अभिभावक रूढ़िवादी पृष्ठभूमि से आने के बावजूद बहुत लचीले हैं। वे उसे उसकी पसंद के हिसाब से पढ़ने की अनुमति देते हैं, और उसका आकर्षण कला की तरफ है। उसकी माँ बहुत कलाकार हैं, लेकिन अधिक शिक्षित नहीं है। अभिभावकों का इतना ही कहना है कि वह जो भी पढ़े, उसे अपना व्यवसाय बनाए और उसमे ही आगे जाए।

मेरी माँ निर्भर हैं और उन्हें पैसे मांगने पड़ते हैं। उन्होंने पोरबंदर के नज़दीक के अपने गाँव से 10वीं कक्षा उत्तीर्ण की है। मेरे पिता के पास पदवी है, और उन्होंने वित्त क्षेत्र में काम किया है; लेकिन अब वे सेवानिवृत्त हो गए हैं। अब मेरे माता-पिता बड़ोदा में रहते हैं। 11वीं और 12वीं के दौरान, मैं मुंबई में एक छात्रावास में रहती थी। स्नातक के दौरान, मेरे विषय फ्रेंच, पुरातत्व, और यात्रा एवं पर्यटन थे। मेरा भाई कहता है कि अब यहाँ बहुत से लोग फ्रेंच सीख रहे हैं ताकि पर्यटन अवसरों के लिए जा सकें।

ज़ाहिर सी बात है कि अगर मैं अपना विवाह करूंगी तो अपना पति मैं स्वयं चुनुंगी। हमारी जाति हिंदू सामान्य श्रेणी में आती है; एक अंतरजातीय विवाह भी ठीक रहेगा, और विवाह की उम्र के लिए कोई नियम नहीं है। लेकिन मैं विवाह नहीं करना चाहती हूँ! मैं अपनी जिंदगी ऐसे ही जीना चाहती हूँ जैसे अभी जी रही हूँ। मेरी माँ कहती हैं कि अगर तुम विवाह नहीं करना चाहती हो तो ठीक है। मेरा प्राथमिक वेतन 10 हज़ार रुपए महीने से ज्यादा नहीं होगा; अगर संभव हुआ तो मैं अपने माता-पिता के साथ रहूंगी, या फिर कोई किराए का घर ढूंढ लूंगी। मैं अपनी आज़ादी या अपनी आजीविका नहीं खोना चाहती हूँ। यहाँ आपको बच्चे या नौकरी में से एक को चुनना पड़ता है। इन सब जटिलताओं का सामना करने से तो अच्छा है कि विवाह ही न किया जाए।

मेरी माँ हमेशा चाहती थीं कि मैं नौकरी करूँ। वे भी नौकरी करना चाहती थी लेकिन उनके माता-पिता ने उन्हें प्रोत्साहित नहीं किया। वह ललित कला और कढ़ाई में अच्छी है, और यह जो परंपरागत कपड़े मैं पहनती हूँ, वह वे तैयार करती हैं।

मुझे देश में कहीं भी नौकरी मिल जाएगी। मुझे अध्यापन पसंद है, और संग्रहालय में भी शिक्षक बना जा सकता है। अपनी नौकरी के लिए, अगर मुझे ज़रूरत महसूस हुई, तो मैं पी.एचडी भी करूंगी।

पेशेवर होना यानि जिस क्षेत्र में आप काम कर रहे हैं उसमें अच्छे से प्रशिक्षित होना। इसका मतलब है विशेषज्ञता। कार्यक्षेत्र में व्यावसायिक व्यवहार यानि अपने कर्तव्य अच्छे से निभाना, अपनी नौकरी का सम्मान करना, खुद को स्वीकार करना और कराना। आपको अवसर हासिल करने आना चाहिए। मैं उन चीज़ों के बारे में बोल सकती हूँ जिनके बारे में मैं दृढ़ निश्चयी हूँ।

अमृता ने महाविद्यालय की सभी महिलाओं की मुलाकात में लगभग सबसे बड़ी संभव आजादी और अक्षांश को आवाज दी है। वह पहले से ही एक ऐसी जिंदगी जी रही है जिससे वह प्यार करती है और जैसे चाहती है वैसे रह रही है। उसके पास व्यावसायिकता (पेशेवर होना), उसका नैतिक मूल और उसके विकास में बढ़ोतरी की एक अच्छी तरह से भरी हुई धारणा है। वह अपने विवाह के बारे में निर्णय करने में स्वतंत्र है। उसके माता-पिता मूल रूप से रूढ़िवादी पोरबंदर के लोग हैं, जो अब वडोदरा में रहने लगे हैं। अगर अमृता को घर पर रहकर अपने क्षेत्र में एक बहुत अच्छे वेतन वाली नौकरी नहीं मिलती है तो वे उसे बाहर जाने की इजाज़त भी दे सकते हैं।

अब मुझे इन बताई गई कहानियों में पाए गए प्रतिमान की समीक्षा करने दीजिये, और प्रत्येक युवा महिला का पूर्ण रूप से पेशेवर बनने की उपयुक्तता और क्षमताओं के बारे में विचार पेश करने दीजिए। यह उस चर्चा को पृष्ठभूमि प्रदान करता है जिसे मैं पेशेवर कल्पनाएं कहती हूँ। वह प्रत्येक महिला जिसका साक्षात्कार लिया गया वह एक साधित "मुखरता क्षमता" से युक्त है जिससे वह अपनी माँ को पीछे छोड़ देती है। प्रश्न यह है कि क्या सबके पास वह "परिस्थितिजन्य क्षमता" है जिससे सफल होकर वे पूर्ण पेशेवर बन जाएँ। इन मामलों की समीक्षा करने के बाद, हम क्षमताओं के इस अंतर के बारे में चर्चा करेंगे, जिनके बारे में मैंने अभी बताया है।

अध्याय 4 में, सात छात्राओं का एक समूह आया था। इलाहाबाद की रीता को राष्ट्रीय ग्रामीण स्वास्थ्य मिशन में रोज़गार मिलने की उम्मीद है, वह ऐसा काम करना चाहती है जो ग्रामीण महिलाओं के कारणों के लिए काम करे। वह अपने संगठन में नेतृत्व और निर्णायक शक्ति के पद तक पहुँच सकती है। चाहे यह सस्थाएं उसे यह पद प्रदान करे या नहीं, अगर वह कुछ साल काम कर लेती है और फिर महिला सशक्तिकरण के लिए अपनी स्वयंसेवी संस्था शुरू करती है, जैसी कि उसकी इच्छा है, तो वह नेता और निर्णायक बन जाएगी। यह भूमिकाएं उसे पेशेवर बनाने के लिए महत्वपूर्ण होंगी।

बेंगलुरु में श्यामिली, आगे बढ़ने के लिए अपने संबंधों पर विश्वास करेगी। अपने स्नातक कार्यक्रम के दौरान, उसके पास साहनी और शंकर (2012) द्वारा संदर्भित "अग्रिम संपर्क" हैं। अगर वह अपनी एमबीए-समानक पदवी के ज़रिये नौकरी पाकर सफल हो गई, तो उसे ऐसा लगेगा की वह पेशेवरों के बीच पहुँच गई है। हालाँकि, कुछ एमबीए, बेंगलुरु के कॉल सेंटर और बीपीओ कंपनियों में भी काम करने का विचार रखते हैं, क्योंकि वहां वेतन अच्छा मिलता है। उसकी उम्मीदें हैं कि उसका विवाह समृद्ध हो, और अगर उसकी नौकरी अच्छी नहीं चली तो वह उसके प्रति प्रतिबद्ध नहीं रहेगी।

कुसुम (अमृता की ही तरह) एक संग्रहाध्यक्ष बन सकती है, हालाँकि नौकरियां कम हैं और बहुत दूर हैं। वह एक छोटे, दूर-दराज के स्थान पर रह सकती है। इस तरह की नौकरियां सच में पेशेवर मानी जा सकती हैं, हालाँकि ऐसी नौकरियां में विकास की ज्यादा क्षमता नहीं होती जब तक कि आप संग्रहालय के निदेशक न बन जाए। कुसुम की इच्छा है कि उसके पति का भी यही पेशा हो; लेकिन ऐसा जोड़ा ज्यादा पैसे नहीं कमा पाएगा। अगर उसकी यह इच्छा पूरी हो गई, तो शायद उसके पति को स्त्री-पुरुष भेदभाव के चलते पदोन्नति में प्राथमिकता मिल जाए, और फिर उसे लगेगा कि उसका काम दोयम दर्जे का है।

मुंबई की सोनम, एक प्रभावी व्यक्ति बनेगी, चाहे नागपुर में हो या फिर उस छोटे शहर में जहाँ उसका मंगेतर काम करता है, क्योंकि उसका व्यक्तित्व बहुत ओजस्वी है, अपने कौशल और विकल्पों पर उसकी गहरी पकड़ है, और एक छात्र नेता के रूप में उसे अनुभव है। वह निर्णय लेगी और चीज़ें अपने हिसाब से करवाएगी, या तो अपने पति की मदद से या फिर खुद से। वह एक प्रशिक्षण व्यापार शुरू करना चाहती है। अगर वह यह कंपनी खोलने में सफल हो गई जहाँ वह कर्मचारियों को प्रशिक्षण दे सकती है, तो वह खुद को बिना किसी औपचारिक योग्यता के एक पेशेवर प्रशिक्षक बना सकती है। उसके पास अपने परिवार और मंगेतर का समर्थन है।

वडोदरा की अभिता के पास अपने खुद के विभाग में प्राध्यापक बनने का अवसर है। यह अवसर उसके विशिष्ट अनुसंधान और उसके वरिष्ठ सहकर्मियों के उत्साह पर आधारित है। प्राध्यापक होना ही एक पेशेवर पद की वास्तविक परिभाषा है; लेकिन उसकी खुद की महत्वाकांक्षा अब तक मौन और विनम्र है, और आग्रहपूर्ण व्यक्तिगत आवश्यकता की भावना से प्रेरित नहीं है। उसका नौकरी करना उसके ससुरालवालों पर निर्भर करेगा, और वे कौन होंगे यह उसके माता-पिता पर निर्भर करेगा कि उनके पास सोनी समुदाय के भीतर क्या विकल्प हैं।

मुंबई की रानी विवाह के बाद नौकरी करने के बारे में भ्रमित है। उसके पास विस्तार शिक्षा और ग्रामीण पहुँच के बारे में व्यावसायिक-स्तर का ज्ञान है, जिसे वह उत्साहपूर्वक साझा भी करती है। लेकिन काम के प्रति उसकी प्रतिबद्धता इस बात पर आधारित है कि वह उबना नहीं चाहती है, जो कि एक व्यावसायिक प्रतिबद्धता से बहुत दूर की बात है। और जिस पेशे में वह योग्यता प्राप्त कर रही है उसके लिए उसे ग्रामीण भागों में जाकर काम करना पड़ेगा,

जबकि उसके माता-पिता और भावी वैवाहिक परिवारवाले उसे शायद मुंबई में ही रखना चाहेंगे। वह शायद यह पेशा छोड़कर दूसरे में भी चली जाए; वह स्पष्टवादी और मज़बूत है।

वडोदरा की प्रिया सफल होने के लिए प्रतिबद्ध दिखती है। वह विशिष्ट अनुसंधान करती है और उसके पास पहले से ही काफी अनुभव है। उसके पिता उसकी इस क्षमता को पूर्ण करने के लिए उसके लिए एक खुले विचारों वाला परिवार ढूंढ रहे हैं। एक बार वह अपनी अनुसंधान परियोजना पूर्ण करके उसके विभाग में अध्यापन में लग जाए तो, उसके पास संकाय का सदस्य और व्यापारिक महिला दोनों के ही रूप में, एक अत्यधिक पेशेवर बनने के लिए व्यक्तिगत विशेषताएं और ज्ञान हैं। एक सक्रिय पेशेवर बनने का उसका मौका उसके पति पर निर्भर करता है।

अध्याय 5 में, हम कुछ ऐसे परिवारों से मिले जिन्हें इस बात की सख्त ज़रूरत थी कि उनकी बेटियाँ काम करें ताकि उन्हें आय और गरिमा प्रदान कर सकें। इलाहाबाद की जया, 17 साल की उम्र में एक होनहार, आदर्श युवती है जो भारतीय प्रशासनिक सेवा में अधिकारी बनना चाहती है, और एक ऐसे विश्वविद्यालय में पढ़ती है जिसने बहुत से महान व्यक्तियों को बनाया है। हालाँकि पेशेवर होने के बावजूद भी ईमानदारी से काम करनेवाला प्रशासनिक अधिकारी मिलने की कोई आश्वस्ति नहीं है। उसकी इच्छा है कि वह अपना काम पूरी आदर्शता से करे; और उसके अभिभावक उसका समर्थन कर रहे हैं, जो आगे जाकर उन्हें सामाजिक और आर्थिक रूप से लाभ प्रदान करेगा।

पांडिचेरी की सरिता, जिससे मैं बेंगलुरु में मिली, अपनी बीपीओ कि नौकरी से आगे बढ़कर मानव संसाधन प्रबंधन में एक रात्रि पाठ्यक्रम कर रही थी। मानव संसाधन की भूमिका ऐसी है जिसे बहुत सी कंपनियों में पूर्ण रूप से पेशेवर नहीं माना जाता है। वह हमेशा किसी न किसी अन्य मुख्य अधिकारी के हाथ के नीचे काम करता है, और उसके पास निर्णायक क्षमता नहीं होती है; फिर भी यह एक ऐसा पेशा है जिसे व्यावसायिक माना जाता है। सरिता का परिवार उसकी एक गरिमामय आजीविका (करियर) के लिए उत्सुक है।

इलाहाबाद की विमला, अपने पिता द्वारा लगाए गए नियंत्रणों से घिरी हुई है। दर्शनशास्त्र और नारीवादी सिद्धांत में प्रवीण, वह अध्यापन क्षेत्र में जाना चाहती है। उसके पास चरित्र का महान बल है; लेकिन समस्याएं जैसे अभेद्य पत्थर की तरह उसकी तरफ बढ़ने लगती हैं। एक ऐसी महिला जिसका दर्शन मजबूत नारीवादी है लेकिन उसे स्वतंत्र घूमने की आज़ादी नहीं है, क्या उसे अपने समुदाय में एक समर्थन करनेवाला साथी मिल सकता है? उसकी पूरी व्यावसायिकता इसी बात पर निर्भर करेगी।

विमला के साक्षात्कार ने मुझे बेंगलुरु की कामायनी और रेवती की याद दिला दी। कामायनी को अपनी इच्छा के बावजूद व्यावसायिक बनने की अनुमति नहीं थी। उसे रूढ़िवादी परिवार की सीमाओं के भीतर पैसे कमाने की इजाजत थी। इसके विपरीत, रेवती शायद कानूनी सलाहकार बनने के अपने लक्ष्य को हासिल कर लेगी, यह एक व्यावसायिक

भूमिका और पहचान थी जो उस सबसे बहुत ज्यादा थी जो उसके अभिभावकों ने कल्पना की थी (उसकी छोटी बहन भी वास्तुकला की पदवी प्राप्त कर रही थी, उसे भी शायद व्यावसायिक स्तर का काम मिल जाए)। अपने लक्ष्य हासिल करने में रेवती को अपने माता-पिता और पति का पूर्ण समर्थन हासिल है।

मुंबई की वासंती, अपने माता-पिता और छोटी बहनों को सहारा देने के लिए बड़ी कंपनियों में विपणन का काम करती है और वह ज़रूर सफल होगी; उसके पिछले नियोक्ता ने उससे वादा किया था कि वह स्नातक के बाद जिस भी कंपनी में जाना चाहेगी वह उसे वहां लगवा देंगे। उसने खुद को साबित कर दिया है, और यह स्पष्ट रूप से देखा जा सकता है कि वह प्रायोजन की हकदार है। केवल विपणन में काम करके वह व्यावसायिक नहीं बन सकती, लेकिन निदेशक के पद पर पहुंचने से उसे यह अवसर मिल सकता है। उसके और उसके माता-पिता के बीच की परस्पर प्रतिबद्धता अविवेचक लगती है।

इलाहाबाद की श्रुति की कहानी एक ऐसी लड़की का उदाहरण है जो एक कुलीन पृष्ठभूमि से है और उसके पास एक उत्कृष्ट पेशेवर स्थान पर पहुंचने का हुनर, ज्ञान और समर्थन है। इलाहाबाद में महिला वकील का होना एक नई और अनोखी चीज़ है। एक प्राध्यापक की ही तरह वकील भी एक पेशेवर श्रेणी में आता है। उसके पार अपने पिता के रूप में एक बड़ा समर्थक है, जो उसे वह सब कुछ प्रदान कर सकते हैं जिसकी उसे ज़रूरत है।

अध्याय 6 में, हम तानिका और तमारा से मिले, जिनके पास विपरीत तरीकों में विशेषाधिकार प्राप्त है, फिर भी महिला महत्वाकांक्षा की वंशावली में पीढ़ियों से लाभ उठा रही हैं। दोनों ही जाति से ब्राह्मण हैं, और उनमें से प्रत्येक के पास वे सारी योग्यताएं हैं जो पेशेवर लोगों में होनी चाहिए—आत्मविश्वास, शैली और ज्ञान। उनके व्यवसाय ज़रूर ही उनके परिवार के लिए सांस्कृतिक गर्व का विषय होंगे।

अध्याय 7 में, हम नीला, उर्मिला और रैना से मिले। नीला के पास लालित्य, धाराप्रवाह अंग्रेजी और डिजाईन का हुनर है। अपनी कला की क्षमताओं के ज़रिये, वह फैशन उद्योग में जा सकती है जिसे आजकल की भाषा में व्यावसायिक माना जाता है। उर्मिला ज़रूर ही एक अध्यापिका की तरह व्यावसायिक होगी, हालाँकि उस क्षेत्र में उतनी चमक-दमक नहीं होगी जितनी आज की पीढ़ी पाना चाहती है। इन दोनों युवा महिलाओं को उनके अभिभावकों का समर्थन प्राप्त है। रैना एक होनहार लड़की है जो एक साहसी पत्रकार बनना चाहती है, जो कि एक व्यावसायिक क्षेत्र है। हालांकि उसका समुदाय उसे प्रोत्साहन नहीं देगा, लेकिन उसके माता-पिता उसे प्रोत्साहन देते हैं।

इनमें से अधिकतर महिलाओं की ज़ोरदार क्षमता एक ताकत है जो कि उनके लाभों की सहायता करेगी अगर परिस्थितियां उन्हें उनकी आजीविका की अनुमति दें। यह उन पर अन्य लोगों की मांगों पर काफी हद तक निर्भर करेगा। लेकिन जिस आग्रहिता के साथ वे विकसित हुई हैं, और उन्हें विकसित करने के लिए प्रोत्साहित किया गया है, अधिकतर की मांगे उनकी

माताओं की तुलना में बहुत ज्यादा है। अगर उन्हें नौकरी मिल जाती है, तो वे उसे पकड़कर रखेंगी और उसका विकास करेंगी। ऐसा करने के लिए परिस्थितिगत क्षमता उनके सहायक पति और ससुराल वालों द्वारा मजबूती से की जा सकती है, जो पिछली पीढ़ियों के मामले में उनके जीवन में अधिक होने की संभावना है।

पेशेवर कल्पनाएं

यहां कई विभिन्न प्रकार की व्यावसायिकताएं को संबोधित किया गया है। यह धारणा मूल रूप से पारंपरिक व्यवसायों से संबंधित थी: कानून, चिकित्सा, पुरोहित और शिक्षा, साथ ही साथ सरकार, कूटनीति और सैन्य, जिसमें शीर्ष पदों को सदियों से मान्यता दी गई थी। अभियांत्रिकी, व्यवसाय प्रबंधन, और लेखांकन उस शास्त्रीय सूची में लंबे समय बाद जोड़े गए हैं: यह प्रतिष्ठित, मांगवाले, उच्च भुगतान करने वाले वयवसाय हैं, जिन तक शिक्षा के माध्यम से पहुंचा जा सकता है, इसके लिए अध्ययन के कठोर प्रवेश मानदंड जिसमें आवश्यक स्नातकोत्तर पदवी शामिल है। हालांकि, अब, व्यापार और संगठनात्मक ढांचे के भीतर कई और पद और स्तर हैं, जिनमें पेशेवर योग्यता, उदाहरण के लिए मानव संसाधन की आवश्यकता होती है।

व्यवसायों की एक और अधिक वर्तमान, कम ऊँची धारणा भी है, जो विशिष्ट प्रशिक्षण और शैक्षिक तैयारी से सूचित किसी भी करियर को संदर्भित करती है। यह अब प्रमाण पत्र और नए पदवी कार्यक्रमों द्वारा चिह्नित किए गए हैं, जो दशक से बढ़ते ही जा रहे हैं। अधिक से अधिक व्यवसायों को प्रमाण पत्र की आवश्यकता पड़ने लगी है। यह प्रवृत्ति व्यावसायिक कार्य के अधिक से अधिक प्रारंभिक स्तर, गैर-लाभकारी कार्य, व्यापार सेवाओं, स्वास्थ्य देखभाल, शिक्षण, प्रशिक्षण और व्यक्तिगत देखभाल को पेशेवर मानी जाने की अनुमति देती है। उदाहरण के लिए, कोई भी पेशेवर मालिशिया बन सकता है। शास्त्रीय परिभाषा के तहत वर्गीकृत और अधिक हाल के व्यवसायों को लोगों को, व्यक्तियों, संगठनों, राज्यों या व्यापक समुदाय को एक तरह से या किसी अन्य रूप में सेवाएं प्रदान करने के रूप में देखा जाता है। यह शब्द मनोरंजन और खेलों के लिए भी लागू होता है

वर्तमान में, उपरोक्त सभी के अतिरिक्त, हम आधुनिक और मध्यम वर्ग दोनों के रूप में देखे जानेवाले जीवन शैली विशेषताओं के एक वर्णनकर्ता के रूप में "पेशेवर" शब्द का प्रसार देखते हैं। उदाहरण के लिए, कोई अगर आवास की तलाश कर रहा हो कि कोई विशिष्ट सराय "व्यावसायिक-स्तर" का होटल है क्या, चाहे कोई केवल एक यात्री ही हो,

[3] समकालीन अचल संपत्ति के विकास और पेशेवर छवि के प्रासंगिक विचार के लिए देखें सीरले 2013.

कोई सम्मेलन केंद्र की तलाश न कर रहा हो।[3] इस तरह के उपयोग में कुछ घनिष्ठता हो सकती है, जबकि अन्य उदाहरणों में वास्तव में विशेष नौकरियों वाले लोगों को अधिक सम्मान दिया जाता है। उदाहरण के लिए, हम वेटर और परोसनेवालों को साफ़-सुथरी वर्दी में रेस्तरां और होटल में सेवारत देखते हैं जिनमें से ज़्यादातर होटल प्रबंधन स्कूलों से प्रमाणपत्र प्राप्त कर चुके हैं। इस शब्द के व्यापक विस्तार में देखा जाने वाला "व्यावसायिकता" (पेशेवर होना) एक महत्वाकांक्षी प्रकार है, जो कि आंशिक रूप से अधिरोपित विश्वसनीयता से संबंधित है (देखें फर्नांडिस 2006), और आंशिक रूप से व्यक्तिगत गरिमा और सामाजिक समावेश की मांग के लिए जिसके लिए लोग खुद को ज़िम्मेदार ठहराते हैं।

राधाकृष्णन की *अपप्रोप्रिअटेली इंडियन* (2011) भारतीय पेशेवरों की एक अंतर्राष्ट्रीय श्रेणी की पहचान करता है, जो इस पुस्तक के लिए चुने गए लोगों की तुलना में बहुत अधिक उच्च स्तर का है, लेकिन पेशेवर होने के उच्चतम स्तर का प्रतिनिधित्व करता है। वह उस स्तर पर महिलाओं के बीच एक विरोधाभासी चेतना भी पाती है, जो कि अपने पेशेवर लक्ष्यों को प्राप्त करने के उनके गौरव पर आंशिक रूप से पर्दा डालती है। वह एक ऐसी महिला का उदाहरण देती है जो गर्व से अपने परिवार के लिए पैसे कमानेवाली महिला की भूमिका निभाती है, लेकिन उसी समय उसे अपनी रोज़मर्रा की जिंदगी में "सम्मानजनक स्त्रीत्व बनाना मुश्किल लगने लगता है" (2011: 154)। वह लिखती है, "पेशेवर महिलाएं परिवार की गहरी गूंजों के विचारों को आकर्षित करती हैं, भले ही वे कार्यस्थल से मिलकर व्यक्तिगत उपलब्धियों के विचारों के साथ उन अर्थों का समाधान करें" (2011: 148)।[4]

महिलाओं पर लागू यह शहरी मध्यवर्गीय पेशेवर कल्पनाएं परिवार और समुदाय पर निरंतर जोर देने के साथ काफी जुड़ी हुई है। अपने बच्चों के विवाह की ही तरह उनका पेशा भी परिवार के लिए एक परियोजना ही है। जिन बेटियों के बारे में हम चर्चा कर रहे थे, उन्हें दोनों मोर्चों पर सफल होना है, जिनमें से प्रत्येक परिवार की भलाई और गरिमा के लिए योगदान देता है। इन युवा महिलाओं की पेशेवर कल्पनाओं के भीतर, भविष्य के लिए एक उम्मीद है जिसमें व्यावसायिकता और विवाह की एक सावधानीपूर्वक मापने वाली जटिलता शामिल है। महिलाओं के लिए दृष्टिकोण यह है कि पदवी हासिल करो, नौकरी करो, और फिर विवाह कर लो, वैसे ही जैसे पिछली पीढ़ी ने किया था। इस जीवन योजना में, शैक्षिक तैयारी के इतने सालों के बाद तुरंत विवाह की ज़रूरत नहीं है। जैसा कि श्रुति कहती है, "मैंने एक ऐसी अवस्था में रहना चाहूंगी जहाँ मेरा विवाह न हुआ हो, जहाँ मैं नौकरी कर रही हूँ और जहाँ मुझपर बारीकी से नज़र न रखी जा रही हो।"

---

4 इस संदर्भ में बेंगलुरु में राधाकृष्णन की यह खोज डामस्के (2011) द्वारा हाल ही में न्यू यॉर्क शहर में की गई खोज के समान है, जो दिखाती है कि किस प्रकार वहां कार्यरत महिलाएं अपने परिवार के लिए अपने काम को उचित ठहराने पर जोर देती हैं।

इसी प्रकार अन्य कुछ लड़कियों की भी ऐसी ही छुपी इच्छा थी खुद के लिए कुछ समय निकालने की, लेकिन उन्हें यह आशंका भी थी ऐसा कुछ कभी होगा। उदाहरण के लिए, अभिता कहती हैं, "मैं शायद 25 साल में विवाह करूँ। पर अभी तो मेरे पास अपनी आजीविका के लिए समय है।" प्रिया अपने पिता से राजस्थान के रूढ़िवादी रिश्तेदारों से दूर रहने की याचना कर रही हैं, जब वह अपने खुद के शोरूम को चला रही है और विश्वविद्यालय में अनुसंधान भी कर रही है, और वह पहले ही 25 की उम्र तक पहुँच गई है। गाँव के परिवारों की दो युवा महिलाएं, रीता (अध्याय 4) और विमला (अध्याय 5) दोनों ही विवाह होने से पहले, नौकरी करके अपने छोटे भाइयों को सहारा देना चाहती हैं ताकि उनके परिवारों के पास उन्हें सहारा देने के लिए स्नातक बेटे हो।

"तीव्र सामाजिक बदलाव के बावजूद, मध्यम वर्ग के लोगों अभी भी अपनी वंशावली पर ही ध्यान केंद्रित करके रखते हैं" (सावला 2010: 88)। इन परिवारों की बढ़ती हुई पेशेवर कल्पनाओं में, एक शिक्षित युवा महिला को विवाह से कुछ थोड़ा समय खुद के लिए चाहिए, लेकिन साफ़ तौर पर, वह यह आशा करती है कि विवाह उसका शरणस्थान बन जाए। यही वह दृष्टिकोण है जो उसे आगे लेकर जाता है: एक ऐसे व्यक्ति के साथ विवाह जो समतावादी और सहायक हो, और उच्च शिक्षित और सुस्थापित हो। उसके सास-ससुर ऐसी बहू पाकर बहुत खुश होंगे जिसकी नौकरी उसे घर के काम से दिनभर के लिए दूर रखती हो। वे ख़ुशी-ख़ुशी बच्चों को सँभालने में और इस जोड़े के लिए जिंदगी आसान बनाने में मदद करेंगे। उसकी आजीविका के विकास के लिए यह शर्तें अनिवार्य होंगी।

एक और अधिक स्पष्टवादी नारीवादी पेशेवर कल्पना हो सकती है, जो कि अधिक बेचैनी से मध्यम वर्ग की बढ़ती हुई पेशेवर कल्पना को क्रम में लगाता है। इसमें शामिल है महिला अधिकारों की सीमाओं को आगे बढ़ाना और अपने अधिकारों पर दावा करना। लेकिन जो साक्षात्कार मैंने लिए, उसमें कुछ युवा महिलाएं खुद को मानव अधिकारों की सार्वभौम घोषणा (संयुक्त राष्ट्र, 1948) के अंतर्गत आनेवाले सभी अधिकारों पर दावा करते हुए देख सकती हैं। उदाहरण के लिए, अनुच्छेद 17 अपनी स्वयं की संपत्ति पर अधिकार सुनिश्चित करता है और उससे मनमाने ढंग से वंचित नहीं किया जा सकता: और किसी के जन्मसिद्ध अधिकार को स्वीकार करने से पेशेवर उन्नति और/या व्यवसाय शुरू करने के लिए कोष खड़ा किया जा सकता है। लेकिन कुछ लड़कियां जिनके भाई हैं, वे अपने हिस्से की संपत्ति के लिए प्रतिरोध करना चाहती थी।[5] हालांकि, वे अनुच्छेद 3 से पूर्ण रूप से

[5] इस परिप्रेक्ष्य के लिए मेरा धन्यवाद जाता है इलाहाबाद के विधि के छात्रों के एक समूह को, जिनके लिए मैंने इन अनुच्छेदों पर उनके सर्विस क्लब की बैठक में एक समूह चर्चा का आयोजन किया था। मैंने बाद में इस धारणा का परीक्षण कई अन्य समूहों के साथ विभिन्न स्थानों पर किया था। छात्राएं सार्वजनिक रूप से जो भी कहना चाहती थीं उसके संदर्भ में यह शोध समान ही था।

सहमत थीं जो कि लोगों के जीवन, आज़ादी और सुरक्षा को सुनिश्चित करता है, और इस प्रकार से बलात्कार के खिलाफ एक वैचारिक बाँध की तरह खड़ा रहता है, और सार्वजनिक स्थानों पर पुरुषों की ही तरह आज़ादी से और सुरक्षित रूप से घूमने की महिलाओं की स्वतंत्रता का समर्थन करता है।

अगर महिला सफलतापूर्वक नौकरी करने लगे, तो वे जिस संगठन के लिए काम कर रही हैं उस संगठन की महिलाओं की वकालत कर सकती हैं। अगर वे खुद का व्यवसाय करें, तो वे अपनी कंपनियों और गैर सरकारी संगठनों में समानता की शर्तों को निर्धारित कर सकती हैं। अगर अपने कार्यस्थल पर उन्हें वह न मिले जो वे चाहती हैं, और अगर वे कम पैसे की नौकरियां स्वीकार करने के लिए या असंतुष्ट व्यवस्था में काम करने के लिए तैयार हैं तो भी, वे संभावना की भावना से आवेशित रहेंगी और अपने पूर्वजों की तरह ही, इस भावना को अपने बेटे-बेटियों, भांजे-भांजियों, भतीजे-भतीजियों, छात्र-छात्राओं, साथ काम करनेवाले लोगों, पड़ोसियों और दोस्तों में बांटती जाएंगी। और चाहे वे काम करें या नहीं, वे महिलाओं के लिए कार्यकर्ता बनने का तरीका खोज ही लेंगी। या, वे दूसरे कम योग्यता वाले लोगों के ऊपर अपनी श्रेष्ठता से संतुष्ट हो जाएंगी, और उभरती हुई वर्ग प्रणाली, जिसकी कुछ जड़ें जाति पदानुक्रम में हैं, की बेड़ियों को मज़बूत करेंगी। हमें दिखनेवाली प्रगति में यह संभावना कटौती कर देती है।

मध्यम वर्ग की पहचान

भारत के मध्यम वर्ग में शिक्षा के प्रति दिलचस्पी बढ़ रही है। पिछले कुछ वर्षों में बहुत से सेमिनार इस विषय को जांच रहे हैं (उदाहरण, बविस्कर और रे, 2011)। हालांकि "मध्यम वर्ग" यह शब्द 19वीं सदी से भारत में उपयोग किया जा रहा है, लेकिन तब यह एक छोटे अंग्रेज़ी-शिक्षित कुलीन के लिए एक काल्पनिक नाम था। "विडंबना यह है कि, अंग्रेजी मध्यम वर्ग के साथ ज़बरदस्त विरोधाभास होते हुए, उभरता हुआ भारतीय शिक्षित 'मध्यम वर्ग' मुख्य रूप से भूमि के किराए की आय पर ही आधारित था, जहाँ उत्पादन संबंध पूंजीवादी से बहुत दूर थे...और यह मिले हुए थे पेशों से, सरकारी कार्यालयीन नौकरियों से या यूरोपियन व्यापारिक कंपनियों से" (सरकार और सरकार 2007: 2)। इस विशेषाधिकारित संयोजन ने इसे एक कुलीन, ऊपरी श्रेणी में रखा था। आज का बढ़ता हुआ मध्यम वर्ग सटीक रूप से केवल व्यवसायों, सफेदपोश नौकरी, और व्यापार पर आधारित है। हम इसे शीघ्र ही आर्थिक रूप में खोजेंगे।

हालांकि, वर्तमान में इसकी चर्चा एक सांस्कृतिक गठन के रूप में हो रही है। फ़र्नांडिस (2006) एक "नए" मध्यम वर्ग को "एक सांस्कृतिक और एक आदर्श राजनीतिक

परियोजना" कहते हैं, क्योंकि यह विकास और राष्ट्रीय पहचान की शर्तों को आकार देने में मदद करता है। फिर, मध्यवर्गीय पहचान के संबंध में, कुछ अच्छे से काम करने वाली जगहें उपस्थित होने की प्रक्रिया पर विशेष जोर देती हैं। शादियों और अन्य उपभोक्तावाद और अवकाश की प्रथाओं का वर्णन करते हुए, ब्रोसिउस (2010) लिखते हैं, "भारत का नया मध्यम वर्ग दृश्यता और प्रदर्शनशीलता पर निर्भर करता है" (2010: 24)। 2010 में सावला द्वारा हैदराबाद में उन महिलाओं, जो मध्यम वर्ग की तरफ ऊपर बढ़ रही हैं, पर किए गए अध्ययन उनके द्वारा सीखी गई सामाजिक औपचारिकताओं पर और उन प्रथाओं पर जोर देता हैं जो वे करना सीखती हैं, और ब्रोसिउस के वर्ग के प्रदर्शनकारी पहलू को मजबूत करता है। शहरी सौंदर्यीकरण और सफाई कार्यक्रम के पीछे के राजनैतिक आंदोलन का संदर्भ देते हुए, फ़र्नांडिस (2006) वह पहचान करते हैं जिसे "मध्यवर्गीय पहचान के स्थानिक उत्पादन" के तौर पर पहचाना जाता है (2006: 137)।

इस प्रकार मध्यवर्गीय आकांक्षाओं को उपभोक्तावाद के इर्दगिर्द आकार लेता हुआ दिखाया जाता है और दिखावे और राजनीति के प्रति तैयार करता है। यह लेखक इस प्रकार के उपभोक्तावाद को पूरे समूह को नए सांस्कृतिक या राजनीतिक दावे करने की मदद करने में काफी प्रभावी मानते हैं। इस तरह के लेखों ने मध्यवर्गीय समझ को आगे बढ़ाया है, जो तब सांस्कृतिक और राजनीतिक निर्माण के झुंड के रूप में प्रकट हो सकती हैं, जो कि आर्थिक और व्यक्तिगत संघर्ष के एक बड़े पैमाने पर दिखते हैं। उपरोक्त लेखकों के लेखन में देखा जाने वाला प्रदर्शन, कभी-कभी लगभग किसी व्यक्ति के कार्यों को गुमराह कर सकता हैं और सोचने के तरीके के बारे में उनकी पसंद की स्वतंत्रता को सीमित कर सकता हैं।

सामाजिक बाधाओं और एक प्रतिबिंबित आत्म-पहचान के विकास दोनों ही के संदर्भ में, बौर्द्यू के विचार मंथन करने के लिए प्रासंगिक ही। अपने ढांचे में, "प्रतीकात्मक व्यवस्था प्रभुत्व की साधन है" (जैन 2006: 105), जो अपने भीतर की किसी आदत की दिशा में महिलाओं की अधीनता को समझाता है। हालांकि, थापन (2006) बौर्द्यू में "बहु-अधीनताओं" की चेतना, सोच और प्रतिरोध के लिए स्थान को पहचानता है (2006: 203) कि महिलाएं भले ही अंदरूनी रूप से ही सही, लेकिन अपने लाभ के लिए चल सकती हैं, उन्हें दमनकारी परिस्थितियों का विरोध करने की इजाजत दे सकती है।

दिखावे के मामले में वर्ग का व्यवहार दरअसल लोगों को अपनी आकांक्षाओं को संचालित करने के कुछ तरीके देखने के लिए एक उचित रूपरेखा हो सकती है। लेकिन, जैसा कि इस अध्ययन में देखा गया है, कुछ बेटियां, वे जो विशेष रूप से कुछ आकांक्षी कम कमाई वाली श्रेणी में पहली संतान या इकलौती संतान हैं, अब अपने जन्मजात परिवारों में बहुत नई भूमिकाएं निभा रही हैं। यह केवल स्थिति की उपस्थिति और सांस्कृतिक बदलाव की तुलना में अधिक प्रतिनिधित्व करता है। यह एक विशाल जनसंख्या समूह के कुछ विशेष खंडों के बीच लिंग संबंधों की एक संरचनात्मक पुनर्व्यवस्था है। जैसा कि होता है,

इसके भीतर के कलाकार खुद को और उनकी भूमिकाओं, उम्मीदों और अवसरों के बारे में अलग तरह से सोचने के लिए नया खुलापन पा रहे हैं। इसलिए भविष्य में यह महत्वपूर्ण होगा कि बेटी को अनमोल माननेवाले परिवारों पर बड़े पैमाने पर शोध किया जाए, और अनमोल बेटियों के जीवनकाल के माध्यम से नए भावी मध्यम वर्ग को आर्थिक रूप से परिभाषित किया जाए।

अब हमें वर्गों को आय खंडों के रूप में देखने की जरूरत है। एक हालिया अध्ययन में यह पता चला है कि 18,000 रुपये और 36,000 प्रति माह के बीच की औसत आय वाले घर मध्यम आय वर्ग के माने जाते हैं (कोचर 2015)। यह मध्यस्थता खंड भारत की आबादी का केवल 3 प्रतिशत है, जिसे हम "भावी मध्यम वर्ग" कह सकते हैं। लेकिन कम आय वर्ग वाले समूह, जो गरीबी से ऊपर हैं और प्रति घर प्रति माह 3,600 रुपये और 18,000 रुपये की कमाई करते हैं, यह सबसे बड़ा जनसंख्या खंड है, यह केवल इस समूह के उच्च स्तर पर है—प्रति माह 9,000 से 18,000 रुपये की कमाई वाले परिवार—यहां हम उन लोगों को पाते हैं जो अपने सामाजिक आर्थिक आकांक्षाओं के लिए निर्वाह से ऊपर की खरीद का प्रबंधन कर सकते हैं (कोचर 2015)। तो मध्यम-वर्ग वाले परिवार वे होते हैं, जिनके पास पर्याप्त आय होती है, हालांकि कभी-कभी, खुद को बढ़ती उम्मीदों का समर्थन करने के लिए बुनियादी जीवों से बेहतर रहने के मानक के कुछ सामानों की आपूर्ति करने के लिए यह कम पर्याप्त होती है।

सामाजिक पुनरोत्पादन

नारीवादी अर्थशास्त्री अर्थव्यवस्था की विशाल आबादी के बारे में चिंतित हैं, जो लगभग पूरी तरह से अवैतनिक और घर में मुख्य रूप से महिलाओं द्वारा प्रबंधित होती है। वे उन तरीकों पर ध्यान देते हैं जिसमें वैश्विक नव-उदारतावाद महिलाओं को इस आवश्यक, अवैतनिक कार्यभार को ढोनेवाली महिलाओं के लिए किसी भी सहायता को कम करता है और औपचारिक रूप से या अनौपचारिक रूप से, उन महिलाओं की आय को कम से कम पर्याप्त करता है (गैस्पर और वैन स्टेविरेन 2005, विलियम्स 2006)। हालांकि, नारीवादी अर्थशास्त्री अक्सर इसे "देखभाल की अर्थव्यवस्था" के नाम से पुकारते हैं, अर्थशास्त्री नैन्सी फॉल्बे के 1994 के चर्चित अध्ययन में "सामाजिक पुनरोत्थान" नाम का उपयोग किया जाता है, जैसा कि मैं करना चाहती हूं। इसका कारण यह है कि उस भाषा में यह प्रवृत्ति है जिसका इस्तेमाल हम समग्र राजनीतिक अर्थव्यवस्था के क्षेत्रों को घेरने के लिए किया करते हैं जहां महिलाओं को मुख्य रूप से स्थान दिया जाता है, बजाय इसके कि पूरी तस्वीर के मध्य में महिलाओं और पुरुषों द्वारा उत्पादित उत्पादक और प्रजनन भूमिकाओं का संयोजन करने को।

महिलाओं को सौंपी गई पारिवारिक और घरेलू भूमिकाएं सामाजिक पुनरोत्थान की प्रक्रिया के मूलभूत भागों को बनाती हैं, बड़ी संख्या में लिखती हैं, और रोजमर्रा की जिंदगी के रखरखाव और पुनरोत्थान के रूप में पहचान की जाती हैं। इनमें बच्चों को संभालना, उनका पालन-पोषण करना, पारिवारिक देखभाल, और घरेलू प्रबंधन शामिल हैं, जिसमें सभी भौतिक, व्यावहारिक और भावनात्मक लागत और बोझ एक महिला के शरीर पर दिया जाता है और यह प्रयास बहुत अच्छी तरह से किया जाता है। प्रथाओं और धर्म के भीतर की धर्मनिष्ठ और प्रतिबंध इन सभी भूमिकाओं में महिलाओं की सराहना करते हैं। लेकिन क्या इन्हें अपील की गई है कि, एक महिला चाहे वह नौकरी करनेवाली भी हो, फिर भी उसे एक गृहिणी के रूप में मानना व्यावहारिक रूप से तय हो गया है। मेरे मुखबिरों द्वारा इन सभी भूमिकाओं की कल्पना की गई है कि यह सभी जैविक प्रजनन से जुड़ी हुई हैं क्योंकि इस बारे में कोई स्पष्टीकरण ही नहीं है कि वे विशेष तौर पर महिलाओं के कंधों पर क्यों डाल दी गयीं हैं।

बच्चे के लालन-पालन और उसे बड़ा करने की ज़िम्मेदारी, पूर्व में और वर्तमान में भी, महिलाओं की ज़िंदगी में और उनकी भूमिकाओं में तय कर दी गई है। इसके लिए और अन्य महत्वपूर्ण परिवार के प्रयोजनों के लिए, महिलाओं के विवाह की आवश्यकता होती है, जो आमतौर पर उनके माता-पिता के साथ मिलकर या उनके सहयोग से होती है। विवाह आम तौर पर अनिवार्य और अटूट है। लेकिन किस उम्र में विवाह होना चाहिए? प्रथा यह है कि शिक्षा पूरी होते ही विवाह कर दिया जाए। जो माता-पिता एक उच्च शिक्षा प्रमाण पत्र प्राप्त करने के लिए अपनी बेटियों के सहायक हैं, वे अब पहले की तुलना में आजकल शादी को स्थगित करने को तैयार रहते हैं, ताकि शिक्षा के वर्षों के विस्तार के साथ एक युवा महिला की शादी की आयु में भी वृद्धि होती है। जब तक माता-पिता उसकी महत्वाकांक्षाओं का समर्थन करते हैं, तब तक वे उनके विवाह को स्थगित करने को तैयार हैं। (विवाहित छात्राओं का अनुपात अभी भी बहुत कम है) जब एक लड़की अपनी योग्यताएं प्राप्त कर लेती है तो उसकी शादी की योजना तुरंत शुरू कर दी जाती है जब वह या अपनी नौकरी में स्थापित होना चाहती है तो इस योजना को कुछ साल आगे भी बढ़ाया जा सकता है। यह वे बदलाव हैं जो शहरी माता-पिता अब अपनी शिक्षित बेटियों के भविष्य के लिए अपनी अपेक्षाओं और निर्णयों में कर रहे हैं।

लगभग सार्वभौमिक धारणा यह है कि बेटी को अविवाहित रखने के बजाय, उसका विवाह हो जाना चाहिए, और यह माना जाता है कि परिवार को इसकी व्यवस्था करने में एक केंद्रीय भूमिका निभानी चाहिए, और कुछ अपवादों के साथ, यहां दर्शाए गए मामलों में यह सच है। परिवार पर, कभी नरम तो कभी तीव्र सामाजिक दबाव है, और जब तक यह सुनिश्चित नहीं होता कि बेटियां विवाह करके बस चुकी हैं; परिवार को ऐसा महसूस नहीं होता कि उसने बेटी और समाज के प्रति अपना कर्तव्य पूरा कर लिया है। चक्रवर्ती (2003),

"भारत में लिंग स्तरीकरण की धुरी," नामक अध्याय में यह वर्णित करती है कि यह सब जाति के स्थायीकरण के लिए है, जैसा कि अध्याय 6 में संदर्भित किया गया था।

चक्रवर्ती का तर्क, जाति विशेषाधिकार और विशिष्टता को जारी रखने के लिए एक प्रतिबद्धता के आसपास एकजुट इकाइयों के रूप में परिवारों और विस्तारित परिवार समूहों की एक तस्वीर का समर्थन करता है। एकजुट इकाइयों के रूप में परिवारों की यह अवधारणा, एक दूसरे के सहयोग और एक दूसरे के धन में सह-निवेश करने के लिए प्रतिबद्ध लोगों के समूह का भी हैरिस-व्हाइट (2003) को बहुत कुछ देना लगता है।

हालांकि, हमारे नमूने में, हमें माता-पिता के कुछ अंतरजातीय विवाह मिले। और कई लड़कियां ऐसी भी थीं जिन्होंने एक साथी को चुनने के लिए एक सिद्धांत के रूप में जाति का तिरस्कार किया। फिर भी एक एकता इकाई को बनाए रखने की आवश्यकता सभी लड़कियों में प्रबल हो गई थी; प्रत्येक विशेष मामले में यह आवश्यकता हमेशा जाति के समर्थन में नहीं थी।

जिन युवा महिलाओं से मैंने मुलाकात की थी, वे उम्मीद करती हैं कि विवाह के बाद वे खुद घर के काम के लिए जिम्मेदार होंगी, चाहे वे काम करें या दूसरों के द्वारा इसे पूरा करने की व्यवस्था करें। यह अविवाहित छात्राएं, ऐसे पति की अपेक्षा नहीं करतीं जो घर के काम में समान रूप से हिस्सा लें, हालांकि वे आजीवन करियर के लिए अध्ययन कर रही हैं। वे ऐसे को खोजने की आशा करती हैं जो उनकी मदद करेगा। वे परिवार की अन्य महिलाओं के साथ भार साझा करने की योजना बनाती हैं। ज्यादातर उम्मीद करती हैं कि उनके आम तौर पर एक या दो बच्चे होंगे, और उनकी देखभाल करने के लिए मदद होगी। उनका मानना है कि यह देखभाल घर की अन्य महिलाओं के साथ साझा की जा सकती है। आजीविका के लिए पढ़ रही युवा महिलाएं अपने भावी ससुराल वालों के साथ मिलकर संयुक्त परिवारों में रहने की इच्छुक, यहां तक कि उत्सुक हैं। उन्हें उम्मीद है कि उन्हें मदद करनेवाली सास मिले।

मेरी लड़कियों द्वारा अभिदत्त यह सामाजिक रूप से निर्मित और सांस्कृतिक रूप से स्वीकृत भूमिकाएं, केवल प्रथाओं के मामले में ही नहीं हैं। सामाजिक पुनरोत्पादन की एक प्रणाली के घटकों के रूप में, इन्हें एक भौतिकवादी भावना में देखा जाता है, वे उत्पादन के एक साधन के भीतर केन्द्रित हो जाते हैं जो इसके रूप में बदलाव कर सकते हैं और इन तत्वों को शामिल कर सकते हैं। उत्पादन की स्थिति के बदलने के साथ-साथ, लिंग के "गृहिणी आदर्श" को स्थानांतरित किया जा सकता है और आगे बढ़ाया जा सकता है। लेकिन यह गृहिणी आदर्श सामाजिक पुनरोत्पादन की एक प्रणाली का हिस्सा है, जो कि भविष्य में पूरी तरह से जीवित नहीं रह सकता है, क्योंकि आर्थिक रूपरेखा आगे बढ़ती है। मेरे द्वारा बात की गई किसी भी महिला ने यह नहीं देखा है। युवा महिलाओं, उनके माता-पिता और उनके प्राध्यापकों के साथ साक्षात्कार और बातचीत में, यह अक्सर कहा

गया था कि मैंने जिन परंपराओं का वर्णन किया है वे "जन्मजात" हैं। एक तरह का जैविक अलंकार अनुमानित है। इन सीमाओं को समझने के लिए अलग-अलग तरीकों से जैविक कचरे से दूर जाने की आवश्यकता है, जो कि प्रथाओं के सामाजिक और ऐतिहासिक निर्माण के बारे में जागरूकता की ओर है, और मानव निर्माण के रूप में लिंग की स्पष्ट समझ है। यह जागरूकता महिलाओं और लिंग अध्ययन[6] से प्रभावित शिक्षा के लिए या तुलना के वैश्विक आदर्श या दोनों के लिए सबसे अधिक संभावना के साथ अनावरण के साथ संभव होनी शुरू होती है।

विवाह की आवश्यकता, शिक्षा पूरी होने के तुरंत बाद विवाह का आग्रह, घरेलू रखरखाव की ज़िम्मेदारी, और लगभग अनिवार्य प्रसव, सामाजिक प्रजनन की एक प्रणाली के सभी घटक हैं जिन्हें गृहीत समझा जाता है, और मेरे द्वारा चयनित उन कुछ लोगों में जिनमें यह ज़रूरी चीज़ें हैं, वे कल्पना कर सकते हैं कि कभी यह बदल जाएगा। लेकिन दरअसल, यह संभावना है कि न केवल अंदर बल्कि घरेलू क्षेत्र के बाहर होने वाले परिवर्तन भी वर्तमान समय की कल्पना करने वाले लोगों की तुलना में उस क्षेत्र को बदल सकते हैं।

ऐतिहासिक बदलावों पर दोबारा गौर करना

आज की युवा आजीविका-केंद्रित महिलाओं के लिए प्रजनन योजना यानि, दुल्हन और दूल्हे के दोनों पक्षों में माता-पिता की सहायता से केवल एक या दो बच्चों की स्थापना के लिए समर्थन प्राप्त करना है, जबकि युवा वयस्क आजीविका का पीछा करते हैं और उन्नति और आत्म-अभिव्यक्ति की तलाश करते हैं जो कि जनसांख्यिकीय संक्रमण के अंतिम चरण में एक दृष्टांत अलंकारणीय है। आइए हम इस बात की समीक्षा करें कि यह संक्रमण कैसे आगे बढ़ चुका है और यह कहां तक पहुंच गया है।

1970 के दशक की शुरुआत में, बेहतर स्वास्थ्य और भौतिक भलाई के माध्यम से, भारतीय समाज ने परिवारों की मौत के संकट की पूर्ण और अपरिहार्य प्रबलता को पीछे छोड़ दिया। मृत्यु के रूप में एक नया चरण शुरू हुआ, जब लोग आधुनिक तरीके से अपनी पूरी प्रजनन क्षमता स्वेच्छा से कम कर सकते थे। इसमें दुर्भाग्य से लिंग चयनात्मक गर्भपात भी शामिल है, जिसने कुल जन्म में मर्दानगी में वृद्धि की है—लेकिन इतनी ज्यादा भी नहीं कि जितनी ज्यादा लड़कियां नष्ट होती हैं, उतनी को ही बचा सकें।

---

[6] महिला अध्ययन आंदोलन के द्वारा सोचे गए दूर-दूर तक पहुंचनेवाले सामाजिक और शैक्षणिक लक्ष्यों पर मल्लारिका सिन्हा रॉय (2014) द्वारा लिखा हुआ निबंध देखें, जो समाज के परिवर्तन को लक्षित करता है।

हम यह कहने के लिए एक अच्छी स्थिति में नहीं हैं कि कितने माता-पिता मूलतः लिंग संरचना चाहते थे। बहुत से बच्चों के भीतर उभरती लैंगिक संरचना के आधार पर जीवित बेटियों का परिवार के लिए अनमोल होना आंशिक रूप से उनके जन्म के क्रम पर निर्भर करता है। जिन आजीविका-उन्मुख युवा महिलाओं से मैं मिली, उनके लिए विशेष रूप से परिवार में जन्मा पहला बच्चा महत्वपूर्ण हैं। ज़ाहिर है, शिक्षा की वजह से वे अपने बढ़े हुए मूल्य का सबसे बड़ा हिस्सा प्राप्त करने में सक्षम होते हैं और फिर इसका उपयोग करते हैं। यह शिक्षित बेटियों की अपेक्षित उपयोगिता में अपने जन्मजात परिवारों के लिए उल्लेखनीय परिवर्तन की वजह से है, क्योंकि उनमें से अधिकतर सक्रिय रूप से अनमोल हैं और उनमें इस वर्तमान युग के दौरान निवेश किया जा रहा है।

1970 के दशक की शुरुआत के बाद, मौत का शासनकाल, जो लिंग संबंधों पर भारी पड़ गया था, कम हो गया, और समाज में महिलाओं की स्थिति के संबंध में एक मध्यकालीन अवधि शुरू हो गई। 1971 और 2001 के बीच, महिलाओं की जीवन अवधि में हुई वृद्धि और शिक्षा के तेजी से बढ़ते स्तरों के बावजूद, उनमें से अधिकतर की घर के बाहर नौकरी करने की संभावना को सीमित किया, क्योंकि आर्थिक अवसर बहुत कम थे। मैं इन तीन दशकों को "बाध्य महिला विकल्पों" का समय कहती हूं। इन विकल्पों का कारण इतने करीब से बाध्य हो रहा था, कि सामाजिक रूढ़िवाद और राष्ट्रवाद की तुलना में भी अधिक मूलभूत रूप से, उन वर्षों के दौरान आर्थिक अवसरों की प्रकृति बहुत सीमित थी।

21वीं सदी के पहले दशक में, भारत ने उम्र में आनेवाली कुछ युवा महिलाओं के अवसरों के संबंध में एक अलग अवधि की शुरुआत में प्रवेश किया। एक शताब्दी की पृष्ठभूमि में, जिसमें पितृसत्तात्मक / पितृसत्तात्मक संरचना और शहरी परिवारों की उम्मीदों में बहुत कम बदलाव आया था, इस नई अवधि को "वफादारी के बंधनों को पुन: नामित करने" के रूप में बनाया जा सकता है। इस मुख्य निर्देश का प्रयोग करते हुए, हम पुराने और नए शहरी मध्यम वर्गों के बीच फैलते एक नए विचार को समझने के लिए कुछ परिवारों की पूरी तरह से बेटों की आवश्यकता से आगे बढ़ते हुए देखते हैं: शिक्षित, पेशेवर, और अभी तक अत्यंत वफादार बेटियों में प्रोत्साहित करने और निवेश करने का विचार। इस सबसे हाल की अवधि में, नई संभावनाओं से समृद्ध, कुछ परिवार महिलाओं पर निर्भर हैं। यह निर्भरता एक परिवार की अपनी बेटियों (जहां पहले यह एक परिवार की बहू की दिशा में विशेष रूप से उंगली दिखाते थे) पर नए जोर के साथ आता है। माता-पिता और उनकी बेटियों के बीच निकटता पर एकता के लिए वफादारी का संबंध, एकजुट इकाइयों का एक सुधार, कुछ परिवारों में बहुत खास, परिवार-विशिष्ट कारणों से उत्पन्न होता है। यह शहरी परिवार हैं; एक या दोनों ही माता-पिता के पास शिक्षित हैं, हालांकि उतने शिक्षित नहीं हैं जितना वे चाहते थे। उनके या तो कोई बेटा नहीं है, या केवल एक छोटा बेटा है। एक या

दो बेटियां हैं। यह ऐसे परिवार हैं जिनकी बेटियां स्कूल में अच्छी शिक्षा प्राप्त कर रही हैं, और जिनके लिए अब तक केवल कामना किए जानेवाले नए, शैक्षणिक रूप से योग्य, व्यावसायिक अवसर उन लड़कियों के लिए यथार्थवादी दिखते हैं।

बीसवीं सदी के मध्य में, ऐसे परिवार मौजूद थे, लेकिन बहुत कम संख्या में। उस समय के जनसांख्यिकीय शासन में उच्च मृत्यु दर, उच्च प्रजनन क्षमता, और ऐसी महिलाओं के लिए घर की चारदीवारी थी, जिनके परिवार उनको रखने, उनकी रक्षा करने और उनकी सेवाओं का पूरी तरह से घर पर उपयोग कर सकते थे। अब बहुत कम बच्चों वाले अधिक परिवार हैं, और कुछ नए परिवार ऐसे हैं जो, बेटी को अनमोल मानते हैं, हालांकि यह शहरी मध्यमवर्गीय परिवारों के बीच प्रमुख नहीं हैं। महिला विकल्पों की कुछ बाधाओं को कम कर दिया गया है और वैश्वीकरण और आर्थिक विकास के कारण नए अवसर दिखाई देते हैं। यह विकल्प अब उन बेटियों के परिवारों को पसंद आते हैं, जो शैक्षिक रूप से बहुत अच्छे हैं, खासकर उन लोगों के लिए जिनकी एक ही बेटी है जो सबसे बड़ी या इकलौती है।

कुछ परिवारों में वफादारी के बंधन को फिर से संगठित किया गया है; और यह स्पष्ट है कि यह एक लंबे समय के लिए एकता इकाई के रूप में एक महिला के विस्तारित जन्मजात परिवार को बनाए रखने के उद्देश्य के लिए आंशिक रूप से किया जा रहा है। हालांकि, अंततः, एक महिला के ससुराल का परिवार ही वह इकाई होगी जिसका वह समर्थन करती है। फिर भी उसके माता-पिता के साथ संबंध परंपरागत रूप से स्वीकृत लोगों की तुलना में मजबूत रहते हैं। माता-पिता को उनके बुढ़ापे में एक-दूसरे की मदद करने के लिए बच्चों की आवश्यकता होती है। अपनी बेटियों उन भूमिकाओं में से कुछ को निभाती हैं। अपने माता-पिता के साथ एक बेटी की एकजुटता उसके विवाह के बाद की तुलना में अधिक दृढ़ता से जारी रह सकती है।

पत्नियों के पक्ष में रहने वाले परिवार के बंधनों की यह पुनर्व्यवस्था जनसांख्यिकीय दर और परिणामस्वरूप उम्र संरचनाओं के आधार पर है। भविष्य के दर और आयु संरचनाएं बदलती रहेंगी। मैकनी (2005) द्वारा संभावित मुद्दों में से कुछ की चर्चा की जाती है। जनसांख्यिकीय बदलाव जारी होने के बाद लिंग भूमिकाएं बदलती नहीं हैं, तो उधर युवा विवाहित महिलाओं की परिवार के सदस्यों की देखभाल करने वाली जिम्मेदारियों कम होने की बजाय बढ़ती जाती हैं। वृद्ध महिलाएं घर में उपयोगी भूमिका निभा सकती हैं, जिसमें बच्चों की देखभाल भी शामिल है, क्योंकि मेरी लड़कियों को आशा है कि वे ऐसा करेंगी; वे ज्यादा उम्र तक जीवित रहेंगी, कम मृत्यु दर की वजह से पुरुषों को पीछे छोड़ देंगी। इसलिए "कम बच्चे होने से महिलाओं की देखभाल करने वाली भूमिका कम नहीं होती ... [इसके बजाय,] प्रसव में देरी का मतलब हो सकता है कि पुराने या कमजोर आश्रितों द्वारा बच्चों के जरूरी रखरखाव का मेल खाना" (मैकने 2005: 126–128; क्रोल 2006 भी देखें)। यदि

लिंग भूमिकाएं और सामाजिक समर्थन नहीं बदलते हैं तो यह घटनाएं निश्चित रूप से घट सकती हैं; लेकिन लिंग भूमिकाएं बदल रही हैं। इसके अलावा, महिलाओं में पेशेवर होने के विकास के साथ ही वृद्ध स्त्रियों को घर पर रहने की इच्छा बदल जाएगी, क्योंकि आज की जवान महिलाएं बड़ी बन जाएंगी। जब उनके पोते साथ आएंगे तो ससुराल वाले अपनी नौकरी संभालेंगे।

अनमोल बेटियां

स्पष्ट रूप से सरल विरोधाभासी में, भारत में बेटी को अनमोल मानने के दो अलग-अलग विश्व दृश्य हैं। शहरीकरण और वर्ग के साथ-साथ क्षेत्र और जाति से संबंधित, इन दोनों विश्व-दृश्यों में से प्रत्येक भारत भर में फैले हुए हैं। एक विश्व-दृश्य मानता है कि एक ही बेटी को पालना चाहिए, उसे दहेज देकर, ऐसे परिवार में भेजना चाहिए जिन्हें एक बहू की जरूरत होती है। अन्य विश्व-विचारों में बेटियों (एक या अधिक) को बेटों की ही तरह परिवार के अभिमान की संभावित वस्तुओं के रूप में मानते हैं। एक लड़की को शिक्षा का स्तर प्राप्त होता है, जो हालांकि प्रभावशाली होता है, लेकिन अपने आप में अंतर नहीं करता है; यह परिवार के इरादे हैं जो अधिक प्रमुख हैं।

हमें अब संक्षेप में, लेकिन अनिवार्य रूप से, दहेज पर चर्चा करनी चाहिए। सभी साक्षात्कारों को देखते हुए, दहेज को हर किसी के द्वारा अस्वीकार कर दिया गया था। यह प्रश्न के पूछे जाने पर युवा महिलाओं और उनके माता-पिता के आवाज के स्वर का उल्लेख करना भी ज़रूरी था। दहेज को बेटे की वरीयता, बेटी के प्रति भेदभाव, और लिंग-चयनात्मक गर्भपात के कारणों में से एक माना जाता है, साथ ही साथ एक सामाजिक रूप से परिभाषित जरूरत का हिस्सा होने के कारण एक दुल्हन को उच्च स्थिति स्तर में विवाह करने की आवश्यकता होती है और उसके पति के घर जाना पड़ता है। मुझे ऐसा लग रहा था कि मेरे उत्तरदाताओं ने लगभग इन सभी सामाजिक सम्मेलनों को वाकई खारिज कर दिया था।

दास गुप्ता (2009) ने पाया कि बेटे की वरीयता को सुलझना शुरू हो सकता है, और गुइल्मोतो (2009) ने लिंग अनुपातों में तेजी से सुधार की भविष्यवाणी की। जेफरी (2014) का तर्क है कि सबूत के थोक विपरीत दिशा में इंगित करते हैं, लेकिन "कुछ अपवाद, जैसे कि शिक्षित विश्वव्यापी पेशेवरों का एक चुनिंदा स्तर" (2014: 177) पर भी गौर किया जाना चाहिए। मुझे लगता है कि यह एक महत्वपूर्ण अपवाद है। फर्नांडीस (2006) भी, यह देखते हैं कि व्यवसायों के लिए लड़कियों को शिक्षित करने से शहरी माता-पिता के लिए रकम का भुगतान किया जा सकता है, क्योंकि उच्च शिक्षित, आर्थिक रूप से स्वतंत्र महिलाओं का दहेज के बिना विवाह हो सकता है।

अपनी बेहतर आर्थिक स्थिति (सवला 2010, ब्रॉइसियस 2010) को स्वीकृति देने के लिए एक उच्च सामाजिक स्थिति को सुरक्षित करने की मांग वाले लोगों के लिए धन का प्रदर्शन महत्वपूर्ण हो सकता है। दहेज और भव्य विवाह इस प्रदर्शन का एक महत्वपूर्ण हिस्सा हैं, एक जुआ है जो कि बेटियों का अच्छा विवाह करने से सामाजिक रूप से अपने परिवार को ऊपर उठाएगा। हालांकि, इस तरह का जुआ, कभी-कभी एक परिवार को कमजोर कर सकता है, क्योंकि विवाह के बाद भी दहेज और नकदी के लिए ससुराल वालों की मांग जारी रहती है। लेकिन कुछ शहरी परिवार एक अलग जुआ खेल रहे हैं। वे एक प्रतिभाशाली बेटी की आर्थिक आजादी और उनके लिए निरंतर समर्थन पर सट्टेबाजी कर रहे हैं, और उनके पास पहले से बहुत अधिक स्वतंत्र संस्था है।

सामाजिक पुनरोत्पादन की वर्तमान प्रणाली कुछ हद तक विवाह के बाद महिलाओं की आजादी को सीमित करती है। उनकी अत्यंत मुखर पेशेवर आकांक्षाओं को इस तथ्य के साथ कैसे बंधा जाएगा? वे अपने जन्मजात परिवारों में अपने सन्निहितता का सम्मान कर रहे हैं और वे ईमानदारी से अपने वैवाहिक परिवारों में बाद में ऐसा करने की उम्मीद करते हैं। लेकिन क्या होगा जब वे अपनी नौकरी में प्रवेश करेंगी और उन सभी लोगों के साथ बातचीत करेंगी जो उन परिस्थितियों के लिए घर पर मौजूद होकर उनकी पेशेवर सफलता की इजाजत देंगे?

एक नव-उदार काल में अपने मानव अधिकारों का पीछा करते हुए, उन्हें अपने पूर्वजों की तुलना में और अधिक संकर्षण मिल सकता है। यह लगभग अपरिहार्य है कि पेशेवर महिलाएं, चाहे जिस भी पृष्ठभूमि से वे आती हों और हालांकि वे अपने परिवारों और समुदायों के अच्छे होने के लिए प्रतिबद्ध हैं, वे व्यक्ति के रूप में सफलता की ओर उन्मुख भी होंगे। पुरानी पीढ़ियों की महिलाएं जिन्हें मैं जानती हूं, जिन्होंने अपनी पेशेवर महत्वाकांक्षाओं में सफलता हासिल की है, अपने परिवारों के लिए ठोस पूंजीपतियों के जीवन का निर्माण करने में सक्षम हैं, हालांकि उनकी जीवनशैली निस्वार्थ निश्चिंत रहती है। हम उम्मीद कर सकते हैं कि यह उत्साही छात्र कार्यकर्ता, प्रगतिशील पदों को अपनाएंगे और मजबूत आवाज के साथ इन को बढ़ावा देंगे। लेकिन यह उन्हें कोई कम मायने में मध्यवर्गीय व्यक्ति नहीं बना देगा। यह युवा महिलाएं हैं जिनकी सुनवाई की मांग है, जो एक बदलाव लाना चाहती हैं और वास्तव में बहुत सारे तरीकों से ऐसा करने में सक्षम होंगी।

अनमोल बेटियां कितना अंतर पैदा कर सकती हैं?

अपने जीवन में विश्वास रखने वाली जीवंत युवा शिक्षित शहरी महिलाओं के उदाहरण से, अन्य समूहों, शहरों और क्षेत्रों में जीवन शैली और सांस्कृतिक प्रभाव भी हो सकते हैं। अगर उनकी आशाओं को बाद में ख़राब नौकरी की संभावनाओं और विवाह में प्रथागत

लिंग भूमिकाओं से रोक दिया जाता है, तो उनकी संभावनाओं के इस तरह के मजबूत ज्ञान को विकसित करना अभी भी फैल सकता है और दूसरों को प्रभावित कर सकता है। स्वयं के लिए, जहां उनकी इच्छाओं को दृढ़ता से चुनौती दी जाएगी, वहां वैवाहिक परिवारों में भी अधिक समानता की मांग होगी। शहरी शिक्षित महिलाओं की यह पीढ़ी, जीवनभर की पेशेवर होने की आशाओं और योजनाओं के साथ, उम्मीदों का एक रूप रख सकती है जो महिलाओं के लिए समानता को आगे बढ़ाती है जो कि इससे पहले की तुलना में तेजी से बढ़ी है। यह अच्छी तरह से संभव हो सकता है अगर अर्थव्यवस्था में तेजी से वृद्धि हो जो नए शहरों में फैल जाए और कौशल की मांगें शिक्षित महिलाओं के लिए सुलभ हों जाएँ।

क्या एक युवा महिला स्वयं एक नई सचेतन बन सकती है? (क्या कोई मातहत बोल सकता है?) युवा मध्यम वर्ग की महिलाओं अपनी माताओं से बहुत ही अलग सामाजिक स्थान पर कब्जा करती हैं—और वे इस बारे में बहुत सचेत भी हैं। अपने परिवार के बीच लिंग संबंधों की व्यवस्था में बदलाव किया गया है, और यह उनसे बच नहीं पाता है। वे इस दृश्यमान परिवर्तन के सामने के हाशिए के साथ रहती हैं, वे इसके बारे में जागरूक रहती हैं, भले ही वे अभी भी परिवार में सन्निहित हो जाती हैं, हालांकि अपनी माताओं की तरह नहीं। सन्निहित स्व हमेशा और हमेशा के लिए एक बेसुध स्व नहीं है। अधीनता से दूर चलना, यहां तक कि विषय निर्माण होने के बावजूद, युवा महिला इसे देखकर नाम देती हैं और इसे बदलने के लिए अपनी शक्ति का दावा करती हैं—शायद थोड़ा सा; लेकिन यह नामकरण बना हुई है। लिंग अपने आप में लिंग बन जाता है; फिर भी लिंग कुछ भी नहीं है अगर एक सन्निहित, सामाजिक रूप से निर्मित श्रेणी नहीं है। यह देखते हुए कि यह ऐसा है, एक युवा महिला का साक्षात्कार किया जा सकता है; शायद उसके समर्थकों के इरादों की तुलना में कहीं अधिक।

एक परिवार के भीतर निजी बातचीत की राजनीति है, और यह जरूरी नहीं कि राजनीति उच्च वर्ग की सांस्कृतिक पूँजी पर निर्भर है। एक प्रकार के उत्पीड़न से दूर चलना, भले ही परिवार में एक की असंबद्धता निरंतर हो, उभरती हुई आत्म अतीत के लिए एक दर्पण बन जाती है, और लिंग के सन्निहित वर्ग के लिए क्या प्रयोग किया जाता है और अब काफी नहीं है। श्रेणियों की अस्थिरता के बारे में यह जागरूकता परेशान हो रही है, भले ही वह अपनी आशा के बारे में महान उत्साह की अनुमति देती है-भविष्य के लिए। और इस रोमांचक, अस्थिरता के बारे में, जागरूकता के बारे में। जागरूकता जो श्रेणियों से पहले अपरिवर्तनीय लग रही थी, एक गहराई प्रभार है, सतह के नीचे छिपी हुई, नई और अप्रत्याशित एकता में प्रज्वलित होने के लिए तैयार एक नई और अप्रत्याशित मांग।

विद्वानों द्वारा भारत महिलाओं के दृश्यों में कुछ मामलों में धूमिल हो गया है। महिलाओं के अपने स्वयं की उभरती आत्म-चेतना के भीतर होने वाली परिवर्तनों की तरफ हमेशा से

ध्यान नहीं दिया गया है। "उनका कार्य कट्टरपंथी हो सकता है, लेकिन उनका प्रतिनिधित्व हमेशा रूढ़िवादी लोगों के रूप में केवल उदार होता है" (कुमार 1994: 229)। इसके विपरीत, एक तरह का ज्ञान है "जो इस विषय के भीतर क्रांति को रेखांकित करता है, जहां विश्व के परिवर्तन स्वयं के परिवर्तन के भीतर है" (कपूर 2012: 350)। यह चार शहरों में कई अनोखी और उत्साही युवा महिलाओं के बयान के आधार पर इस पुस्तक को लिखने का एक महत्वपूर्ण कारण रहा है।

भारत में युवा शहरी महिलाओं के बीच विषय निर्माण की एक नई प्रक्रिया के लिए संक्रमण के एक अंतःक्रियात्मक क्रम को देखते हुए, मुझे यह मानना होगा कि "दक्षिण एशियाई अध्ययन महिलाओं की आत्मीयता के बारे में संज्ञान लिए बिना आगे नहीं बढ़ सकते" (कुमार 1994: 3)। वास्तव में, नीता कुमार के उन शब्दों को लिखने के बाद 20 साल बाद, यह पहले से कहीं अधिक है। महिला स्वायत्तता और पेशेवर और व्यक्तिगत संस्था महिलाओं के एक बड़े उपसमूह के लिए पहले से कहीं अधिक बढ़ रही है, भले ही सुचारू रूप से और तेजी से न सही, भले ही पूरी तरह से या कुछ पूर्ण शर्तों में न सही लेकिन बढ़ तो रही है।

महिला आजीविका की महत्वाकांक्षा की विरासत जारी है और बल एकत्र कर रही है, क्योंकि अब उसे आजीविका-निर्देशित शिक्षा, शहरी और वैश्विक प्रदर्शन में संभावनाएं मिल गई हैं, और क्षेत्रों की बढ़ती संख्या में संभावित रोज़गार की बदलती रूपरेखा को अब व्यावसायिक माना जाने लगा है। इनमें से कुछ क्षेत्रों में वास्तव में उपलब्ध कुछ अवसर या अपर्याप्त व्यक्तिगत विकास हो सकते हैं; नौकरियां दुर्लभ हो सकती हैं, लेकिन यह उम्मीदें-संभावनाएं अभी भी एक अधिक जागरूक रूप से व्यक्त आत्म पहचान पैदा करेंगी। वचनबद्ध महिला छात्राएं अपनी कल्पनाओं में पहचान-निर्माण में संलग्न हैं। जैसे वे जीवन के लिए तैयार हो रही हैं, उनको परिभाषित करने की उनकी मुखर क्षमता और भी ज्यादा मज़बूत और स्पष्ट हो गई है। भारतीय विकास और श्रम बाजार की असफलताएं, भले ही भयावह हो, लेकिन उनकी भविष्य की जिंदगी के लिए क्या सही है, इससे हम उन्हें वंचित नहीं कर सकते।

9

लिंग को लेकर सोच में बदलाव की ओर

इस आखिरी अध्याय में, मैं लिंग और उसको लेकर सोच में हो रहे परिवर्तनों के ऊपर अपने विचार व्यक्त करूंगी, हालांकि यह विचार एक विशाल और जटिल समाज के भीतर के सूक्ष्म स्तर पर होंगे, और मैं भविष्य में एक ऐसे मार्ग का प्रस्ताव रखती हूँ जो दोनों लिंगों के बीच समानता लाएगा। मैं इस पुस्तक में उठाए गए मुद्दों को इंगित करना जारी रखूंगी जिन्हें अन्य लोगों के द्वारा और अधिक अन्वेषित किया जा सकता है। और एक बार फिर से मैं अतीत और भविष्य दोनों समय के संबंध में लिंग परिवर्तन के इस वर्तमान समय की गहरी ऐतिहासिकता पर जोर देती हूँ।

व्यावसायिकता और विवाह

अंग्रेजों के शासनकाल में व्यावसायिक और अर्ध-व्यावसायिक पेशे एक नए वर्ग की निशानी थे। यह वर्ग नव मध्यम वर्ग था, लेकिन इन अंग्रेजी पढ़े-लिखे लोगों ने दरअसल एक सहायक कंप्रडर वर्ग का गठन कर दिया, जो भारतीय औपनिवेशिक समाज के भीतर सामाजिक रूप से एक आकांक्षी अभिजात वर्ग के रूप में कार्य करता रहा। सरकार (2007) ने यह समझाया है कि कैसे इस सामाजिक खंड के सदस्य किसी तरह से खुद को अंग्रेजी मध्यम वर्ग के बराबरी का समझने लगे, हालाँकि, अंग्रेजों के लिए सेवा प्रदान करने में वे व्यवसाय की बजाए जमीन के राजस्व में निहित थे। उच्च जातियों और उच्च सामाजिक स्तर से तैयार किए गए वे, मुख्य रूप से हिंदू थे। कुल आबादी के अनुपात के रूप में, यह पूरी ऊपरी जाति का स्तर पहले भी अल्पसंख्यक और अभी भी अल्पसंख्यक है; उस स्तर के अनुपात के रूप में, यह नया अभिजात वर्ग, अल्पसंख्यक से और भी अधिक है। इस रोटी

को सामाजिक के बदले आर्थिक रूप से काटते हुए, और हाल के दिनों का जिक्र करते हुए, बर्धन (1999) ने ज़ोरदार टिप्पणी की है, "आय संरचना को शीर्ष दशमक में ..... किन्ही कारणों से भारत में 'मध्यम वर्ग' कहा जाता है।"

औपनिवेशिक समाज के भीतर उभरते हुए नए अंग्रेजी बोलने वाले अभिजात वर्ग के लिए, जाति में पारिवारिक संरचना जारी रहेगी। प्रत्येक जाति को केवल एक बड़ी हिंदू समाज श्रेणी के भीतर ही दर्ज नहीं किया गया था, बल्कि विवाह को प्राथमिकता देने के लिए उनके भीतर एक पदानुक्रम भी था (और अभी भी है), ताकि इस नए अभिजात वर्ग के पुरुष उन परिवारों के लिए एक शक्तिशाली चुंबक बन जाए जो अपनी बेटियों की पेशकश के ज़रिये विवाह गठबंधनों की तलाश में हैं। ऐसा करने के लिए बेटी देनेवाली परिवार के पास पवित्र मूल्य होने चाहिए (वान देर वीन 1972), साथ ही परिवार की खुद की जाति के उच्च पदों के भीतर सामाजिक संपर्क होने चाहिए, जो जो नए कुलीन वर्ग के हिस्से के रूप में अपनी पहचान की पुष्टि करेंगे।

नए कुलीन वर्ग के गठन और समेकन की प्रारंभिक प्रक्रिया में उच्च जाति की लड़कियों के लिए बाल विवाह लगभग सार्वभौमिक था। दूल्हे और दुल्हन की उम्र का चौंका देनेवाला अंतर बहुत ही आम था (फोर्ब्स 1996)। वे पुरुष जो इस नए वर्ग में शामिल थे, वे शिक्षित थे और धाराप्रवाह अंग्रेजी बोलते थे, और ऐसा कर सकने के कारण कुलीन माने जाते थे; जिन युवा लड़कियों का उनसे विवाह होता था वे अशिक्षित होती थीं और उन्हें अंग्रेजी नहीं आती थी। आयु, शिक्षा और भाषा की क्षमता का यह बड़ा अंतर तब तक शुरू रहा जब तक कि 19वीं सदी के उत्तरार्ध में सुधारवादी आंदोलन अपनी पकड़ नहीं बनाने लग गए। जैसे-जैसे यह आंदोलन लोगों तक पहुंचने लगा, बेटियों को विशिष्ट, सीमित शिक्षा प्रदान की जाने लगी ताकि वे कुलीन वर्ग के पुरुषों को साथ दे सकें। अभिभावक अब इस नई प्रवृत्ति के साथ चलने के लिए उत्सुक थे, क्योंकि अब उनके बच्चों के विवाह सामाजिक स्तर के दावों को पूर्ण करने के लिए होने लगे थे।

इन कुलीन विवाहों के घरेलू स्थान में कुछ छोटे लेकिन उल्लेखनीय बदलाव होने लगे थे, जैसे अपने बुजुर्गों के संबंध में विवाहित युवा पुरुषों को आत्म-पहचान की थोड़ी और आज़ादी देना (वाल्श 2004)। एक शिक्षित पत्नी मिलने से, पुरुष को अपने ही परिवार में थोड़ा स्तर प्राप्त होता था। लेकिन सिन्हा (2012) यह सूचित करते हैं कि एक बदली हुई मर्दाना पहचान को यहाँ जाली बनाया जा रहा था, वह पहचान जो समन्वित रूप से पत्नियों को थोड़ा कर्तृत्व प्रदान करता था, क्योंकि युवा पतियों ने खुद को कुछ हद तक पुराने पारिवारिक मानदंडों और मांगों से अलग कर लिया था।

यह सब कुछ उस नए वर्ग में हो रहा था जो खुद को व्यावसायिक या कम से कम अर्ध-व्यावसायिक मानते थे। अंग्रेजों के तहत् सरकार की विभिन्न शाखाओं में सेवा प्रदान करते हुए, बहुत से पुरुष लिपिक थे और छोटे कार्यालय संभालते थे, और ऐसी नौकरशाही

नौकरियों का आयोजन करते थे जिनमें भरी मात्रा में जाली कागज़ी कार्यवाही शामिल होती थी। यह नौकरियां शायद निम्न स्तर की लगती हों, लेकिन वे इन पुरुषों के परिवारों को उन लोगों के ऊपर सामाजिक और राजनैतिक ताकत प्रदान करते थे, जो सामाजिक पदानुक्रम में बराबर या नीचे थे और जिन्हें सरकारी सेवाएं, अनुमति या सहायता की ज़रूरत होती थी। कागजों का ढेर और कोई भी काम करने के लिए असंख्य हस्ताक्षरों की ज़रूरत आज भी शासन की पहचान हैं (गुप्ता 2012)। कार्य पद्धति पर आधारित वर्ग विश्लेषण में लिपिकों की गिनती आसानी से श्रमिक लोगों में की जा सकती है और साथ ही उत्पादन के साधन के रूप में भी। लेकिन औपनिवेशिक संदर्भ में, जहाँ लिपिकों के लिए अंग्रेजी शिक्षा अनिवार्य थी, ऐसे लोग एक निम्न स्तर पर अधिकृत द्वारपाल बन जाते थे। चाहे शाही हो क्षेत्रीय या स्थानीय भारतीय सरकार में हुज़ूर की सेवा तो वैसे भी सम्माननीय गुणवत्ता की मानी जाती थी, यह प्रथा अंग्रेजी शासन शुरू होने के बहुत पहले से थी; और ऐसे लोगों से अपनी बेटियों को ब्याहना बहुत पुरानी परंपरा थी।

कागज़ इधर से उधर सरकाने और लिपिकी करने में हालांकि अन्य स्वच्छ-जाति के व्यवसायों के अनुरूप एक विशिष्ट गरिमा थी, लेकिन उन्हें स्पष्ट रूप से श्रमिक वर्ग ही माना जाता था। तब भी और अभी भी, ऐसे व्यवसाय अस्तित्व में हैं, और आरक्षण की व्यवस्था के तहत ऐसी कुछ नौकरियों की जाति में बदलाव हो जाते हैं। लेकिन खुद काम में पर्याप्त बदलाव न होने की वजह से इसे पूर्ण रूप से व्यावसायिक नहीं माना जा सकता। हालाँकि, यहाँ पर मैंने 19वीं सदी में वैश्विक रूप से व्यावसायिक माने जानेवाले पेशों जैसे कि कानून, चिकित्सा, और उच्च शिक्षा के बारे में विस्तृत विचार नहीं किया है, और मैंने इसी सदी के व्यापारी वर्ग और उनका उदय और उनकी केंद्रीय भूमिका के बारे में करीब से देखना भी त्याग दिया है। हिंदू सामाजिक प्रणाली में, रोज़गार के वे सभी उच्च पद ऐसे पेशे थे जिनके ऊपर उच्च जातियों का एकाधिकार था।

हालांकि, इन समूहों के आंदोलनों का स्तर उठने के साथ-साथ ही मध्यम जाति (या "उच्च") के किसानों के बीच एक व्यवसाय के रूप में व्यापार का प्रसार 20वीं सदी में ज्यादा सशक्त हो गया, जिसके कारण बाद में इसके सदस्यों के बीच शिक्षा और व्यावसायिकता भी बढ़ गई। यह कहना पर्याप्त होगा कि इन सभी बढ़ते व्यवसायों और जीविकाओं ने विवाह चाहनेवालों को भी आकर्षित किया, और 19वीं और 20वीं सदी के सुधार आंदोलनों के चलते महिला शिक्षा की तरफ कदम उठाया। महत्वाकांक्षी समूहों द्वारा अनुसरण किये जा रहे "संस्कृतिकरण" (उच्च जाति की प्रथाओं को अपनाने की प्रक्रिया जिससे एक जाति समूह की सामाजिक स्थिति में सुधार करने का प्रयास किया गया) का विरोधाभास एम.एन.श्रीनिवास (1966) ने "पश्चिमीकरण" के रूप में लाया, जिसे सामाजिक बदलाव की वैकल्पिक प्रक्रिया के रूप में देखा गया। हालांकि, मैं यहाँ दर्शाना चाहूंगी कि जब इसमें

सावधानीपूर्वक लिंग का घटक डाला जाता है, तो इन दोनों प्रक्रियाएं को ऐतिहासिक रूप में (और शायद अभी भी) करीब से एक-दूसरे के साथ देखा जा सकता है।

अब हमें विवाह गठबंधन के प्रश्न की तरफ करीब से देखने की ज़रूरत है, इसे हमें एक ऐसे मुद्दे के रूप में देखना चाहिए जो प्रभावी रूप से और लिंग और श्रेणीबद्ध लिंग संबंधों द्वारा गठित है।

यहाँ यह दोहराने की ज़रूरत है कि, लिंग यौन द्विरूपता पर निर्माण की गई एक सामाजिक इमारत है। तथ्य तो यह है कि प्रजातियों के जैविक प्रजनन के लिए जरूरी गर्भ महिलाओं के पास है, लेकिन इसके बावजूद पिछली कई संस्कृतियों ने महिलाओं को एक अधीनस्थ सामाजिक प्रणाली में हस्तांतरित कर दिया है। चाहे घर की चारदीवारी में हो, या बाहर नौकरी करते हुए, खेतों में काम करते हुए हो, या किसी भी छोटे-मोटे काम में, महिलाओं को हमेशा पुरुषों की तुलना में वंचित ही माना गया है। यह क्षति केवल उनके व्यवसाय की ही नहीं है, चाहे वे गृहिणियां हो या घरेलू सेवक: महिलाओं को उनकी जैविकी और भौतिक भेद्यता पर आधारित भारी हिंसा और क्रूर वर्चस्व का शिकार होना पड़ता है। महिलाओं की यौन भेद्यता ने लगभग सभी संस्कृतियों को अपने इतिहास में कुछ समय के लिए महिला को प्रलोभनयुक्त और नैतिक रूप के कमजोर बनाने के लिए अनुमति दी है। बलात्कार हो जाने की महिलाओं की भेद्यता, और लगभग पूरी प्रतिरक्षा के साथ बलात्कार की दयनीयता और व्यापकता ने, महिलाओं को घर पर बंद रखने का एक कारण दे दिया है, ताकि उन्हें अपने साथी के रूप में चयनित पुरुष के लिए सुरक्षित और संरक्षित रखा जा सके। और ऐसा देखा गया है कि उसकी पहुंच असीमित होती है। एक ऐसी दुनिया में जहाँ सभी बाहरी पुरुष संभावित खतरा हैं, महिलाओं पर पुरुषों के शासन को संस्कृति और सभ्यता के संरक्षण के लिए जरूरी समझा जाता है।

कोई आश्चर्य की बात नहीं कि, एक शांत, विनम्र, और आज्ञाकारी बेटी, माता-पिता द्वारा तय किया गया विवाह करने के लिए राज़ी हो जाती है। आधिकांश परिवारों की युवा महिलाएं, जो कि अपने अभिभावकों से स्नेह और अनुपालन के द्वारा बहुत गहराई से जुड़ी रहती हैं, इस बात से आश्वस्त हो जाती हैं कि खतरे महिलाओं की ओर घात लगाकर बैठे रहते हैं, और इसीलिए परिवारों द्वारा जाति और सामाजिक व्यवस्था के भीतर तय किए गए विवाह के लिए बिना कोई प्रश्न उठाए मान जाती हैं। साथ ही, जैसा कि पैट्रीशिया जेफ़री का निरीक्षण है, “महिलाओं के लिए आर्थिक स्वतंत्रता दुष्प्राप्य है .... उनकी ‘बेरोज़गारी’ मुख्य रूप से घर के अंदर ही छिपी रहती है .... फिर, युवा महिलाएं आमतौर पर अपने माता-पिता की इच्छा से विवाह कर लेती हैं, क्योंकि विवाह में ही उनकी आर्थिक भलाई का सबसे अच्छा मौका छुपा होता है” (जेफ़री 2014: 179)। लेकिन यह सब विशेष रूप से उन महिलाओं के बारे में सत्य है जिनका विवाह बहुत छोटी उम्र में कर दिया जाता है; और

भारत में अभी भी ऐसी महिलाओं का अनुपात बहुत ज्यादा है जिनका विवाह 16 वर्ष की आयु से पहले कर दिया जाता है।

विवाह की आयु एक महत्वपूर्ण विषय है। विवाह नहीं की गई अवधि के महत्व को अतिरंजित नहीं किया जा सकता है। महिलाएं बहुत से दशक विवाहबद्ध होकर गुज़ार देती हैं; लेकिन विवाह होने से पहले के दशक और अतिरिक्त वर्ष उनकी आत्म-पहचान, उनकी उम्मीदों और उनके चरित्र-निर्माण के दिन होते हैं। किशोरावस्था प्राप्त होने से लेकर विवाह तक जितने ज्यादा साल गुज़र जाते हैं, उतनी ही अपनी आजीविका (करियर) के बारे में, किससे और कब विवाह करना है इस बारे में, और विवाह के बाद की अपनी जिंदगी और नौकरी के बहुत से मुद्दों के बारे में अपनी इच्छा व्यक्त करने की उनकी क्षमता बढ़ती जाती है।

पिताओं का महत्व

एक आजीविका-केंद्रित युवा महिला का सबसे बड़ा समर्थक कौन होता है? विवाह के पहले, और कई बार बाद में भी, यह समर्थक उसे अपने पिता के रूप में मिलता है, जिनका साथ उनकी माँ देती है। ऐसा क्यों है? कुछ पुरुषों, चाहे अगर वे बहुत परंपरागत पृष्ठभूमियों से हों तो भी, ने इस धारणा को त्याग दिया है कि पुत्र ही उनके परिवार के सामाजिक पुनरुत्थान का जरिया होता है। परिवार का असली छोटापन जिसे वे बनाए रखना चाहते हैं, वह महत्वपूर्ण विचार है जिसके बारे में मैं अब देखूंगी।

मैं नीला के पिता के बारे में सोचती हूँ, जिन्होंने गर्भ का लिंग परीक्षण करवाकर गर्भपात करवाने के विचार को ही रद्द करवा दिया, और चौकस, बुद्धिमान पत्नी के साथ मिलकर, अपनी दो बेटियों के छोटे परिवार में ही संतुष्टि प्राप्त की। यह पुरुष पाटीदार समुदाय का है, जिसमें एक वक्त ज़्यादातर किसान ही हुआ करते थे। हालांकि 18वीं और 19वीं सदी में, मध्य गुजरात के इस समुदाय के कुछ सदस्यों ने उस वक्त के क्षेत्रों के कुछ शासकों के राज्य में देसाई और अमीनों के रूप में स्थानीय कार्यालयों में उच्च पदों पर काम किया, समुदाय के अधिकांश सदस्य के पास बड़ी-छोटी ज़मीनें थीं; और बहुत से लोग अपनी ज़मीनों को खुद ही जोतते थे। 19वीं सदी के उत्तरार्ध में, इस समुदाय के उपसमूह *उजलीवस्ती* के नाम से पहचाने जाने लगे। *उजलीवस्ती* यानि स्वच्छ जाति के लोग, यह अपने समुदाय के स्तर को जाति व्यवस्था के उच्च पदों तक ऊपर उठाने का एक तरीका था ताकि उन्हें केवल किसान या भूमि धारक किसान की तरह नहीं पहचाना जाए (क्लार्क 1989a)। पिछले सारे प्रयास 20वीं सदी के मध्य में आकर तब धुंधले पड़ गए, जब बहुत से पाटीदार शहरों में बस गए और शहरी व्यापारिक पेशों को अपना लिया, और इस बात पर जोर दिया कि अब तक वे वर्ण व्यवस्था के तीसरे पद यानि वैश्यों में शामिल थे, न कि चौथे यानि शूद्रों में। यह उनकी

गरिमा की भावना के लिए बहुत महत्वपूर्ण था: प्राचीन वर्ण व्यवस्था के केवल शीर्ष तीन पद (ब्राह्मण, क्षत्रिय, और वैश्य) को दो-बार जन्मे हुए (द्विज्य) माना जाता था, और उन्हें ही "स्वच्छ जाति" के भी कहा जाता था, जबकि शूद्रों को उस सम्मानजनक स्थिति से बाहर रखा जाता था और केवल श्रमिक के तौर पर माना जाता था। आजकल, बेशक, भारत के बहुत से जाति समूह शूद्रों के रूप में पहचाना जाना चाहते हैं ताकि उन्हें अन्य पिछड़ा वर्ग के लाभ मिल सकें, और उस पदनाम के लिए आरक्षित जगहें भी मिल सकें। यह एक विडंबना है कि पटेलों के कुछ पद अभी भी अन्य पिछड़ा वर्ग के स्तर में रहते हैं, जबकि तथ्य यह है कि उनके अधिकांश उपसमूह अच्छा-खासा कमा रहे हैं।

लाभ उठाने की यह वर्तमान प्रक्रिया नीला के अभिभावकों या उनके बच्चों पर लागू नहीं होती, क्योकि उन्होंने पीढ़ियों से एक गरिमामय स्तर बनाए रखा है। नीला के नानाजी एक प्राध्यापक थे। नीला के दादाजी अपने गाँव में एक बड़े भूमिधारक थे। नीला के पिता खुद भी मुख्य रूप से वडोदरा में बड़े हुए, जब उनके माता-पिता गाँव से यहाँ शहर में आ गए क्योंकि यहाँ पर उनके बच्चों के लिए शिक्षा के अधिक अवसर उपलब्ध थे। उन्होंने जल्दी ही बैंक में नौकरी करना शुरू कर दिया और बाद में आगे भी पढ़ाई करी, और बैंक के प्रबंधक बनने में सफल हो गए। यह परिवार अब अपनी गाँव की जड़ों से बहुत दूर है, वे गाँव के रिश्तेदारों से कभी-कभी ही मिलते हैं और उनके साथ सहज महसूस नहीं करते।

इसीलिए नीला के पिता अपनी दो बेटियों को अपनी जाति के भीतर सामाजिक गठबंधन की सामग्री के तौर पर ब्याहकर लाभ उठाने की बात कभी नहीं सोचेंगे। और यह भी साफ़ है कि उन्होंने यह भी नहीं सोचा कि उन्हें एक बेटे की ज़रूरत है ताकि वे अपने परिवार के सम्मान को बढ़ाने या बरक़रार रखने के लिए बेटीवालों के परिवार को आकर्षित करें। इस परिवार की कहानी यह दर्शाती है कि अंतरजातीय संबंधों में बड़े बदलाव के बाद लिंग संबंधों में भी बदलाव आता ही है। यह नई बात है कि जाति के बंधन अब कुछ ढीले पड़ रहे हैं। इसकी तुलना उस प्रचलित स्थिति से की जाती है जब की माँ एक युवती थी जो कि हैदराबाद में बड़ी हो रही थीं, और जब उनके पिता ने उन्हें बताया कि उन्हें अपने समुदाय के किसी लड़के से विवाह करना चाहिए, और यह भी कि यह उनकी ख़ुशी के लिए ज्यादा ज़रूरी है न कि चिकित्सा विद्यालय में पढ़कर चिकित्सक बनने की उनकी इच्छा। दूसरे शब्दों में, अगर किसी परिवार में लिंग प्रणाली में बदलाव लाना है तो परिवार के मुखिया द्वारा अंतर्जातियों की प्राथमिकता को बदलना होगा। इसमें कोई शक नहीं कि क्योंकि उनकी प्राथमिकताएँ अब बदल गई हैं, तो जाति के भीतर के संबंधों ने समुदाय की शाखा के भीतर ही अपने अनिवार्य बल को खो दिया है। नीला फैशन डिज़ाइनर बनना चाहती है, और उसकी बड़ी बहन एक दंतचिकित्सक है। इन भूमिकाओं में उनके अभिभावकों को इतनी दिलचस्पी है लेकिन शायद सामाजिक प्रयोजनों के चलते अपनी ही जाति में वे जिन परिवारों के साथ संबंध बना रहे हैं, उन्हें इस भूमिका में इतनी दिलचस्पी न हो।

मेरे नमूने के कुछ अन्य परिवार भी थे जिनमें केवल बेटियां ही थीं जिन्हें बहुत मूल्यवान और महत्वपूर्ण माना जा रहा था। कुछ अन्य परिवार थे जहाँ बेटे भी थे, बेटी सबसे बड़ी थी और बेटा सबसे छोटा। "क्यों उसके हुनर को बर्बाद किया जाए, क्यों उसका विवाह कर दिया जाए, जबकि वह भी शिक्षा और नौकरी में चमक सकती है?" अधिकांश परिवारों में बेटियों को आत्मनिर्भरता के लिए भी संवारने की ज़रूरत थी, क्योंकि अन्यथा ऐसा करने के संसाधन बहुत दुर्लभ थे। "क्यों नहीं ऐसा गर्व के साथ किया जाए?" यह शब्द खुद पिताओं के विचारों को प्रतिबिंबित करते हैं। जया के पिता वह पहले थे जिनसे मैं मिली। वे और उनकी पत्नी बहुत उत्साहित थे कि जया (एक दूसरे वर्ष की महाविद्यालयीन छात्रा होने के बावजूद) भी शैक्षणिक स्तर पर इतनी होनहार थी कि वह खुद को अगले कुछ वर्षों में भारतीय प्रशासनिक सेवा के पद के लिए प्रतियोगी के तौर पर देख सकती थी। यह इलाहाबाद का एक अन्य पिछड़ा वर्ग का परिवार था, जिसमें दादाजी एक खंड विकास अधिकारी थे और जिसमें पिता खुद एक आंशिक प्रशासनिक कर्मचारी थे। यह सभी भूमिकाएं एक नीची जाति की पृष्ठभूमि से कम से कम दो शिक्षित पाढ़ियां देख रही थीं, लेकिन इस परिवार की आर्थिक स्थिति चिंताजनक थी। माता-पिता और उनके चार बच्चे एक छोटे दो कमरों के घर में रहते थे। माता-पिता मेरे और जया के साथ बैठकर बहुत गहनता से बात कर रहे थे। उनके चेहरों और आवाज़ में गर्व झलक रहा था। जिस प्रकार से वे जया के बारे में बात कर रहे थे और उसके साथ व्यवहार कर रहे थे, वह उसके आत्मविश्वास के साथ मेल खा रहा था।

मैं राजस्थान से आनेवाले वडोदरा के पिता के बारे में भी सोचती हूँ, जो अपनी 25 साल की सबसे बड़ी बेटी प्रिया को कहता है, "मैं तुम्हारे लिए अपना सर्वश्रेष्ठ दे रहा हूँ, *बेटा!*" वे प्रिया के लिए एक अनुकूल साथी तलाश करने की कोशिश कर रहे थे जो कि उसे गाँव के रिश्तेदारों के दबाव से बचा सके जो नौकरी करनेवाली महिलाओं के सख्त खिलाफ थे। यह एक व्यापारिक परिवार था जिसमें प्रिया खुद भी व्यापार में काफी दिलचस्पी दिखा रही थी। उसके पिता और चाचा जो वडोदरा में आकर बस गए थे, सभी को प्रिया के हुनर और कौशल पर बहुत भरोसा था। प्रिया की माँ हमेशा पृष्ठभूमि में रहती थीं और सिर ढका करती थीं, और जब प्रिया बोलने लगती थी तो वे चुप रहा करती थीं। राजस्थान के रिश्तेदार भी यह कहते थे कि परिवार को चलाने के लिए महिला की कमाई लेना अनुचित है। अगर प्रिया जो बन गई थी वही बनी रहती तो जाति पर आधारित यह पारंपरिक प्रथाएँ बरक़रार नहीं रह सकती थीं। इस पुस्तक में दिया गया यह पिता या अन्य पिता अपनी बेटी के लिए उन्ही की जाति का पति ढूंढ पाते हैं या नहीं यह एक प्रश्न है, लेकिन उनके लिए जाति के प्रति वफ़ादारी से बढ़कर था अपनी बेटी का समर्थन करना।

मेरे द्वारा देखे गए इन मामलों में जाति की वफादारी जाहिरा तौर पर कमजोर क्यों हुई है? जिस तरह से इन परिवारों के लिए समय बदल गया है, वह एक विषय है जिसकी जांच यहां

की जानी चाहिए। माना जाता है कि परिवार के बढ़ते एकलीकरण के संबंध में सामान्यीकरण बहुत अधिक हैं। यह एक गलत धारणा है। विस्तारित जीवन अवधि के साथ, उस शब्द का जो अर्थ लगाया गया है उसकी तुलना में और अधिक रिश्तेदार अब एक साथ रह रहे हैं। चाहे वह एक युवा महिला के दादा-दादी, चाचा-चाची हों जो उसके पैतृक घर में रहते हैं, या विवाह के बाद रिश्तेदारों के जिन अपेक्षित समूह के साथ वे रहेंगी, इस विन्यास को आम तौर पर संयुक्त परिवार माना जाता है। यह एक आंशिक मिथ्या नाम है और एक गलत धारणा को जन्म दे सकता है। जो हो रहा है उसे देखकर ऐसा लगता है कि, छोटे और करीबी रिश्तेदार जो एक दूसरे पर निर्भर हैं, के बीच सीमाओं की लकीर खींची जा रही है; ऑक्टोपस के आकार की सफ़लता जो व्यापक एकता संजाल की तरह फ़ैल रही है, जिसकी अपने सख्त आंतरिक पदानुक्रम और साथ ही कई तंतु हैं। मैं जिस व्यापक संजाल के बारे में बात कर रही हूँ वह प्राधिकरण और नियमों के साथ-साथ लोगों में भी है। इसके कुछ अधिकारों को इसके बारे में बताया जा रहा है।

महिलाओं के आंदोलन के लिए पिता के महत्व पर ध्यान देना अब जरूरी है। मैं उन तरीकों का सुझाव देना चाहती हूँ जो महिलाओं द्वारा उन पुरुषों का समर्थन करने के लिए कार्य कर सकते हैं जो महिलाओं के समर्थन के लिए समर्थ और तैयार हैं। हालांकि, यह एकमात्र सुझाव जो कि पुरुष अपनी बेटियों की आजीविका की महत्वाकांक्षाओं का समर्थन करते हैं, यह नारीवादियों को आपत्तिजनक लग सकता है: यह विचार केवल पितृसत्ता की विचारधारा को मजबूत करने के लिए प्रतीत हो सकता है। ऐसा लगता है कि युवा महिलाओं की कहानियों से मिलकर बनी पूरी कथा एक पितृसत्तात्मक विचारधारा के समर्थन की ओर बढ़ती है। यदि एक बेटी को अपने पिता के मार्गदर्शन और उसके पति के सहयोग की आवश्यकता है, तो यह मनु के कानूनों से कितना अलग है? इसके अलावा, यह पूरी तरह से स्पष्ट है कि मेरे द्वारा वर्णित कई पिताओं द्वारा दिया गया प्रोत्साहन बेटी को शुद्ध सद्भावना से ज्यादा प्रेरित किया गया है। यह बेटी को प्रोत्साहित करने के लिए परिवार के हित में कार्य करता है, और वह इसे जानता है और इसे सम्मान देता है। इन पन्नों में बहुत गम्भीर सन्निहित महिला संस्था के बारे में यह लिखा गया है। अगर एक महिला संस्था परिवार के हितों के इशारे पर है, तो क्या वह वास्तव में संस्था है?

मैं इलाहाबाद की युवा भावी पत्रकार, रैना की धारणात्मक अभिव्यक्ति के लिए यहां वापस आती हूं, जो कहती है कि उसके परिचित युवा पुरुष महिलाओं के प्रति अपना स्वर बदल देते हैं, लेकिन अपनी बहनों के समर्थन की वजह से देखते हैं उनकी मां जिन बाधाओं में हैं, वे नहीं चाहते कि उनकी बहनें या भावी पत्नियाँ वह बोझ सहन करें। रैना बताती है कि कैसे वह अपने भाई, अपने "पुरुष मित्रों" और उसकी मां के साथ अनुनय के अपने कौशल का उपयोग करती है; अपने पिता के लिए, वह केवल उनके अस्थिर अक्षांश के प्रति गहरा सराहना व्यक्त करती है। मैं रानी का भी वापस संदर्भ देती हूँ, जो कि एक मारवाड़ी लड़की

जिसका एक बड़ा भाई है और जिसका परिवार मुंबई में रहता है। वह एक युवा महिला है जो शायद आजीविका नहीं बना सके, लेकिन जो अपनी स्वतंत्रता के बारे में स्पष्ट रूप से अभिव्यंजक है। मेरी कई छात्राओं की तरह उसने घोषणा की है कि, "मैं अपने माता-पिता की बहुत आभारी हूँ! यही वे हैं जिन्होंने मुझे यह स्वतंत्रता दी है!" हाँ, यह आकस्मिक आजादी है, लेकिन बेरहमी से आकस्मिक नहीं है। शिक्षित युवा महिलाओं की आकस्मिक स्वतंत्रता अभी भी ताजा हवा के एक झोंके की तरह है। जैसा वे महिलाओं के जीवन में आम तौर पर देखेंगे, वे इसके बारे में गहरी सांस ले सकेंगे।

कोई यह तर्क दे सकता है कि एक स्वयं-संशोधित पितृसत्ता, अभी भी महिलाओं के आंदोलन के उद्देश्य के लिए एक बाधा है; और यह स्थिति आंशिक रूप से सच होगी। पितृसत्ता ने अपने आप को फिसलन और उत्पादन के सभी तरीकों में अनुकूलनीय दिखाया है जो इतिहास के चरणों में बार-बार बदल गए हैं। वर्तमान में भारत में लागू प्रणाली पर ठप्पा लगाने का प्रयास करना एक जटिल कार्य है। मैं इस प्रयास को कम से कम करना चाहूंगी: भारत का शहरी परिदृश्य पर आंशिक रूप से उत्तर-औपनिवेशिक / नवऔपनिवेशिक, नवउदारवादी, विश्व स्तर पर निर्भर, असमान विकासशील प्रणाली हावी है। मैं हैरिस-व्हाईट (2003) के सराहनीय अनुनय के समक्ष छोटे-छोटे शहरों और ग्रामीण परिदृश्यों पर ठप्पा लगाने का प्रयास छोड़ देती हूं। लेकिन शहरी परिदृश्य में जहां यह वर्तमान शोध किया गया है, वहां भी अपने परिवार के ढांचे और व्यवहार और मूल्यों में उत्पादक प्रणाली के परिवर्तन दर्ज करने वाले परिवार हैं।

एक नवपरिभाषित रूप से संशोधित शहरी पितृसत्ता के बारे में कुछ भी अनुकूल कहना हम सभी को चिंता का विषय बनाता है, हम जो एक प्रगतिशील और पूरी तरह से समाजशास्त्रीय परिवर्तन चाहते हैं। लेकिन अब हम 2012 के कुख्यात दिल्ली बलात्कार के मामले पर विचार करते हैं। जबकि एक प्रकाशन ने पीड़िता ज्योति / निर्भया को संपूर्ण नवउदारवादी विषय कहा है, मृत महिला के अभिभावक, फिल्म (*इंडियास डॉटर*) पर अविश्वसनीय रूप से सामने आकर अपने विचारशील, दुखद साक्षात्कारों के आधार पर और भी अधिक दृढ़ देखने को मिलते हैं। बड़े पैमाने पर उस वर्ष के निरंतर विरोधों पर विचार करते हुए, और आगे आनेवाले बहुत से उनके वर्षों और महीनों में उनके परिणामों पर विचार करें। तो यह स्पष्ट है कि युवा सक्रियता के साथ-साथ, अब हमारे पास मध्यवर्गीय वर्ग का एक बड़ा समूह है और मध्यम वर्ग के शहरी परिवारों के पास अधिकार, सुरक्षा और उनकी बेटियों के लिए प्रवेश पर जोर दिया जाएगा; यह सब ऐसी वस्तुएं हैं जिनसे सिर्फ एक पीढ़ी पहले, सार्वजनिक रूप से ऐसा कुछ भी नहीं होता था।

महिलाओं उन पुरुषों का समर्थन कैसे कर सकती हैं, जो महिलाओं का समर्थन करने में सक्षम हैं, और इतने में सुधारित पितृसत्ता का उपयोग लैंगिक समानता की ओर एक कदम

के रूप में करते हैं? यदि हम अपने बेटियों को समर्थन और प्रायोजित करने वाले पिता को स्वीकृति देते हैं, तो युवाओं के बीच उनकी विरासत बढ़ाने में मदद करना बहुत महत्वपूर्ण है। इस शोध में मैंने जिन दो विश्वविद्यालयों का दौरा किया है, उनमें से एक मैंने देखा है कि महिला और लिंग अध्ययन पाठ्यक्रमों में पुरुष छात्रों की भर्ती और वर्गों में लिंगों के बीच चौंकानेवाली चर्चा को बढ़ावा देने के माध्यम से है। एक और आंदोलन में युवा पुरुष कार्यकर्ताओं का नामांकन किया गया है जिन्हें उन कई मोर्चों पर परिवर्तन के लिए बुलाया जाता है जहां लिंग न्याय तत्काल आवश्यक है।

भविष्य में जनसंख्या का रुझान

आत्म-संशोधित शहरी पितृसत्ता के इस दृष्टिकोण से शुरू करते हुए, हमें दिल्ली बलात्कार के मामले में सिर्फ विरोध और आक्रोश की छवि से अधिक कुछ करना चाहिए। शुरू से ही, हमें यह याद दिलाया जाना चाहिए कि यह तेजी से और अभूतपूर्व प्रजनन की गिरावट का समय है। यह आकार और परिवार एकजुटता इकाइयों की विस्तार के नीचे तेजी से मापन का समय (हालांकि संयुक्त रूप से रहने वाले रिश्तेदारों की घटना नहीं) है; और यह एक तरह के आर्थिक विकास का समय है जो पर्याप्त रोजगार प्रदान नहीं कर रहा है। इसके पास एक पेशेवर क्षेत्र है जो बढ़ रहा है और विविधतापूर्ण है। हालांकि देश के विशाल कैनवस पर प्रक्षेपित होने पर उस क्षेत्र में छोटा हो जाता है, हालांकि इसकी बाहरी उत्पादकता महत्वपूर्ण है। और पेशेवर और अर्ध-पेशेवर अवसर जो अब महिलाओं के लिए खुल रहे हैं (भले ही इनमें बाद में कटौती हो गई हो) आगे बढ़ने वाले लंबे भविष्य के बड़े दृश्य के लिए और भी महत्वपूर्ण हैं।

भारत की आबादी में वृद्धि का वक्र अंततः सपाट है। प्रतिस्थापन के करीब आने की दर पर आबादी की वृद्धि का स्तर बंद होने पर कई अन्य सौ वर्षों या उससे अधिक (या, यह वास्तव में कुछ ही दशकों में हो सकता है) हो सकता है। क्योंकि भविष्य में यह बहुत दूर है, इसलिए इसकी शुरूआत की शायद ही परिकल्पना या कल्पना की जाती है। लेकिन जब जनसंख्या काफी बढ़ती है, तो कई सामाजिक और राजनीतिक परिवर्तन होंगे। प्रतिस्थापन के स्तर (लगभग दो बच्चे प्रति महिला, बच्चे पैदा कर सकनेवाली सभी महिलाएं, चाहे उनके बच्चे हैं या नहीं) पर बंद होने के बाद, और फिर काफी समय के लिए एक समान स्तर पर शेष रही आबादी के आकार में तो वास्तव में गिरावट शुरू हो सकती है। आबादी में वृद्धि की आ रही मंदी दोनों साथ आएगी और महिलाओं की स्थिति, कई लोगों के साथ मिलकर, अब निर्विवाद समर्थक सामाजिक कारकों और सांस्कृतिक प्रथाओं की आश्चर्यजनक तेजी से गिरावट के साथ-साथ लगातार बदलाव लाएगी।

लगभग पूरा ही वर्तमान सामाजिक ताना-बाना अब जन्म-दर का समर्थक विद्वान है, जिनके हिसाब से यह निर्विवाद रूप से अनिवार्य है कि भारतीय परिवार के मूल्यों को देने के लिए सभी लोगों के खुद के बच्चे होने चाहिए। उदाहरण के लिए, विवाह के बाद, हर युवा पेशेवर महिला यही सुनना शुरू कर देती है: बच्चे का मुंह कब दिखला रही हो? मैं जिन युवा विवाहित पेशेवर महिलाओं को जानती हूँ जो अपने पति के उत्साहपूर्ण समर्थन के साथ अपनी नौकरी कर रही हैं, उन्हें यह सुनना पड़ता है। यह लड़का या लड़की किसी की भी तरफ से आ सकता है, या दोनों की तरफ से मिलकर भी, या कई स्रोतों से, भाई-बहनों से, पड़ोसियों और दूर के रिश्तेदारों से भी यह हो सकता है। ऐसे जोड़ों को तब अपनी दोहरी पेशेवर आय का उपयोग करते हुए अपने स्वयं के घर में जाना पड़ता है, ताकि वे कुछ हद तक दूरी बना लें और अपने चुने हुए व्यवसायों और प्रथाओं के साथ आगे बढ़ सकें। यह परिणाम उससे बिलकुल अलग है जो मैंने मेरे अविवाहित छात्रों के साक्षात्कार के उम्मीद की थी। वे ससुराल वालों के साथ रहने वाले लोगों के समर्थन के लिए एक महान स्रोत के रूप में सोचते हैं। सामान्य तौर पर, यह उनकी वर्तमान व्यक्त इच्छाओं का अपेक्षित संदर्भ है क्योंकि वे अपनी नौकरी को जारी रखते हुए बच्चे भी चाहते हैं। लेकिन स्नातक होने के बाद, अपनी नौकरी की शुरुआत करने के बाद, और नौकरी को समर्थन देनेवाले जीवन साथी से शादी करने के बाद भी, क्या वे ऐसा ही महसूस करेंगे? मुझे याद है रेवती, बेंगलुरू की एक विवाहित महिला, जिन्होंने गर्भवती होने के दौरान कहा था- "केवल बच्चे ही नहीं, नौकरी भी महत्वपूर्ण हैं।" वह और उसके पति पुरानी पीढ़ी के सदस्यों के बिना ही परिवार की स्थापना कर रहे थे, यहां तक कि दोनों तरफ के माता-पिता का सम्मान करते हुए और लगातार उनके साथ बातचीत करने के लिए उनके पास रहते हैं।

महिलाओं की भूमिकाओं और कर्तव्यों के बारे में समर्थक नस्लीवादी उम्मीदों पर समाज में व्यावहारिक रूप से उच्च मृत्यु दर की सख्त जरूरत है। अत्यधिक उच्च मृत्यु दर में उच्च प्रजनन क्षमता की मांग होती है। हमने इसे अध्याय 3 में स्पष्ट रूप से देखा। लेकिन जब समाज के कुछ स्तरों पर मृत्यु दर काफी अधिक होती है, जबकि दूसरों में काफी कम हो जाती है, तो यह एक अलग प्रभाव पैदा करता है। धन और गरीबी की चरम सीमाओं के साथ, आकांक्षात्मक वर्ग पूरी तरह से आबादी के विकास की तुलना में तेजी से बढ़ रहे हैं (कुछ आर्थिक उन्नति के कारण), भारत कई समय से सम्मानित समर्थक नास्तिकतावादी कारकों की कमी का अनुभव करना जारी रखेगा और पहली शुरुआत अपने ऊपरी और मध्यम वर्गों के बीच से करेगा। इन कारकों, विशेष रूप से महिलाओं के बारे में सबसे अनिवार्य धारणाएं और घरेलू रखरखाव, बच्चों की देखभाल, बुजुर्गों की देखभाल में उनकी निश्चित भूमिकाएं, जल्दी ही भारत के संघर्षमयी भावी मध्यवर्गीय समूहों को तेजी से मिटाना शुरू कर देंगे, जो अब तेजी से अपनी प्रजनन क्षमता को कम कर रहे हैं। कुछ समय के लिए, गरीब आर्थिक स्तर और क्षेत्र उप-नस्लवादी लिंग प्रथाओं के अनुसरण

में ऊपर-प्रतिस्थापन संख्या में पुनरोत्पादन करना जारी रख सकते हैं और अभी भी बेटियों पर बेटों के महत्व का मूल्यांकन कर सकते हैं। हालांकि, यह हमेशा तो नहीं रहेगा; और परिवारों और बच्चों की सहायता से केवल व्यापक सामाजिक नीतियां शुद्ध प्रजनन में एक गंभीर गिरावट को संशोधित करने में सक्षम हो सकती हैं जो अंततः वास्तविक विरोधी-नवजातवादी परिस्थितियों में उत्पन्न हो सकती हैं।

जन्म-दर के समर्थक, महिलाओं को माताओं के रूप में महत्व देते हुए उनका व्यक्ति के रूप में अवमूल्यन करना; बेटों को प्राथमिकता देना, और असंतुलित लिंग अनुपात: यह सब एक साथ पितृसत्ता के समर्थन के साथ मिलता है, लेकिन यह भी मिथ्या है। लेकिन यह दो श्रेणियां एक दूसरे के समान नहीं हैं। पहली, पितृसत्ता, अंतःपाशी संस्थानों का एक समूह है। दूसरा, स्त्री जाति से द्वेष, एक घातक व्यवहार और व्यवहार प्रवृत्ति है। पहले का समाज के बुनियादी ढांचे के एक हिस्से के रूप में बोलबाला है, जो कि एक मूल्यवान मानदंड के रूप में बनाए रखने के लिए सत्तावादी और लिंग-विभेदित दृष्टि से परिवारों को संरचित रखता है। दूसरा प्रेम को तुच्छ मानता है। पहले के भीतर कभी-कभी प्रेम भी पनप सकता है; पर दूसरा नफरत पर आधारित है। जब दोनों मिलेंगे-जुलेंगे, नाटक में पितृसत्ता और दुर्व्यवहार दोनों को एक साथ रखेंगे, और तबाही पैदा करेंगे?

जनसंख्या और अर्थव्यवस्था के बारे में बहुत कुछ कहना है। जब अर्थव्यवस्था के बड़े क्षेत्रों में, आर्थिक विकास और इसके लाभ आबादी में अधिक से अधिक असमान रूप से वितरित हो जाते हैं, तो राजनीतिक कड़वाहट, पूर्वाग्रह, भेदभाव, नफरत और हिंसा का निकास और ज्यादा विकसित हो जाता है। जब नव-उदार वैश्विक निर्यात-उन्मुख क्षेत्र देश के उत्पादकता सूचकांक में जगह का गौरव लेते हैं और एक परिणामस्वरूप प्राप्त किया जाने वाला वर्ग लापरवाही से अधिक अमीर और अधिक निराधार हो जाता है, इन प्रवृत्तियों को बढ़ा दिया जाता है। जब स्थानीय और वैश्विक कॉर्पोरेट कलाकार सरकारों पर प्रभाव डालेंगे और राज्य को सामाजिक प्रावधानों को दबाने, कमजोर करने और ख़त्म करने के लिए, इन दुर्भावनापूर्ण रुझानों का विकास जारी रहेगा। बचने का केवल एक ही तरीका है, सामाजिक पुनरोत्पादन की संपूर्ण प्रणाली की एक उचित और पूर्णतया पुनर्रचना।

समाज द्वारा खुद का पुनरोत्पादन

यहां मैं सामाजिक पुनरोत्पादन शब्द के दो अलग-अलग उपयोगों को सहसंबंधित करना चाहती हूं, इसका मुख्यतः सांस्कृतिक उपयोग है, मुख्यतः भौतिकवादी विश्लेषण। सामाजिक प्रजनन के सांस्कृतिक विचार को बौर्दिएउ के काम में उज्ज्वल रूप से प्रकाशित किया गया है, जो कि एक भौतिकवादी (जैन 2006) के रूप में भी नीचे के रूप में मान्यता

प्राप्त करता है। सामाजिक पुनरोत्पादन के लिए वह वास्तव में सांस्कृतिक साधनों के माध्यम से विशेषाधिकार के प्रजनन के साथ-साथ वर्ग समाज का पुनरोत्पादन है। हालांकि, उनके दृष्टिकोण में प्रदर्शित, इन सांस्कृतिक तरीकों का एक प्रकार का एकाधिकार है, जिससे उन तक पहुंचने वाले विशेषाधिकार प्राप्त सामाजिक श्रेणियों से संबंधित नहीं हो सकते हैं। लेकिन जैसा कि शहरी भारतीय सामाजिक परिवर्तन के मौजूदा प्रणाली पर लागू है, मैंने इस दृष्टिकोण को चुनौती दी है, और तर्क दिया है कि अब सभी सांस्कृतिक पूंजी निवेश के एक समृद्ध संयोजन से बनी है। यह महत्वपूर्ण है कि महिलाओं की शिक्षा इनमें से एक है।

युवा शहरी शिक्षित महिलाओं को इस पुस्तक में एकत्रित करके, जोड़ तोड़ करके और विभिन्न रूपों में पुन: तैयार किया गया है जो कि इस नई सांस्कृतिक पूंजी के स्रोत हैं: उनके शहरी स्थानों के प्रभाव; मीडिया के माध्यम से दुनिया के साथ उनका सामना और इंटरनेट; उनके परिवारों की नवीन उम्मीदें; उनके प्राध्यापकों की सलाह; महिलाओं के अध्ययन के प्रभाव; दिलचस्प नए व्यवसायों का अस्तित्व; पिछले दशकों में सरकार द्वारा की गई नीतियों का उपयोग; लिंग न्याय के लिए आंदोलन; और अन्याय के निवारण के लिए नए उपाय किए गए। इस प्रकार आजकल महिलाओं द्वारा सांस्कृतिक रूप से हाल ही में बनाई जाने वाली सांस्कृतिक राजधानी दो दशक पहले भी अस्तित्व में थी। इसमें बदलाव की संस्कृति, राजनीति, जागरूकता और सक्रियता की संस्कृति शामिल है।

सामाजिक पुनरोत्पादन का एक अधिक भौतिकवादी विश्लेषण, यह उत्पादन के किसी दिए गए साधन की संरचना के भाग के रूप में चित्रित करता है, इस प्रकार संपूर्ण समग्र उत्पादक शासन (क्लार्क 1987) के लिए उचित पुनरोत्पादन के सामाजिक संबंधों का वर्णन करने के रूप में चित्रण करता है। मैंने यहां यह स्वीकार किया है कि, उत्पादन आज के सभी तरीकों का वर्णन करने की केवल एक कोशिश है, और भारत में वर्तमान में एक से अधिक तरीक़े प्रचलित हो सकते हैं। इससे पहले मैंने मीलियासॉक्स के 1981 के काम का इस्तेमाल करते हुए विश्व स्तर के अंतभेदक साधन के दृष्टिकोण का आह्वान किया था कि विश्व तंत्र के अधिक विकसित हिस्सों में कम विकसित लोगों को घुसाना और उनसे शिकार कराने के लिए, चरम जनसांख्यिकीय असंतुलन को बनाए रखना। मध्यवर्ती दशकों में, यह ढांचा अभी तक पूरी तरह से गलत नहीं हुआ है, हालांकि इसका तरीका तेजी से बदल रहा है। और वैश्विक अतिसंचार और वैश्वीकृत नवउदारवाद के इस युग में, यह तरीका अधिक जटिल हो गया है, और अधिक वर्गीकृत भी हो गया है।

इस पुस्तक में जिन अध्ययनों की रिपोर्ट की जा रही है, उनके लिए सबसे ज़्यादा सार्थक बात यह है कि आज भारतीय परिवार के जीवन में इसके कुछ प्रथाओं को पुन:प्रजनित किया जा रहा है और नए रूपों में इसका इस्तेमाल होता है। एक बहुत स्पष्ट विषय लेने के लिए, आइए देखते हैं कि आज शैक्षिक प्राप्ति और भावी विकल्पों के संबंध में लिंग द्वारा बच्चों का स्तर कैसे उठाया जा रहा है। कई सर्वेक्षणों से यह पता चलता है कि अपने माता-पिता

की पीढ़ी तक की तुलना में अब और अधिक शिक्षा लिए हुए बच्चों की संख्या बढ़ रही है। 2014–2015 के लिए राष्ट्रीय परिवार स्वास्थ्य सर्वेक्षण वर्तमान में चल रहा है, इस लेख में कोई परिणाम उपलब्ध नहीं है; इसका आंकड़ा इस अध्ययन से विशेष रूप से प्रासंगिक होगा। लेकिन 2006 में पूरे किये गए एक सर्वेक्षण से पता चलता है कि उस वर्ष में देश के 20 से 24 साल के बच्चों में से 43 प्रतिशत पुरुष और 31 प्रतिशत महिलाएं स्कूली शिक्षा के कम से कम दस वर्ष पूरे कर चुके हैं, जबकि 40–44 वर्ष के लोगों (लगभग अनुमानित पिछली पीढ़ी, जो कि युवा लोगों के माता-पिता की है) ने दिखाया कि केवल 30 प्रतिशत पुरुष और 14 प्रतिशत महिलाएं 10 वीं कक्षा कर चुकी हैं। समय के साथ भारत के शैक्षिक मार्ग को बहुत प्रभावशाली दिखाया गया है; लड़कियों के साथ लड़कों के बीच लिंग अंतर को बंद करने की दौड़ में, औसतन बच्चे अपने माता-पिता के मुकाबले ज्यादा बेहतर शिक्षित हो रहे हैं। एक सर्वेक्षण में यह भी बताया गया है कि सभी उम्र के शहरी आबादी में, 38 प्रतिशत पुरुषों ने कम से कम 10 साल की स्कूल शिक्षा को पूरा किया है जबकि 29 प्रतिशत महिलाओं ने ऐसा किया है। शहरी पुरुषों और महिलाओं के बीच नौ प्रतिशत का अंतर दो उम्र के जोड़ों (शहरी और ग्रामीण आबादी से जुड़ा हुआ) के मुकाबले भी छोटा है, जिनका अभी ऊपर उल्लेख किया गया था।

बच्चों को अब अपने माता-पिता की तुलना में अधिक शिक्षा मिल रही है, और उनमें से एक बड़ा हिस्सा अभी भी अपनी पढ़ाई जारी रखता है जिससे कि उनकी अपनी पूरी शैक्षिक प्राप्ति अंततः अपने माता-पिता की पीढ़ी से अधिक व्यापक रूप से आगे बढ़ जाएगी। लड़कियां तेज़ी से लड़कों से आगे बढ़ रही हैं। पीढ़ियों के बीच के इस शैक्षिक अंतर को परिपक्व पिता और युवा वयस्क बेटी के बीच के वेतन के अंतर के समान देखा जा सकता है, जिसे मैंने बेंगलुरू के एक मामले में दिखाया था। ऐसे परिवारों, समूहों और क्षेत्रों के भीतर उत्पादक और प्रजनन संबंधों के संदर्भ में क्या बदलाव होंगे? परिवार संस्कृति पर उनका क्या प्रभाव होगा?

बच्चों का पालन-पोषण और लिंग निर्माण

आइए हम प्रजनन की वर्तमान परिस्थितियों के तहत तेजी से लिंग निर्माण की प्रक्रिया पर विचार करें और लिंगों के बीच शिक्षा के अंतराल को कम करने का प्रयास करें। सिन्हा (2012) यह सुझाव देते हैं कि 19वीं सदी में, शैक्षिक परिवर्तन की शुरुआत पहले केवल एक छोटे कदम के रूप में हुई। है जो लिंग के द्विआधारी को अपने सख्त रूप में विरूपण करने की दिशा में ले जाता है। इसी तर्क को अपनाते हुए, इसका क्या मतलब है कि शिक्षा के अंतर का संकोचन निरंतर और तेजी से बढ़ रहा है? अगर इसका मतलब यह है कि परिवारों

में, समान पारिवारिक अधिकारों और जिम्मेदारियों के साथ, बेटों के साथ ही ज्यादा बेटियां दिखाई दे रही हैं, तो इसी तर्क के अनुसार शिक्षा में लिंग अंतराल के उन्मूलन से लिंग द्विचर खुद ही कमजोर हो रहा है। बेटों और बेटियों के बीच का अंतर कम हो रहा है।

फिर, जैविक प्रजनन में महिलाओं की अनिवार्य भूमिका के आधार पर एक सामाजिक रूप से निर्मित श्रेणी के रूप में लिंग को स्थिर रखने के लिए कम स्वीकृति जारी होती है। सभी महिलाओं के लिए बच्चे पैदा करने के अधिदेश कमज़ोर पद सकता है; सभी बेटियों के लिए शादी करने का अधिदेश धुंधला पद सकता है। एक पत्नी के लिए गृहिणी होने की आवश्यकता बहुत प्रश्नसूचक हो सकती है। क्योंकि यह उर्वरता को जारी रखने का समय है, किसी भी लिंग का बच्चा परिवार की आवश्यकताओं को पूरा कर सकता है और एकता प्रदान कर सकता है। माता-पिता उत्सुकता से उस प्रजनन के स्तर पर पहुंच सकते हैं, जहाँ वे शून्य जनसंख्या वृद्धि का उत्पादन करते हैं क्योंकि एक या दो बच्चे ही उन्हें पर्याप्त लगते हैं। एक धारणा यह है कि प्रतिस्थापन स्तर (या उससे भी कम) तक जनसंख्या वृद्धि में कमी के कारण, परंपरागत भारतीय परिवार के मानदंडों के प्रभाव या नव-उदारवादी विचारधाराओं के मौजूदा प्रभाव के कारण, यह प्रक्रिया दीर्घकाल में गंभीरता से रुक सकती है, या फिर खो भी सकती है।

घरेलू रूप से सामाजिक प्रजनन की एक वास्तविक प्रणाली में बढ़ते हुए समतावादी बालक पालन-पोषण, परिवारों के लिए आर्थिक प्रावधान और मानवीय देखभाल दोनों को अधिक समान रूप से साझा भूमिकाओं के लिए प्रदान करने के संघर्ष के कारण, एक नए समाज के लिए जरूरी नई राजनीति पैदा हो सकती है। स्त्री-पुरुष समानता की संयुक्त प्रगति और बहुत कम जनसंख्या वृद्धि के द्वारा समाज और राजनीति के लक्ष्यों को बदला जा सकता है। अपनी मांगों को आवाज़ देनेवाली नई राजनीति के साथ ही, आबादी का आकार स्थिर हो जाने पर एक युग में सामाजिक प्रजनन बनाए रखने की नई जरूरी आवश्यकता के साथ एक निर्बाध उत्पादन और वितरण प्रणाली विकसित की जा सकती है।

यह सिर्फ एक दृष्टिकोण है, जिसमें अर्थशास्त्र और शासन और राजनीतिक संघर्ष के सभी कठोर मुद्दों को छोड़कर, मूलभूत परिवर्तन की पहेली के केवल कुछ हिस्से हैं, लेकिन शायद यह एक सूचक है। जैसा कि निवेदिता मेनन (2009: 371) ने घोषणा की है, "नारीवादी राजनीति ... प्रासंगिक और महत्वपूर्ण बने रहने के लिए गहन प्रासंगिक विश्लेषण की आवश्यकता है।" घने संदर्भ विश्लेषण के लिए कुल संदर्भ के कई अलग-अलग अंतर्वस्तु भागों की जांच की जानी चाहिए: ऐतिहासिक, आर्थिक, जनसांख्यिकीय, सामाजिक और सांस्कृतिक। इनमें से कुछ संदर्भों को छोड़कर, भविष्य में क्या जरूरत होगी इसकी समझ के दायरे को आगे बढ़ाया जा सकता है। तब तक यह उम्मीद की जाती है कि, इस अध्ययन द्वारा उपलब्ध कराए गए लघु, लेकिन घने प्रासंगिक विश्लेषण को भविष्य के एक नारीवादी दृष्टिकोण की आवश्यकता होगी।

संदर्भ ग्रंथसूची

Agarwal, Bina, Jane Humphries, and Ingrid Robeyns, eds. 2005. *Capabilities, Freedom, and Equality: Amartya Sen's Work from a Gender Perspective*. New Delhi: Oxford University Press.

Agnew, Vijay. 1979. *Elite Women in Indian Politics*. New Delhi: Vikas Publishing.

Amin, Sajeda. 2006. "Implications of Trade Liberalization." In *Trading Women's Health and Rights? Trade Liberalization and Reproductive Health in Developing Economies*, edited by Caren Grown, Elissa Braunstein, and Anju Malhotra. London and New York: Zed Books.

Banerjee, Nirmala. 2011. "A Note on Women as Workers." In *Mapping the Field: Gender Relations in Contemporary India*, edited by Nirmala Banerjee, Samita Sen, and Nandita Dhawan. Kolkata: Stree.

Bannerji, Himani. 2001. *Inventing Subjects: Studies in Hegemony, Patriarchy and Colonialism*. New Delhi: Tulika Books.

Bardhan, Kalpana. 1990. *Of Women, Outcastes, Peasants, and Rebels: A Selection of Bengali Short Stories*. Berkeley: University of California Press.

Bardhan, Pranab. 1999. *The Political Economy of Reform in India*. New Delhi: NCAER.

Basu, Alaka Malwade. 1996. "Girls' Schooling, Autonomy and Fertility Changes: What Do They Mean in South Asia?" In *Girls' Schooling, Women's Autonomy and Fertility Change in South Asia*, edited by Roger Jeffery, and Alaka Basu. New Delhi: SAGE Publications.

Baviskar, Amita, and Raka Ray, eds. 2011. *Elite and Everyman: The Cultural Politics of the Indian Middle Classes*. New Delhi: Routledge.

Bourdieu, Pierre. 1977. *Outline of a Theory of Practice*. Cambridge: Cambridge University Press.

Bourdieu, Pierre. 2010. *Distinction*. London: Routledge.

Bourdieu, Pierre, and J. C. Passeron. 2000. *Reproduction in Education, Society and Culture*. London: SAGE Publications.

Brosius, Christiane. 2010. *India's Middle Class: New Forms of Urban Leisure, Consumption and Prosperity*. New Delhi: Routledge.

Chakravarti, Uma. 2003. *Gendering Caste: Through a Feminist Lens*. Calcutta: Stree.

Chanana, Karuna. 1996. "Educational Attainment, Status Production and Women's Autonomy: A Study of Two Generations of Punjabi Women in New Delhi." In *Girls' Schooling, Women's Autonomy and Fertility Change in South Asia*, edited by Roger Jeffery and Alaka M. Basu. New Delhi: SAGE Publications.

Chatterjee, Partha. 1989. "The Nationalist Resolution of the Women's Question." In *Recasting Women: Essays in Colonial History*, edited by Kumkum Sangari, and Sudesh Vaid. New Delhi: Kali for Women.

Chaudhuri, Amit. 2009. *The Immortals: A Novel*. New York: Alfred A. Knopf.

Clark, Alice W. 1987. "Social Demography of Excess Female Mortality in India: New Directions." *Economic and Political Weekly* 22 (17). (*Review of Women Studies*).

———. 1989a. "Limitations on Female Life Chances in Rural Central Gujarat." In *Women in Colonial India: Essays of Survival, Work and the State,* edited by J. Krishnamurty. New Delhi: Oxford University Press.

———. 1989b. "Mortality, Fertility, and the Status of Women in India, 1881–1931." In *India's Historical Demography: Studies in Famine, Disease and Society,* edited by Tim Dyson. London: Curzon Press.

———. 1993. "Analysing the Reproduction of Human Beings and Social Formations." In *Gender and Political Economy: Explorations of South Asian Systems*, edited by Alice W. Clark. New Delhi: Oxford University Press.

Clark, Alice W., and T. V. Sekher. 2007. "Can Career-Minded Young Women Reverse Gender Discrimination? A View from Bangalore's High-Tech Sector." *Gender, Technology and Development* 11 (3): 285–319.

Croll, Elisabeth. 2006. "The Intergenerational Contract in the Changing Asian Family." *Oxford Development Studies* 34 (4): 473–491.

Damaske, Sarah. 2011. *For the Family? How Class and Gender Shape Women's Work*. New York: Oxford University Press.

Das Gupta, Monica. 2009. *Family Systems, Political Systems, and Asia's "Missing Girls": The Construction of Son Preference and its Unravelling*. Policy Research Working Paper 5148. World Bank.

Das Gupta, Monica, and P. N. Mari Bhat. 1997. "Fertility Decline and Increased Manifestation of Sex Bias in India." *Population Studies* 51 (3).

Das Gupta, Monica, and Li Shuzhou. 1999. "Gender Bias in China, South Korea and India 1920–1990: Effects of War, Famine and Fertility Decline." *Development and Change* 30 (3): 619–652.

Datta, Kusum. 2011. "Women's Studies in India." In *Mapping the Field: Gender Relations in Contemporary India*, edited by Nirmala Banerjee, Samita Sen, and Nandita Dhawan. Kolkata: Stree.

Dube, Leela. 2001. "Kinship and Gender in South and Southeast Asia: Patterns and Contrasts." In *Anthropological Explorations in Gender: Intersecting Fields*, edited by Leela Dube. New Delhi: SAGE Publications.

Dyson, Tim. 2010. "Growing Regional Variation: Demographic Change and Its Implications." In *Diversity and Change in Modern India: Economic, Social and Political Approaches, Proceedings of the British Academy, No. 159,* edited by Anthony F. Heath and Roger Jeffery. Oxford: Oxford University Press.

Dyson, Tim, Robert Cassen, and Leela Visaria, eds. 2004. *Twenty-First Century India: Population, Economy, Human Development, and the Environment*. Oxford: Oxford University Press.

Edmeades, Jeffrey, Anju Malhotra, and Margaret Green. 2008. "Gender Inequality and the Demographic Dividend." Paper delivered at the 2008 meetings of the Population Association of America, New Orleans.

Elson, Diane. 2006. "Women's Rights and Engendering Development." In *Feminist Economics and the World Bank: History, Theory and Policy*, edited by Edith Kuiper and Drucilla K. Barker. Oxford: Routledge.

Everett, Jana, and Mira Savara. 1993. "Organizations and Informal Sector Women Workers in Bombay." In *Gender and Political Economy: Explorations of South Asian Systems*, edited by Alice W. Clark. New Delhi: Oxford University Press.

Fernandes, Leela. 2006. *India's New Middle Class: Democratic Politics in an Era of Economic Reform*. Minneapolis: University of Minnesota Press.

Folbre, Nancy. 1994. *Who Pays for the Kids? Gender and the Structures of Constraint*. London: Routledge.

Forbes, Geraldine. 1996. *Women in Modern India*. The New Cambridge History of India, IV.2. Cambridge: Cambridge University Press.

Ganesh, Kamala. 2001. "Maps for a Different Journey: Themes in the Work of Leela Dube." Introductory essay to Leela Dube, *Anthropological Explorations in Gender: Intersecting Fields*. New Delhi: SAGE Publications.

———. 2005. "Fields of Culture: Conversations and Contestations." In *Culture and the Making of Identity in Contemporary India*, edited by Kamala Ganesh and Usha Thakkar. New Delhi: SAGE Publications.

Ganguly-Scrase, Ruchira, and Timothy J. Scrase. 2008. *Globalisation and the Middle Classes in India: The Social and Cultural Impact of Neoliberal Reforms*. Oxford: Routledge.

Gasper, Des, and Irene van Staveren. 2005. "Development as Freedom—and as What Else?" In *Amartya Sen's Work and Ideas: A Gender Perspective*, edited by Bina Agarwal, Jane Humphries, and Ingrid Robeyns. Oxford: Routledge.

Government of India. 2011. *Census of India*. New Delhi.

Government of India, Ministry of Education and Social Welfare. 1974. *Towards Equality.* Report of the Committee on the Status of Women in India. New Delhi.

Government of India, Ministry of Health and Family Welfare. 2006. *National Family Health Survey-3*. New Delhi.

Government of India, Ministry of Human Resource Development. 2011. *All-India Survey on Higher Education 2010–11*. New Delhi.

———. 2013. *Educational Statistics at a Glance*. New Delhi.

Government of India, Ministry of Labour and Employment. 2011. *Statistical Profile on Women Labour 2009–11*. New Delhi.

Government of India, Ministry of Statistics and Programme Implementation. 2011. *Selected Socio-Economic Statistics, India 2011*. New Delhi.

Grant, Monica J., and Jere R. Behrman. 2010. "Gender Gaps in Educational Attainment in Less Developed Countries." *Population and Development Review* 16: 1.

Guilmoto, Christophe Z. 2009. "The Sex Ratio Transition in Asia." *Population and Development Review* 35 (3): 519–549.

Gupta, Akhil. 2012. *Red Tape: Bureaucracy, Structural Violence, and Poverty in India*. Durham: Duke University Press.

Harriss-White, Barbara. 2003. *India Working: Essays on Society and Economy*. Cambridge: Cambridge University Press.

Hart, Caroline Sarojini. 2012. *Aspirations, Education and Social Justice: Applying Sen and Bourdieu*. Bloomsbury Academic.

Heitzman, James. 2005. *Network City: Planning the Information Society in Bangalore*. New Delhi: Oxford University Press.

Hobsbawm, Eric. 1962/1996. *The Age of Revolution, 1789–1848*. New York: Vintage Books.

———. 1975/1996. *The Age of Capital, 1848–1875*. New York: Vintage Books.

———. 1989. *The Age of Empire, 1875–1914*. New York: Vintage Books.

International Institute for Population Sciences. 2008. *District Level Household Survey-3*. Deonar, Mumbai.

Jain, Sheena. 2006. "Bourdieu's Theory of Symbolic Traditions and Innovations." In *Reading Bourdieu in a Dual Context: Essays from India and France,* edited by Roland Lardinois and Meenaksh Thapan. New Delhi: Routledge.

Jeffery, Patricia. 2014. "Supply-and-demand Demographics: Dowry, Daughter Aversion and Marriage Markets in Contemporary North India." *Contemporary South Asia* 22 (2): 171–188.

Jejeebhoy, Shireen. 1991. "Female Literacy in India: The Situation in 1991." *The Journal of Family Welfare* 37 (3), September.

Kabeer, Naila. 1999. "Resources, Agency, Achievements: Reflections on the Measurement of Women's Empowerment." *Development and Change* 30 (3).

Kapur, Ratna. 2012. "Hecklers to Power? The Waning of Liberal Rights and Challenges to Feminism in India." In *South Asian Feminisms*, edited by Ania Loomba and Ritty A. Lukose. Durham: Duke University Press.

Katzenstein, Mary Fainsod. 1978. "Toward Equality? Cause and Consequence of the Political Prominence of Women in India." *Asian Survey* 18 (5).

Kaur, Ravinder. 2008. "Dispensable Daughters and Bachelor Sons: Sex Discrimination in North India." *Economic and Political Weekly* 43 (30).

Kochhar, Rakesh. 2015. *A Global Middle Class Is More Promise than Reality*. Washington, D.C.: Pew Research Center.

Koggel, Christine M. 2005. "Globalization and Women's Paid Work: Expanding Freedom?" In *Amartya Sen's Work and Ideas: A Gender Perspective,* edited by Bina Agarwal, Jane Humphries, and Ingrid Robeyns. Oxford: Routledge.

Krishnaraj, Maitreyi, Ratna M. Sudarshan, and Abusaleh Shariff, eds. 1998. *Gender, Population and Development*. New Delhi: Oxford University Press.

Kuiper, Edith, and Drucilla K. Barker, eds. 2006. *Feminist Economics and the World Bank: History, Theory and Policy*. Oxford: Routledge.

Kumar, Nita. 1994. "Introduction." In *Women as Subjects: South Asian Histories*, edited by Nita Kumar. Charlottesville: University of Virginia Press.

———. 2007. *The Politics of Gender, Community, and Modernity: Essays on Education in India*. New Delhi: Oxford University Press.

Kumar, Radha. 1993. *The History of Doing: An Illustrated Account of Movements for Women's Rights and Feminism in India, 1800–1990*. New Delhi: Kali for Women.

Lardinois, Roland, and Meenakshi Thapan, eds. 2006. *Reading Bourdieu in a Dual Context: Essays from India and France*. New Delhi: Routledge.

Liddle, Joanna, and Rama Joshi. 1986. *Daughters of Independence: Gender, Caste and Class in India*. New Brunswick: Rutgers University Press.

Lloyd, Cynthia B., ed. 2005. *Growing Up Global: The Changing Transition to Adulthood in Developing Countries*. Washington, D.C.: National Academies Press.

Majumdar, Manabi. 2011. "From Access to Attainment: Girls' Schooling in Contemporary India." In *Mapping the Field: Gender Relations in Contemporary India*, edited by Nirmala Banerjee, Samita Sen, and Nandita Dhawan. Kolkata: Stree.

Mari Bhat, P. N. 1989. "Mortality and Fertility in India, 1881–1961: A Reassessment." In *India's Historical Demography: Studies in Famine, Disease and Society*, edited by Tim Dyson. London: Curzon Press.

McNey, Kirsty. 2005. "The Implications of the Demographic Transition for Women, Girls and Gender Equality: A Review of Developing Country Evidence." *Progress in Development Studies* 5 (2): 115–134.

Mehta, Hansa. 1981. *Indian Women*. New Delhi and Baroda: Butala & Company.

Meillasoux, Claude. 1981. *Maidens, Meal and Money: Capitalism and the Domestic Economy*. Cambridge: Cambridge University Press.

Menon, Nivedita. 2009. "Sexuality, Caste, Governmentality." *Feminist Review* 91.

Miller, Barbara D. 1981. *The Endangered Sex: Neglect of Female Children in Rural North India*. Ithaca: Cornell University Press.

Mukhopadhyay, Swapna, and Ratna M. Sudarshan, eds. 2003. *Tracking Gender Equity Under Economic Reforms: Continuity and Change in South Asia*. Ottawa: International Development Research Centre; and New Delhi: Kali for Women.

Nath, Kamala. 1965. "Urban Women Workers: A Preliminary Study." *The Economic Weekly* September 11, 1405–1411.

National Institute of Public Cooperation and Child Development. 2010. *Statistics on Women in India 2010*. New Delhi.

Nielson, Kenneth Bo, and Anne Waldrop, eds. 2104. *Women, Gender, and Everyday Social Transformation in India*. London: Anthem Press.

Nussbaum, Martha. 2001. *Women and Human Development: The Capabilities Approach*. Cambridge: Cambridge University Press.

———. 2011. *Creating Capabilities*. Harvard: Harvard University Press.

Nussbaum, Martha, and A. K. Sen, eds. 1993. *The Quality of Life*. Oxford: Clarendon Press.

Oza, Rupal. 2006. *The Making of Neoliberal India*. New York: Routledge.

Palriwala, Rajni. 1994. *Changing Kinship, Family and Gender Relations in South Asia: Processes, Trends, Issues*. Leiden: University of Leiden.

———. 1996. "Negotiating Patriliny: Intra-Household Consumption and Authority in Northwest India." In *Shifting Circles of Support: Contextualizing Kinship and Gender in South Asia and Sub-Saharan Africa*, edited by Rajni Palriwala, and Carla Risseeuw. Walnut Creek: Altamira, a division of SAGE Publications.

Patel, Tulsi. 2006. *Fertility Behaviour: Population and Society in a Rajasthan Village*, 2nd ed. New Delhi: Oxford University Press.

Patel, Tulsi, ed. 2007. *Sex-Selective Abortion in India: Gender, Society and New Reproductive Technologies*. New Delhi: SAGE Publications.

Poonacha, Veena, and Meena Gopal. 2004. *Women and Science: An Examination of Women's Access to and Retention in Scientific Careers*. Mumbai: Research Centre for Women's Studies, SNDT Women's University.

Premi, Mahendra K. 2006. *Population of India in the New Millennium: Census 2001*. New Delhi: National Book Trust.

Radhakrishnan, Smitha. 2011. *Appropriately Indian: Gender and Culture in a New Transnational Class*. Durham: Duke University Press.

Ray, Raka. 1999. *Fields of Protest: Women's Movements in India*. Minneapolis: University of Minnesota Press.

Ray, Raka, and Seemin Qayum. 2009. *Cultures of Servitude: Modernity, Domesticity, and Class in India*. Stanford: Stanford University Press.

Roy, Srila. 2014. "New Subalterns? Feminist Activism in an Era of Neoliberal Development." In *Women, Gender, and Everyday Social Transformation in India*, edited by Kenneth Bo Nielson and Anne Waldrop. London: Anthem Press.

Rustagi, Preet. 2013. "Changing Patterns of Labour Force Participation and Employment of Women in India." *The Indian Journal of Labour Economics* 56 (2): 215–241.

Saavala, Minna. 2010. *Middle-Class Moralities: Everyday Struggles over Belonging and Prestige in India*. Hyderabad: Orient Blackswan.

Sahni, Rohini, and V. Kalyan Shankar. 2011. "Girls' higher education in India on the road to inclusiveness: on track but heading where?" *High Education* 63: 237–256. (Springer Science and Business Media, published online).

Sarkar, Tanika, and Sumit Sarkar, eds. 2007. *Women and Social Reform in Modern India, A Reader*, Volume II. Ranikhet: Permanent Black.

Searle, Llerena Guiu. 2013. "Constructing Prestige and Elaborating the 'Professional': Elite Residential Complexes in the National Capital Region, India." *Contributions to Indian Sociology* 47 (2).

Sekher, T. V., and Neelambar Hatti, eds. 2010. *Unwanted Daughters: Gender Discrimination in Modern India*. Jaipur: Rawat Publications.

Sen, Amartya. 1999. *Development as Freedom*. Oxford: Oxford University Press.

———. 2009. *The Idea of Justice*. New Delhi: Penguin Books.

Shah, A. M. 2002. *Exploring India's Rural Past: A Gujarat Village in the Early Nineteenth Century*. New Delhi: Oxford University Press.

Singh, Supriya, and Mala Bhandari. 2012. "Money Management and Control in the Indian Joint Family across Generations." *The Sociological Review* 60 (1), February.

Sinha, Mrinalini. 2007. "Gender in the Critique of Colonialism and Nationalism: Locating the 'Indian Woman'." In *Women and Social Reform in Modern India: A Reader*, Volume II, edited by Tanika Sarkar and Sumit Sarkar. Ranikhet: Permanent Black.

———. 2012. "A Global Perspective on Gender: What's South Asia Got to Do with It?" In *South Asian Feminisms*, edited by Ania Loomba and Ritty A. Lukose, 356–371. Durham: Duke University Press.

Sinha Roy, Mallarika. 2014. "Disciplining Gender and Gendering Discipline: Women's Studies in Contemporary India." In *Women,*

Gender, and Everyday Social Transformation in India, edited by Kenneth Bo Nielson and Anne Waldrop. London: Anthem Press.

Srinivas, M. N. 1966. *Social Change in Modern India*. Berkeley: University of California Press.

Taylor, Charles. 1989. *Sources of the Self: The Making of Modern Identity*. Cambridge: Harvard University Press.

Taylor, Phil, Premilla D'Cruz, Ernesto Noronha, and Dora Scholarios. 2014. "From Boom to Where? The Impact of Crisis on Work and Employment in Indian BPO." *New Technology, Work and Employment* 29 (2): 105–123.

Thapan, Meenakshi. 2006. "Habitus, Performance and Women's Experience: Understanding Embodiment and Identity in Everyday Life." In *Reading Bourdieu in a Dual Context: Essays from India and France*, edited by Ronald Lardinois and Meenakshi Thapan. New Delhi: Routledge.

———. 2007. "Adolescence, Embodiment and Gender Identity: Elite Women in a Changing Society." In *Urban Women in Contemporary India: A Reader*, edited by Rehana Ghadially. New Delhi: SAGE Publications.

Van der Veen, Klaas W. 1972. *I Give Thee My Daughter: A Study of Marriage and Hierarchy among the Anavil Brahmins of South Gujarat*. Assen, Netherlands: Van Gorcum & Company.

United Nations, Office of High Commissioner for Human Rights. 1948. *Universal Declaration of Human Rights*. Geneva.

Visaria, Leela. 2006. "Fertility Change." In *Twenty-first Century India: Population, Economy, Human Development, and the Environment*, edited by Tim Dyson, Robert Cassen, and Leela Visaria. Oxford: Oxford University Press.

Waldrop, Anne. 2012. "Grandmother, Mother and Daughter: Changing Agency of Indian Middle-Class Women, 1908–2008." *Modern Asian Studies* 46 (3): 601–638.

Walsh, Judith E. 2004. *Domesticity in Colonial India: What Women Learned When Men Gave Them Advice*. Lanham: Rowman & Littlefield.

Webster's New World Dictionary. 1960. Cleveland: The World Publishing Company.

Williams, Mariama. 2006. "Why Feminist Economists Should Pay More Attention to the Coherence between the World Bank and the WTO." In *Feminist Economics and the World Bank: History, Theory and Policy*, edited by Edith Kuiper and Drucilla K. Barkar. Oxford: Routledge.

लेखिका का परिचय

एलिस डब्ल्यू. क्लार्क एक इतिहासकार और भारत में लिंग और समाज की विद्वान हैं, जिन्होंने सांता क्लारा विश्वविद्यालय समेत सैन फ्रांसिस्को बे एरिया के अनेक विश्वविद्यालयों में इतिहास और महिला अध्ययन के बारे में पढ़ाया है। वे यूनिवर्सिटी ऑफ़ कैलिफ़ोर्निया-बर्कले एक्सटेंशन ऑनलाइन के लिए "भारत की संस्कृति" पर प्रशिक्षक भी रही हैं। विस्कॉन्सिन विश्वविद्यालय से तुलनात्मक विश्व इतिहास में अपनी पीएच.डी. पूरी करने के बाद, उन्होंने पोस्टडॉक्टोरल फ़ेलोशिप के तहत जनसांख्यिकी में भारतीय महिलाओं के मुद्दों को आगे बढ़ाया। उन्होंने अनेक देशों में विविधता और महिलाओं के मुद्दों पर परामर्श दिया है, बहुत से आमंत्रित व्याख्यान दिए हैं और वे लंबे समय तक भारत में रही हैं। अपनी अनमोल पेशेवर बेटियों और नाती-नातिनों के साथ, वे अपने पति के साथ मिलकर एक व्यक्तिगत दृष्टिकोण से सामाजिक पुनरोत्पादन में भी शामिल हैं। अपने ख़ाली समय में वे समुद्र पर समय बिताना, प्रकृति के बीच घूमना, बातें करना, लोक संगीत सुनना, पढ़ना और कला दीर्घाओं और संग्रहालयों में जाना पसंद करती हैं।